本著作系山东科技大学人才引进科研启动项目成果

"中国地方法制研究与开发研究基地"项目书系　中国地方法制研究中心书系

中国当代公法研究文丛
ANALYSIS OF CONTEMPORARY CHINESE PUBLIC LAW

保障性住房地方立法及实践研究

Affordable housing legislation and practice of local

李会勋 / 著

中国政法大学出版社

2019·北京

图书在版编目（ＣＩＰ）数据

保障性住房地方立法及实践研究/李会勋著. —北京:中国政法大学出版社,2019.12
ISBN 978-7-5620-9420-3

Ⅰ.①保… Ⅱ.①李… Ⅲ.①保障性住房－地方法规－立法－研究－中国 Ⅳ.①D922.384

中国版本图书馆CIP数据核字(2019)第300540号

出 版 者　　　中国政法大学出版社

地　　址　　　北京市海淀区西土城路25号

邮寄地址　　　北京 100088 信箱 8034 分箱　邮编 100088

网　　址　　　http://www.cuplpress.com（网络实名：中国政法大学出版社）

电　　话　　　010-58908586(编辑部)　58908334(邮购部)

编辑邮箱　　　zhengfadch@126.com

承　　印　　　保定市中画美凯印刷有限公司

开　　本　　　720mm×960mm　　1/16

印　　张　　　13

字　　数　　　215 千字

版　　次　　　2019 年 12 月第 1 版

印　　次　　　2019 年 12 月第 1 次印刷

定　　价　　　46.00 元

总　序

　　不少学者断言，21世纪是公法的时代，笔者不知道这种判断是否妥帖，但讨论公法的问题在近几年的确变成了某种学术时尚，而对当代公法问题的研究显然属于其中的焦点。择主要者就有：罗豪才先生主持的"公法名著译丛""行政法论丛""现代行政法论著丛书"；贺卫方教授主持的"司法文丛"；夏勇君主持的《公法》；谢晖教授主持的"公法研究"；张树义教授主持的"公法论丛"；陈兴良教授主持的"刑事法评论"等。各文丛均有所侧重，一部部重头的著作，使得中国法学的学术一时间似乎进入了"公法时代"，这一切当然令吾辈欢欣鼓舞。

　　众所周知，公法与私法的划分最早可以追溯到古罗马时期。古罗马法学家乌尔比安首先提出："公法是关于罗马帝国的法律，私法是关于个人利益的法律。"查士丁尼对这一经典性的定义加以肯定："法律学习分为两部分，即公法与私法。公法涉及罗马帝国的政体，私法涉及个人利益。"罗马法学家这种关于法的部门的划分对后世产生了极大的影响，这种划分在法律技术方面使立法变得无比清晰。作为古代世界最完善、最发达的法律体系，罗马法对后世法律制度最重要的贡献就是公法、私法分立的理念及其制度安排。按德国学者梅迪库斯在其《德国民法总论》中的说法，当今各国对整个法律材料所做的一个根本性的划分几乎无一例外地就是将法律分为公法和私法。可以说，公法与私法的区分是当今整个法律制度最基本的分类，当然也是首要的分类。宪法、刑法、行政法、国际法为公法；民法，广义上包括商法、劳动法和其他民事特别法为私法。笔者以为公、私法的划分乃是人类社会文明发展的重大成果。德国著名学者基尔克断言，公法和私法的区别是现代整个法秩序的基础，日本学者美浓部达吉也认为，公法和私法的区分是现代法的基本原则。

相当长的一段时间，由于受到苏联的影响，我国法学界对划分公法、私法的问题大多持否定或回避的态度。至少在笔者读大学的那个年代，就不接受这种划分。主要原因是列宁1922年说过的一段话："目前正在制定新的民法。……我们不承认任何'私人的'东西，在我们看来，经济领域中的一切都属于公法范围，而不是什么私人的东西。"[《列宁全集》（第36卷），人民出版社1984年版，第587页。] 现在看来，这种认识受到了单一的公有制和计划经济思想的影响。改革开放以来，人们的思想解放，特别是市场经济体制确立后，许多法律问题突显出来：市场经济的法律基础是什么？国家宏观调控属于什么性质的法律规范？建立社会主义市场经济法律体系究竟应以什么作为基本结构？如何规范公权力？法治政府该如何实现？法治政体又该如何架构？在此情况下，公私法之分重新被摆上了法学论坛。时至今日，公法和私法的划分传统为当今各国普遍接受并被视为立法科学中的常识。这种划分传统是立法实践的历史的产物，也是立法实践的历史的选择。

但笔者认为，当下的公法是不发达的，与我们正在进行着的宏业不相匹配。自由、平等、正义、民主、秩序、效率这些大词，不仅没有认真地解构，更没有好好地实践，我们为人类公法思想的宝库并没有做出多大的贡献。中国正在努力担负大国的责任，正在跨越"百年民族悲情"年代；而"思在历史，心在当下"正是公法学人应有的态度。为此，我校宪法与行政法学科提出"阅读经典，关注现实"的学科发展思路，并在法律出版社和中国政法大学出版社的支持下公开出版了两套丛书——"中国近代公法丛书"和"中国当代公法研究文丛"。"经典"是人类思想的结晶，是伟大思想家给人类留下的一座座思想"富矿"。牛顿把自己在科学领域的成就归于站在巨人的肩膀上，我们也可以站在前人经典之作的肩膀上，通过阅读文化经典或者经典解读，提升我们自己的人文素养。素质不是知识，是仁义礼智，是孟子的四心，即：是非之心、羞恶之心、恻隐之心、辞让之心。深入经典，学术才有宽厚坚实的基础。而关注现实，学术才有正确的指向。体悟生活，思想才能打动人心。有生命的思想是需要讨论的，思想争论是一个民族、一个国家走向成熟的标志，不管是左还是右，是新还是旧。我们欣赏也期待带有强烈中国问题意识的公法思想表达。公法思想是人类法学思想的精华，也是精神标杆，它高居于人类法学思想的金字塔尖，如果它缺失了，就是人类法学思想高度的缺失。

西南政法大学宪法与行政法学科于1992年经国务院学位委员会批准获得硕士学位授予权，属于全国较早一批设立硕士学位授予点的法学二级学科。本学科于1996年被确定为校级重点学科，2000年被重庆市确定为省部级重点学科，2004年被批准为博士学位授权点，2005年开始单独招收博士研究生，2009年开始招收博士后研究人员，是重庆市"十五"和"十一五"重点学科。学校历来重视宪法与行政法学科点的建设，在王连昌教授、贺善征教授、郑传坎教授、姚登魁教授、文正邦教授等老一辈学者的创建、经营、带动和培养下，薪火相传，生生不息。经过多年的辛勤劳作，本学科点造就了一批优秀的教学科研人才，并持续保有一支具有探索精神的学术梯队，在中国近代公法制度、行政法基础理论、行政程序法、比较行政诉讼法等领域做出了自己的贡献，形成了自己的专业特色。

目前我校宪法与行政法学科下设有两个校级研究中心：一个是"人大与宪政制度研究中心"，另一个是"中国地方法制研究中心"。

"中国地方法制研究中心"成立于1994年7月，是一个以公法制度为主要研究领域的学术机构，中心成员以西南政法大学宪法和行政法两个教研室的教师为主，并邀请了国内外部分公法学人加盟，中心首任主任是新中国行政法学创始人之一的王连昌先生。成立十多年来，中心倡导对于公法制度进行跨学科、多角度的综合研究，强调学术研究与司法实践之间的对话与互动，力求通过中心的研究成果及学术活动推动公法研究领域的学术繁荣。这套"中国当代公法研究文丛"正是展现中心研究成果及国内外公法制度研究成果的窗口。2009年3月12日，中心申报了中央与地方共建项目——"地方法制研究与开发研究基地"，并于同年9月获得批准。"中国当代公法研究文丛"的出版获得了中心及该项目的大力支持。该"公法研究文丛"是一个持续性的园地，入选作者以西南政法大学宪法与行政法学科学者为主，同时也欢迎国内外公法学界符合中心学术旨趣和成果标准的优秀成果，本文丛的宗旨和学术理念是"用真方法、解真问题、求真作品、做真学问"。

其实，生命的个体往往渺小，而思想则能直达苍穹。我们都是从原点出

发去感悟着属于自己的人生。一本书，一个傍晚，一杯清茶，或窗前，或树下，随着书页唰唰翻过的声音，享受着那属于自己的流淌的生命，此为人生最为高远的快意。

唯愿此文丛于我国公法之建设，有所贡献！

是为序。

王学辉

2019 年 11 月 4 日于重庆渝北回兴

前　言

　　保障性住房向来都缺乏一个统一或者权威性的定义。对一个承载了经济、社会、民生和社会心理意义的标的物来说，赋予其人人都可信服的所谓科学定义，难免会陷入"另一层谬误"。无论是西域的公共住房，还是儒家文化圈内的组屋、居屋，均凝练了政府和民众的智慧，体现了责任政府的担当。当前推进保障性住房仍饱含了执政党更多的情感性色彩而非法理性逻辑。公权力主导并推行的结果是满足了一部分受众群体的需要，但同时也带来了诸如效率与公平、政府与市场、自由与强制之间的矛盾。借鉴政治学的研究术语，中国保障性住房历经了否定之否定路线和修正主义路线，即从"休克式疗法"到"渐进式疗法"。当前，保障性住房既面临着传统市场与政府、中央与地方关系的张力，更面临着法治实践中法制统一与实践相悖、新型社会治理模式需求多元与公共服务手段相对单一、国家责任担当不够与个人义务履行尺度不一等矛盾。

　　研究保障性住房至少存在以下问题亟待解决：第一，保障性住房是什么样子的？它可以没有统一的定义，但必须有外延和内涵的初步界定。至今，无论是实务界还是学术界，对保障性住房的认识仍然比较混乱，有"盲人摸象"之虞。第二，保障性住房供给的主导方应当是谁？如果是政府，政府的责任和义务限度在哪里？政府的职责主要放在需求方还是供应方？如果是公众，或者说是中低收入者，各自的内容和限度如何？第三，各地经济实力差异较大，"八仙过海、各显神通"式样的制度供给会不会加剧新的社会不公平现象？会不会影响社会对住房公平的正常心理预期和可承受能力？第四，与缺乏顶层设计相比，保障性住房制度需要的是基于个人信用、技术平台、公私协力、行政审核、司法介入、权利保护等更为复杂细致的逻辑和技术承接，如何让该体系播下"龙种"而不至于产出"跳蚤"，需要使怎样的理念与技

术糅合？第五，除了政治学、经济学、经济法学、建筑与房地产以其视野来研究和剖析保障性住房以外，以宪法与行政法为代表的公法学科对保障性住房制度应当有什么样的理论贡献或者实践导引？住房问题在根本上是房价过高和居民支付能力较低之间的矛盾，宪行视角下的政府应如何承担并加以解决？

基于上述问题，本书从以下五个方面进行详细论述或论证。

第一部分，保障性住房的缘起与现状。保障性住房制度从计划经济中剥离，历经完全计划和完全市场两个单轨阶段。既有制度性因缘，又有历史性变迁，本部分从政策和制度层面解析保障房制度的缘起。从现实层面看，廉租房建设滞后，经济适用住房停滞不前，公租房大行其道，在诸如限价房、优租房、自住型商品房、人才公寓等名目繁多的住房供给体制下，未来保障房制度的供给主体、受众范围、产权设置等顶层设计，既需要地方立法和实践的试错和指引，又需要探究国家宏观调控与个人需求的微妙关系，包括其背后蕴涵的制度和法理因素。

第二部分，重点论证了保障性住房基础理论，意在把握保障性住房制度的基本性质和基本原则。本部分的论证没有从经济学、政治学和社会学上诸如效率与公平理论、租金管制理论、住房过滤与梯度消费理论着手，而是遵循"公共住房必须有公权力的介入，公权力介入后应当如何运行应当是公法认真研究的问题"这一思路进行研究。公权力的介入和运行应体现在保障性住房建设的各个面向上。目前国内学者对保障性住房制度的基础理论研究代表性观点甚少，住房保障制度要处理好政府提供公共服务和市场化的关系、住房发展的经济功能和社会功能的关系、需要和可能的关系、住房保障和全面福利的关系。从"公"字着手，认为保障房是公共产品；保障房制度需要公权的介入和运行；保障房制度体现的是公共治理；保障房制度归结点是公共利益。根据当下实践提出了保障性住房制度的基本原则，即公共性原则、有限性原则、流动性原则与市场性原则。

保障性住房之国家保障义务是国家对中低收入群体拥有住房应承担的责任基础。本部分论证保障性住房之国家保障义务，而非泛化国家义务，将住房保障笼统归结为国家义务。住房国家保障义务的提法既非对"权利—义务"

的逻辑遵从，同时也是对住房和保障性住房逻辑概念的混同。国家保障义务的逻辑基础与国外公共住房制度相比，从理论到实践都还没有找到一个很成熟的模式。包括经济学、法学和社会学在内的学者从多个角度对公共住房、社会住房等保障房制度进行论证，经济学学者多从国家干预理论、福利国家理论、市场失灵理论和住房梯度消费及过滤理论进行论证；法学学者多从住房权进行论证；社会学者多从公平分配理论、社会排斥理论和居住隔离理论来论证。多学科的交叉研究还不够，保障房制度相关理论和技术路线设计还没有清晰地展现在我们面前。尤其是我国保障房制度的实践路线多从地方立法与实证方面着手，地方先行先试的路径依赖在短期内仍将存在。对地方立法和实证的探寻有利于从根本上对保障房制度给予全面清晰的梳理。通过正当性理论和普遍福利理论论证了国家在住房保障上对公民存在的保障义务；通过对国家保障义务的规范依据、宪制基础和根本目的进行论证，指出国家在推动保障性住房制度立法与实证上的责任和义务。这一责任和义务在《城镇住房保障条例（征求意见稿）》第4条规定中得到了印证。保障房制度表现出超强的制度生命力缘于制度对个人权利的尊重和国家保障义务的积极履行，国家保障义务这一命题有着清晰的制度发展脉络，这个脉络不仅与我国住房历史相契合，而且还折射着中国经济转型和社会住房制度的变迁。

第三部分，比较并分析域内外保障性住房的立法。重点考察域外的立法与成熟制度。现行保障房制度的立法主要依靠行政管理部门来主导，为应对立法民意，全国人大以委任立法的方式委任国务院制定相关条例和办法，国务院根据工作分工由具体部委来主导起草，并征求相关部门（比如财政部、银行、地方政府住建部门）的意见，带有强烈的行政主导色彩。一般是在诸多主体的合力作用下运行，当前有关保障性住房的立法多以委任立法模式来进行。本部分重点考察了域外的美国模式、欧洲模式和亚洲模式中较为成熟的租金补贴、住房储蓄和中央公积金等特色制度。要确保保障性住房制度的法治化，就必须从立法的角度研究政府供给、租金补贴、契税减免等问题，必须从保障对象、标准、方式和职责上进行框定。域内立法主要分两个层面，中央立法与地方立法。住房制度具有较强的时代烙印，经济发展水平、消费观念、住房消费可支付水平等条件决定了住房政策的差异。地方在政治经济

及社会制度方面的共性，决定了各地在住房政策方面的相似性和演进的共时性；地方在发展水准、财政状况上的差异也决定了地方在立法和政策上的差异，诸如东南沿海之立法较之于西部省份的立法就存在较大差异等。因给付能力的不同导致立法各异乃现实窘境之折射，此等差异在一定程度上影响和制约了我国保障性住房立法的进度和质量。应当尊重和承认这种差异性，当下住房最高行政主管部门与地方人民政府签订的保障性安居工程责任书就是基于因经济水平存在差异而建造保障房数量的非整体划一。但此处需要申明的是，根据地方实证调研，实践上的各异并非立法各异的结果，更为吊诡的是，各地反而在立法文本的表达上出现了高度同质，文本表达与实践背离的矛盾正是当下中央立法缺失、地方注重政令的集中反映。先地方后中央的立法模式，赋予了中央立法更多的地方实证样本，也彰显着中央与地方在立法与政策、管制与服务、集权与放权关系上的不置可否之窘境。

第四部分，考察了域内外保障性住房的实践。本部分将当下实践分为三种模式，这三种模式涵括了当下的实践类型。保障性住房本身就不是完全市场条件下的产物。它的出现与中国快速城镇化、劳动密集型产业需求、社会结构阶层变化等因素紧密相关。社会阶层结构体现在社会阶层位序的确立上，各个阶层在社会地位等级中的排列次序取决于各个阶层拥有的文化资源、经济资源与组织资源数量，拥有三种资源数量越多的阶层，其阶层位序就越高，反之越低。保障性住房的保障对象也体现了社会阶层序列的差别，比如在苏州，高技术人才的优租房房源质量好，面积大，装修好，设施比较齐全，而同为工业园区的其他公租房则较为次之。对三种模式有赞许，也有质疑，体现着地方政府对保障房制度的政府职责履行、保障房建设模式、受众群体的范围差异。对域内外实证研究不难发现，越来越多的国家和地区，政府在住房的实践上正在进行四个方面的转轨：一是从直接供给向间接供给转轨；二是从实物供给向货币补贴转轨；三是政府从单方供给向利用社会组织力量转轨；四是由以传统公权力为主导向借用现代治理理念和综合运用新型行政模式转轨。上述转轨一方面可以避免政府对住房市场的直接干预，另一方面又可以使国民平等的住房权利得到较为公正的实现，这迥异于我国当前以行政手段强行控制房价，行政命令手段强行完成保障性住房建设目标的做法。保障房的实践上还存在诸如主体与客体、审核与轮候、准入与退出等困境，有些困境是制度性困境，单靠保障房制度一己之力恐怕难以擎起整个保障与给付大厦。尤其是本部分困境中的纠纷与惩戒问题，以渝北法民初字第07396号等三起撤诉案为例，分析了司法实践中公益与私益的矛盾、调处和适法的矛盾。其实，我国保障性住房制度也在进行转轨，即从政府调控和稳定房价的工具性手段，向以保护中低收入者住房权利、履行政府职责的理念回归转轨。当下提出的"建立更加公平可持续的社会保障制度，健全符合国情的住房保障和供应体系"即是这一转轨的注释。

第五部分，为保障性住房的完善提供些许合理化建议。在分权化的时代背景下，地方政府掌控着地方事务的主导权。保障性住房政策成为"中央主导的地方政策实验"，其地域化特征越来越明显，地方经验在推动着中国保障性住房发展的进程。出于"稳定"和"考核"的硬指标，地方政府在立法和制度实践中一直处于和中央的激烈博弈中，这并不是说所有地方政府都在应付中央的指令性计划，更多地方政府正在结合自身实际进行着制度创新和实践，比如"优租房"和"自住型商品房"的突破。调研证实，保障性住房制度推动效果比较好的地方，均是地方政府积极主动的自发行为，而并非来自于中央的权威，这意味着保障房制度需要在立法上、实践上和制度创新机制上进行完善。但地方积极性的发挥也存在这样一个结果：地方正在固化地域住房福利资源，地方立法在"肢解"着中央立法，立法的碎片化形塑了地域住房制度的碎片化。有鉴于此，保障性住房制度的推进需要把握好中央和地方的关系，需要市场和政府厘清并框定自己的职责。更需要运用新型社会管理和手段的创新，综合运用公私协力、共有产权制度等相关理论指导保障房制度的实践。面对轰轰烈烈的制度实践，行政法学对保障性住房的理论贡献如果仍是传统行政法那些捉襟见肘的给付和行政合同理论，似乎还远远不够。

目 录
Contents

绪　论

第一节　选题的来源与意义

一、选题的来源

住房问题是人类社会永恒的主题之一，在人类社会不同的发展阶段，人们基于不同的考虑，关注住房问题的不同侧面。在我国，住房问题是重要的民生问题，20多年来，我国住房制度改革不断深化，历经了从福利分房到住房货币化改革的单轨制、政府保障与市场提供相结合的双轨制两个阶段。在保障性住房的政策上，国务院相继颁布了《经济适用住房管理办法》（2007年）[1]、《廉租住房保障办法》（2007年）[2]、《公共租赁住房管理办法》（2012年）[3]等规章文件，试图遏制房价过快上涨，缓解住房压力，然而效果并不理想。

规制的背后也存在上位法的立法准备。2008年11月，《住房保障法》被列入第十一届全国人大常委会五年立法规划，住房和城乡建设部（以下简称"住建部"）于2008年底委托清华大学法学院和深圳市房地产研究中心分别起草该法的理论版和实践版建议稿。然而期待已久的立法最终难产，2012年2月1日国务院下发《关于印发国务院2012年立法工作计划的通知》，规定了三档总计190件相关法律规章的起草、修改工作，将之前呼声很高的《住房保障法》位列第二档，降格为《基本住房保障条例》。根据国家住房保障工作的方针政策，结合各地实践经验，原国务院法制办于2014年3月28日公布

---

〔1〕　该办法自2007年11月19日颁发。原建设部、发改委、原国土资源部、中国人民银行《关于印发〈经济适用住房管理办法〉的通知》（建住房〔2004〕77号）同时废止。

〔2〕　该办法自2007年12月1日起施行。2003年12月31日发布的《城镇最低收入家庭廉租住房管理办法》（原建设部、财政部、民政部、原国土资源部、国家税务总局令第120号）同时废止。

〔3〕　本办法自2012年7月15日起施行。但没有明确2010年6月住建部等7部门出台的《关于加快发展公共租赁住房的指导意见》是否继续有效。

《城镇住房保障条例（征求意见稿）》提出，该项立法遵循以下原则：一是保障基本，与经济社会发展水平相适应，保障住房困难群众的基本住房需求；二是公平公正，坚持分配公平、程序公正、公开透明；三是全程管理，重点围绕申请、轮候、分配等关键环节，建立准入、退出、纠错机制，同时对规划、选址、建设、标识、运营等进行规范，并建立全面而严格的责任制度；四是因地制宜，只规定基本制度，明确政策杠杆，具体办法和标准由地方政府根据当地实际制定。[1]理由是"既然是'立法'，牵涉的利益主体就会比较多，争议也就比较多，现在保障性安居工程建设规模和速度都处在历史最高水平，需要尽快'有法可依'，所以，通过制定条例的方式，效率较高"，并明确提出该条例要与《公共租赁住房管理办法》予以细化对接。无论是政府工作报告还是国务院常务会议，均提出要推动保障性安居工程建设，把公共租赁住房作为未来保障性住房主体，以适应群众基本住房需求，公租房上升至国家战略。[2]当前各地对经济适用住房、限价房认识不一，不少省份已明确取消经济适用住房。保障对象和保障层次如何细分得更加科学合理，既能体现技术的操作性，又能体现制度的公平、正义，这个问题实质上一直在拷问着保障性住房制度。各地有关保障房制度的立法内容参差不一，比如，仅在基本的准入制度上各地就有"户籍准入""收入准入""年龄准入""居住期限准入"甚或"学历、社保准入"等，现有规章无法统一进行规约和引导。

迄今为止，没有哪个国家已经很成功地解决了住房问题，住房本身的双重属性决定了住房不仅是一个经济问题，也是一个社会问题。从世界范围看，住房供应永远是政府和市场相互补充。保障性住房制度作为一项新的制度，当前主要在地方上进行立法和实践，地方是推动保障性住房制度的绝对主体。但保障性住房是一个涉及政府职责、公民权利、社会再分配和国民经济宏观运行的庞大制度设计，按照法治的基本精神，社会变革的需求应当通过法治

---

[1] 为了规范城镇住房保障工作，住建部起草了《城镇住房保障条例（送审稿）》，报请国务院审议。原国务院法制办公室在征求各方面意见的基础上，会同住建部反复研究、修改，形成了《城镇住房保障条例（征求意见稿）》，共8章52条。

[2] 2013年12月2日，住建部、财政部和发改委发布《关于公共租赁住房和廉租住房并轨运行的通知》，从2014年起，各地公共租赁住房和廉租住房并轨运行，并轨后统称为公共租赁住房。

的途径得到合理反映与实现，并以法律规范的形式赋予其正当性。[1]如果说形式上的正当性正在建立，那么地方实践的效用显然还没有真正达到制度设计的初衷。或许中央统筹和地方平衡本来就是一项难以掌握的技术。保障性住房是什么？保障性住房的性质及权利基础是什么？国家保障义务是什么？基于保障房制度，如何处理中央和地方在政策引导、权利分配、资源供给上的关系？保障的限度如何？这些都需要深入探究。

　　立法和制度建设的滞后已经给保障性住房建设带来诸多难题（管理和资金问题最为突出），是以时下流行的住房权、社会权等权利为根基构建保障房制度，还是根据现有住房境况务实性地将保障房供给和制度建设作为国家保障义务奋力推行，是单边推进还是齐头并行，这是在实践和理论中都困扰我们但又回避不了的问题。这些问题的解决与否关系到保障性住房的顶层设计和发展前景。从公法的角度审视保障房优势在于：有利于构建保障房的基础理论和权利基础；有利于分清"住房保障"和"保障性住房"的外延内涵，理顺政府和市场、中央和地方的关系；有利于利用权利义务理论、公私协力理论、基本权利国家保障义务，公权、私权互动性理论为保障性住房顶层设计提供理论架构。

二、选题的价值与意义

（一）理论意义

　　第一，从宪法视角研究保障性住房制度，催生理论创新。目前国内探讨保障房基础理论的文章几乎没有，即便有之，也多从经济学、政治经济学、财政学等角度入手。当前理论研究侧重于政策性、技术性实施路径，侧重于对地方实践的归纳和总结，而保障性住房基础理论涵摄了福利制度、传统行政给付制度、国家保障义务、现代公共治理、公私协力等多角度、立体性的知识体系，是国家干预理论、福利国家理论、市场失灵理论、住房过滤及梯度理论的糅合。法学的研究多从居住权和住房权着手，[2]从《经济、社会及文化权利国际公约》和《宪法》中寻求论据；社会学的研究多从公平分配理

---

[1]　张艳、张芳："当代中国民间社会团体发展的'合法性'危机"，载《海南大学学报（人文社会科学版）》2008年第5期。

[2]　在学界仅有的一些关于住房权的法理研究成果中到处充斥着一种宏大论述的格调，学者普遍习惯以大词化的形式来论述住房权的当然性，不是空泛的无边界就是一种近乎意识形态的叙述。参

论、社会排斥理论和居住隔离理论来论述。单纯从某一场域着手，难免出现"盲人摸象"的偏见。本书从分析地方立法和实践着手，以公法视角审视保障房制度，提炼出保障性住房制度的基本原则，从探究"公"字的内涵着手，剖析保障房的性质及权利基础，论证了保障性住房之国家保障义务。

第二，通过研究地方立法文本和实践，指出地方立法的优劣，概括地方立法和实践模式，便于地方立法和实践经验的普及和推广，为保障性住房制度统一立法提供可行性的法律建议。当前保障性住房还存在诸多问题，不仅仅是顶层设计缺乏形式上的问题，个别地方实践存在偏差，甚至背离了保障性住房制度设计的初衷。个别地方立法呈现以下特征：一是违反上位法；二是平行法之间冲突严重；三是立法与政策脱节；四是用立法固化地方保障性住房福利资源；五是乱立法和立法不作为同时存在。地方与中央的博弈加剧了立法的多重冲突，"协调和指导缺失、权威和明示失范、政策和法规脱节"是当前保障性住房制度存在的大问题。尽管"先地方，后中央"立法模式仍在为当下保障性住房立法提供理论指引，但制度的持续性和规范化仍有待于科学化的研究。[1]"进步并不仅仅来自在既定的参照系中耐心地积攒知识，进步还来自参照系的变更，即用另一视角和世界观取代原有的视角和世界观，这种变更会开辟一些新的、通向知识和洞见的路径。"[2]

第三，通过域内地方立法与实证的研究，总结了域内实践模式，对域内制度创新提出了可行性建议，对域外公共住房运行归纳总结，借鉴域外具有

（接上页）见张清、吴作君："住房权保障如何可能研究纲要"，载《北方法学》2010 年第 4 期。笔者认为应当区分"住房权"和"住宅权"，认为前者具有积极意义，强调了政府的能动性和政府责任，详见李会勋："保障性住房立法研究——从居住权到住房权的语义变迁"，载《南都学坛》2012 年第 4 期。

〔1〕 从党的文件来解读保障性住房发展走向是研究的一个重要思路，党的十八大提出"建立市场配置和政府保障相结合的住房制度，加强保障性住房建设和管理，满足困难家庭基本需求"。这是在 1998 年国务院《关于进一步深化城镇住房制度改革加快住房建设的通知》的基础上，对 2007 年国务院《关于解决城市低收入家庭住房困难的若干意见》进行了修正，明确了政府基于住房的公共职责，在住房问题上，认识渐趋理性，价值逐渐回归。

〔2〕 波斯纳详细地探讨了"实用主义"，他说："我的意思与每个人说的实用主义意思都不一样，因为不存在一种教义化的实用主义概念。我用它时，首先是指一种处理问题的进路，它是实践的和工具性的，而不是本质主义的，它感兴趣的是，什么东西有效和有用，而不是这'究竟'是什么东西。"参见［美］理查德·A. 波斯纳：《超越法律》，苏力译，中国政法大学出版社 2001 年版，第 4 页。

"共时性"的经验,为探索保障性住房制度节约社会成本。将视野移向国外并非简单套用或者移植某个国家的政策,毕竟制度形成的逻辑,并不像学者建构的那样具有共时性。其在时间流逝中完成,又在无数人的历史活动中形成。[1]制度自身具有生命力,故其成长和衍生有其自己的历史传统、文化传承和演进历程,正所谓理论只能来自社会生活。比如在丹麦,大约1/5的住房由非营利的住房协会所提供。丹麦的770余个住房协会负责全丹麦房地产的运作和管理。借鉴这一点,我们可以反思目前强力推行的保障性住房建设,当前的社会结构是,除了强力的政府,申请保障性住房的另一方就是中低收入群体的民众。政府的服务能力和服务水平直接决定了社会的保障水平,在保障房的准入、轮候、审核等各个环节中,无任何中间力量介入其中。如果某一个环节出现问题,要么是公众对政府的政策心存芥蒂,要么是政府对申请者的行为给予否定或者制裁,这会加剧民众对政府的不信任或者过度的心理期待。在建设、融资和运营方面,保障性住房制度或者公共住房制度健全的国家综合运用了诸如中央公积金制度、住房储蓄制度、住房证券制度等先进融资手段,这些都是值得我们认真学习并借鉴的。

(二) 实践意义

第一,有利于保障性住房的制度创新。目前,各地保障性住房制度的建构正在有序地推进,通过对制度的实际运行状态进行实证考察,总结了地方实践的"三种模式",有利于提出完善的建议,催生保障房理论和实证的制度创新。

第二,有利于借鉴和吸收域内外成熟地方保障房制度的经验,减少试错成本。通过对各地立法和域外立法文本和实践的比较,为未来统一的住房保障立法提供域内和域外的借鉴。对保障房的供给、运营尤其是分配等环节存在的重点和难点提出对策和建议,争取做到"应保尽保,住有所居"。

第三,有利于保障公民住房权,明确国家在保障房上的国家保障义务。通过实证分析和比较研究,指出住房权利的保障和发展现状,为权利的保障和职责义务的履行提供合理化建议。

第四,有利于住房保障制度公平正义的实现。保障性住房建构的目标设定即是改善和保障民生,该制度建构的法治化将会有效地保护处于弱势地位

---

[1]　苏力:《制度是如何形成的》,北京大学出版社2007年版,第265页。

低收入群体的权益，其良好运行无疑会促进社会公平正义的实现。

第二节　文献综述

一、保障性住房研究现状

（一）国内研究现状

目前国内对保障性住房的研究主要有以下几个方面：城镇住房保障制度及保障性住房基本理论研究；[1]住房保障制度运行效率和公平分配机制研究；住房保障制度创新和完善研究。

第一，对保障房的文本表达进行研究，分析中央政策和地方立法，部门规章和行政规范性文件等，从文本上进行解读，旨在探讨保障房的供给模式、供给程序、违法主体和法律救济，提出构建中国顶层法律文本的设想。

第二，运用比较研究的方法，借鉴域外的经验，分析比较保障房制度存在的缺陷与不足，以地方实证状况证明借鉴国外公共住房在规划、建设、融资、申请、分配等制度的必要性。

第三，从人权角度阐发，提出住房权利的两个维度：第一个维度是作为现代社会的人，不论是从理论法学还是实证法学而言，对于最基本的居住条件国家应当统一予以保障；第二个维度，国家的保障通过行政给付来达成，但给付方式受制于政府的给付能力，既允许最低保障的国家统一，又要允许适宜保障的地方差异。在现代社会中，国家具有保障"人要有尊严地活着"的义务，运用给付理论、社会保障理论、域外宪法或法律等有关国际公约中

---

[1]　必须要交代的是，目前保障性住房，包括住房保障制度都是紧紧围绕城镇住房来研究的，农村住房不在该研究范围内。在《基本住房保障条例（征求意见稿）》中，基本住房保障包括了城镇基本住房保障和农村基本住房保障。但在其共 9 章 75 条的规定中，仅第六章第 52、53、54、55 条对农村基本住房保障做了极为原则性的规定，自第三章第 15 条至第五章第 51 条规定了城镇基本住房的保障范围、方式标准，租赁补贴。颇为遗憾的是，《基本住房保障条例》自 2007 年启动以来，从 2008 年到 2012 年，五年中每年该《条例》都会进入国务院立法计划，但一直被搁置。郑尚元教授认为，农民的私有住宅与集体公有的地基形成了中国特色的农民住宅制度，其中所涉权利相当复杂，不是宅基地"用益物权"能简单阐释的。参见郑尚元："宅基地使用权性质及农民居住权利之保障"，载《中国法学》2014 年第 2 期。李凌翌："开启全国先河　成都农村居民享受住房保障"，载《成都日报》2012 年 7 月 29 日。

关于居住权或者住房权的规定，提出保障性住房的推进是为了保护公民的住房权利。

（二）国外研究现状

国外学者从经济学、公共管理学、社会学等不同学科的视角对住房保障机制进行了类型化研究，认为住房政策不仅是经济政策，更多的是社会政策。从住房政策的政治哲学理念、住房政策的历史起源和公共转移支付等方面进行综合性研究。国外研究既关注宏观理论和中观政策，又关注公共住房的微观运行，形成了一个系统化的研究框架。

从国外研究情况看，来自国外方面的研究有基于本土化的基础和针对性强的特点，其研究学科范围广泛，紧密结合了政治学、社会学、社会政策、公共政策等研究领域，对住房问题的研究具有高度的理论性，特别是对政治理论、社会理论的提炼。在研究方法上，国外住房社会政策的研究，即使是理论性很强的研究，都非常注重住房结构和住房数据的比较和使用，具有数据证明的实证主义色彩。在研究内容上，主要包括保障性住房认定问题、保障性住房的租金管理、保障性住房政策及效果评价。研究理论主要包括住房"过滤"理论、需要层次理论和住房的供给需求理论、社会保障理论和公平分配理论等。[1]

1948 年的《世界人权宣言》第 25 条第 1 款规定，人有权拥有健康和福利的基本水准。[2]当然并非是该宣言发布后各国才开始有这个方面的努力的，西欧和北美在宣言发布前也一直秉承这个原则，扩大说来，并非西欧北美，这应当是人权最底线的原则和一般人的朴素认知。多数学者将其视为住房权的核心内容和基本依据。[3]1996 年，联合国人权委员会和联合国人居署专门

──────────

〔1〕 很多学者在研究欧洲住房时，均提出欧洲社会模式，这缘于在欧洲住房不只是一项社会政策，而是与社会心理、社会政策、社会结构和社会文化认同等紧密结合在一起的。除了政治哲学对应的制度传统，包括政党、工会和社会团体的不同作用，另一个最根本的原因是欧洲国家税收结构以及社会福利筹资方法的多样性。即便是欧洲社会模式，如果从类型化研究来看，又可以分为以英国为代表的福利模式、大陆性法团主义模式、中东欧转型国家模式等。英美自由主义社会模式包括爱尔兰、新西兰和澳大利亚；大陆性法团主义模式包括德国、法国、荷兰比利时等；中东欧模式包括捷克和波兰。

〔2〕 1948 年的《世界人权宣言》第 25 条第 1 款规定："人人有权享受为维持他本人和家属的健康和福利所必需的生活水准，包括食物、衣着、住房、医疗和必要的社会服务；……"

〔3〕 1991 年，经济、社会和文化权利委员会就适当住房权发表了著名的第 4 号意见，明确提出国家对住房权的保障义务。

研究住房权是否是一项独立的人权，随后联合国人居署通过了《人居议程》和《伊斯坦布尔人居宣言》。当前各国普遍的做法是没有哪一个国家住宅全部商品化，但也没有全部福利化。解决之道仍是对商品化和福利化的认识和合理搭配。[1]美国学者哈劳教授通过对英国、德国、荷兰和美国住房研究后，认为公共住房有社会补充型和合作型。在实践中，各国政府在不同时期将社会理论和社会政策结合而采取灵活多样的住房保障模式。[2]

在司法救济上，国外学术界历来很重视住房权司法保障的两个方面。首先，对于积极住房权的内涵进行了分析和研讨。住房权的司法保障国外多有理论探讨，但落实在司法实践层面则寥寥无几。一方面，立法对居住权或者住房权的可诉性认识不一，即便在法治较为发达的国度，上述权利都不可能像普通财产权那样进行主张，这源于住房权的社会性；另一方面，住房权的实现状况与政府给付高度相关，与市场自治和私人自主相比，司法审查的广度和强度对司法机关形成了挑战，这对于秉守被动中立的司法官而言，毋宁守而勿进。其次，司法保护注重与立法上的协同。如果立法过程能够很好地解决住房权问题，司法的保护则能够更好地因循立法。学者认为印度发生的"无家可归者驱逐案"是保护居住权的司法实践案例，对南非发生的"Groot-boom案"学者认为是司法权保障住房权的典型案例，其实，上述两个案例均是从宪法层面认为政府有保障公民适宜或者适当居住权的义务。判决均明确了政府驱逐无家可归者违背了国际人权公约的规定，并指出保障适宜和适当住房权是宪法层面的义务，然而对驱逐后的政府责任和如何安置并没有涉及。笔者认为，住房权司法保障之道，可谓路漫漫，需不同法系国家理论和实证的共同求索。

出于研究的需要，本书主要选取四个样本进行介绍：

(1) 美国住房样本研究。20世纪30年代，美国实行的公共住房有三个特征：一是政府成立专门的公共机构进行管理，即公共住房局，由公共住房局掌管资金负责公共住房的建设和修缮；二是保障对象仅限于低收入人群；三是保障方式只提供住宅租金补贴。

---

〔1〕 比较住房政策理论先驱——丹尼逊提出住房政策中政府角色定位分为三种，即雏生型（Embryonic）、社会型（Social）和全面社会责任型（Comprehensive）。

〔2〕 在欧洲一个普遍流行的研究路径是，将住房政策看成是社会政策的一个分支，集中于住房社会理论、住房政策和住房立法研究。

美国早期也是着手建设公共住房，在公共住房产生诸如贫民区后开始用市场代替政府行为，越来越多地用住房券代替公共住房的建设，让更多人利用住房券寻求适合自己的住房。[1]美国住房的另一个特征是，利用公共组织来对低收入人群提供公共住房，较多的住房协会、公益组织在主体上能够动员起来。其次，多元主体利用现代金融手段进行有效融资，比如运用社区发展组团基金（CDBG）和 HOME 投资合作项目，运用市场和金融手段多渠道对低收入住户进行资助。当然，政府在此角色中，更多的是从立法和政策上给予供给和倾斜，一方面保护公共住房的建设者与投资者，另一方面，让低收入者能够住有所居。

（2）英国住房样本研究。英国住房主要有三种形式，私人出租式住房、公共住房以及自有住房。政府不再是公共住房的最大提供者，社会中间结构和组织（比如住房协会）开始发挥着其公共住房提供者的角色，住房政策和经济政策紧密结合，推动着住房市场的向前发展。英国两个政党都支持家庭所有权的扩张，但对私人住房和公共住房持有不同的态度，工党倾向于支持公共住房，市民有权获得基本的住房，这个愿望的达成需要政府的干预和控制。[2]保守党倾向于私人住房，尽管如此，在公共住房的支出上，两党执政时均一直在增加。公共住房开支的增加使得两党均倾向于国家撤出对房屋的直接供应，鼓励私人或者家庭拥有房屋所有权，这使得英国住房拥有率明显高于欧洲其他国家。通过优先购买权、房租补贴计划、多元文化、多元群体融合计划、成立住房协会、可承受租金计划等一系列政策，运用自由主义社会模式，实现了住房的可持续发展。英国住房政策模式以住房市场化为核心，兼带实施国家基本保障责任。

（3）德国住房样本研究。在德国，许多住房政策都在州层面运作，各州之间存在较大差异，这一点和我国类似。德国一直倾向于支持社会及私人租房领域的建设，开发商必须提供一定比例的房屋，用于出租或出售给低收入家庭。值得一提的是，德国的住房储蓄制度也比较发达，鼓励住户进行储蓄，等储蓄额达到一定程度后政府还要给予一定的奖励，并运用储蓄额度的大小

〔1〕　王韬："保障性住房关键词"，载《住区》2012 年第 1 期。

〔2〕　田东海编著：《住房政策：国际经验借鉴和中国现实选择》，清华大学出版社 1998 年版，第 41 页。

进行住房的贷款。住房储蓄体系是德国住房金融政策的最大特色，利用储蓄体系募集建房资金，同时减少政府对公共住房建设的压力。[1]德国利用金融和贷款制度推动着整个国家的保障房建设。德国在住房制度上的典型特征可概括为：一是社会参与高于国家参与；二是社会市场原则代替自由市场原则。合作社建房和自建房模式让德国没必要对银行进行大规模国家注资，即便在次贷危机演化为全球金融危机的情况下，其独特社会模式下的住房体系也经受住了历史的检验。

（4）新加坡住房样本研究。新加坡在解决广大中低收入居民的住房问题上比较成功，有学者认为这与新加坡国土面积小，人口比较少有关系。但学界比较一致的观点是新加坡住房之所以比较成功得益于以下五个方面：第一，政府的强力介入；第二，对需求人群进行市场细分；第三，以住房权为核心构建准入、审核、轮候、运营、退出等法律机制；第四，住房法律和政策得到严格执行；第五，把满足居住（社会民生）与房地产开发（发展经济）有机结合。

1960年，新加坡组建建屋发展局，逐步推行住房自有化，政府通过金融贷款计划来资助中低收入群体拥有自己的住房。同时细分中低收入群体，让不同的阶层拥有不同的住房，通过资产累积手段，让更多的居民拥有自己的住房。1994年，新加坡政府推出住房特别援助计划。在细分需求对象上，新加坡严格根据家庭收入状况来计算应当获得的补贴，根据收入和财产状况来决定住房福利的最终分配方案。[2]可以说新加坡模式是亚洲公共住房制度比较成熟的模式，我国保障房制度在很大程度上也在借鉴新加坡模式，比如重庆、深圳等城市。

二、保障性住房国家保护义务的研究现状

从当前的著述看，不少学者已经认识到政府在公共住房的提供中应当承担责任，龙雯博士认为公共住房保障模式的设计不能仅仅停留在"纸面"上，更重要的是需要政府在公共住房保障中能够承担起应有的责任，这才最终能够使公共住房保障制度发挥其利国利民的作用。[3]程益群博士认为，应当明

---

〔1〕 许超："国外住房金融政策的借鉴"，载《商场现代化》2005年第7期。

〔2〕 Belinda Yuen，"Squatters No More：Singapore Social Housing"，in *Global Urban Development* Vol. 3，Issue1，November 2007.

〔3〕 龙雯："公共住房保障中的政府责任研究"，湖南大学2012年博士学位论文，第2页。

确划分中央政府和地方政府在住房保障上的职责。[1]当前研究鲜有论及保障性住房国家保障义务的，这和保障性住房的缘起有很大关系。我国经历了福利分房到住房市场化两个单轨制阶段，福利分房基于社会公有制的基础上，国家垄断了一切资源，基本的生产和生活资料都由国家来垄断，制度催生了单一住房供给渠道。住房市场化以后，[2]市场规则在住房配置中发挥着重要作用，中等以上群体依靠自身竞争优势获取了住房，但仍有部分群体因支付能力不足难以靠自力获取基本住房。[3]对弱者提供最低限度的保障是现代国家应有之义，出于人自身的差异和国家经济制度的约束，并不是所有的人都能在生活条件上自然就能获得做人的尊严，人的尊严或者说人能像人一样活着也需要物质的保障，物质的提供和占有也是享有尊严的前提。国家在衡平收入和分配关系时，能够用诸多手段进行协调，以确保社会的公平和正义，住房制度上的公平和正义也需要国家承担最基本的义务进行保障。国家保障义务的逻辑基础可以归纳为：国家保障义务的实质是国家的人权保障义务；宪法基础是人民主权；规范依据是社会权；根本目的是尊重人；根基是现代国家的生存给付义务。

第三节　研究思路与方法

一、研究思路

保障性住房制度的推进，需要明确保障房制度的性质，了解其实际运行状况，综合运用国家保障义务理论推进以政府为主导的保障性住房建设，围绕该中心论点，笔者对全书布局以及写作思路做如下安排：

（1）多数学者认为，保障性住房是政府对中低收入群体家庭根据分类保

---

〔1〕 程益群："住房保障法律制度研究"，中国政法大学 2009 年博士学位论文，第 107 页。

〔2〕 变化最大的莫过于 1998 年国务院《关于进一步深化城镇住房制度改革加快住房建设的通知》（以下简称"98 第 23 号文"）和 2003 年国务院《关于促进房地产市场持续健康发展的通知》（以下简称"03 第 18 号文"）。98 第 23 号文确立了以经济适用房为主的供应体系，03 第 18 号文让多数家庭购买商品房，2007 年国务院《关于解决城市低收入家庭住房困难的若干意见》（以下简称"07 第 24 号文"），提出建立健全以廉租住房为重点，多渠道解决城市低收入家庭住房困难的政策体系。

〔3〕 在住房产业是国民经济的重要支柱论调下，住房由市场来解决，国家在急剧的社会变迁中，城市化和城镇化以巨大的基础设施优势、资本、劳动力、技术和文明优势吸引着就业和再就业群体。

障原则提供的限定对象、限定面积、限定价格（租金）的住房。这个定义是否准确、能否涵盖现有的保障房类别、中低收入家庭的范围如何界定、政府以何种方式进行保障，以上问题需要把握清楚，否则就不能体现"应保尽保"的原则，也违背了保障房制度存在的价值。

（2）保障性住房的基础理论。一个制度的基本理论攸关制度的生命和价值，保障性住房的基本精神或者原则是什么，该制度基础理论是什么，当前政治学、经济学、社会学、法学对上述问题的探究还很薄弱。公法尤其是宪法学与行政法学（社会保障行政法）对保障性住房制度应当有自己的认识和学科贡献。笔者试图以宪行为视角，从"公"字着手，认为公权力体现在保障房从建设到分配的各个环节，要挖掘"公"字的含义，了解公权力运行的建基要素和基本框架。该部分重点进行了保障房权利基础、保障房制度基本原则的研究。全书中对保障房制度性质进行了五种界定：保障房是公共产品；保障房离不开公权的介入和运行；保障房必须有公众的参与；保障房运行体现的是公共治理；保障房制度设计的归结点是维护公共利益。在保障性住房制度基本精神的研究上，归纳出保障性住房制度具有公共性、有限性、流动性、市场化等基本制度精神。

关于保障性住房国家保障义务。如前所述，即便是秉承自由主义的英国，两党也认为为低收入群体提供住房是政府应尽之职责。本书运用"正当性理论"和"普遍福利理论"对国家保障义务进行了论述。在保障性住房国家保障义务的逻辑基础论述上，分析了该制度的权利依据、宪法基础和根本目的。国家保障义务是政府推进保障性住房制度的"元动力"，既是对政府推行住房过度市场化的反思，也是对现有保障房制度理论应有的价值回归。国家保障义务应当成为保障性住房建设的根基。这里还涉及的一个问题是，究竟以权利为根基还是以国家义务为根基构建保障房制度。如果以前者，必然会涉及诸如公民请求权、居住权、住房权、社会权等概念，[1]既然城镇住房权利可

---

[1] 这关系到经济和社会权利的可能性和限度问题，如果说住房权是一项政策性权利（需要具体立法和政策制定后才能享有的权利），那么在现有制度下，既无法律又无法规，此种权利的实现就只能寄希望于立法和行政机关的主观意愿。如果以国家保障义务为根基构建，即便没有法律和行政法规的规定，在对住房保障问题已经有了一定认识的政府，已经将基本住房保障明确为自己的职责。即便在当下没有这种政策请求权，然而"这种政策请求权的存在使得此类经济和社会权利的'权利性'立即得到显著增强，并且使它们朝着具有完全主观性的理想权利大大迈进了一步"。参见黄金荣："司法保障经济和社会权利的可能性与限度——南非宪法法院格鲁特布姆案评析"，载《环球法律评论》2006 年第 1 期。

以成为一种请求权,如何保证农村居民的请求权或者住房权?国家保障义务是否就对应着公民的请求权?国家保障义务应当履行到何种限度,有无一个相对明晰的标准?不仅如此,如果以国家义务为根基进行构建,是否会陷入道德或政治色彩上的迂回说教怪圈,而对于实践毫无助益。又如,保障房的国家保障义务及纠纷解决机制,在申请人关系受损时是通过行政争议化解方式——在制度设计时,专门成立保障房争议调解委员会;还是通过传统的行政复议或者行政诉讼的方式?均需要进行深入分析和研讨。

(3)保障性住房地方立法研究。不可否认,保障性住房一直以中央的政令来推进,但确以地方实践为依托。现有保障性住房均是以行政命令、规章形式予以推动,地方立法也紧紧以中央命令等进行参照。地方立法的多样化和差异化推动着中国保障性住房的制度革新,但地方立法也有较大的风险,即容易固化地方利益,容易造成立法的"碎片化"[1]。保障性住房作为一项新的制度,在现有阶段下缺乏顶层设计,中央立法的缺失,让各地在立法和实践上摸索。地方立法对租赁合同、建设合同和物业管理合同的认识千差万别,多种合同是否为同一种法律性质的合同,如果可以分阶段掌握,何种阶段是行政合同,何种阶段是民事合同?如何确保在法治统一的前提下,既保证地方立法的积极作为,提高地方立法质量,又能使各地的立法不至于游离于中央政令精神太远,这是地方立法面临的实践难题,也是亟须制度创新的时代课题。

(4)保障性住房制度地方实证研究。承接第三部分,尽管理论指导着实践,但不可回避的是,实践总是超越或者反对着理论,保障性住房的实践催生并孕育着新的理论。地方实践基本上有以下几个模式:一是重庆模式。重庆模式即"政府强力型"模式,不论是制度供给,还是土地供应,保障房的建设、分配、审核、运营和管理,以至于保障性住房管理局的建立,均表现出公权力强力介入的色彩。二是珠三角模式,即"市场导向型"模式。该模

---

[1]　正如同对中国宪法问题的理论研究,就是要超越于"体系化"研究模式与"碎片化"研究模式的对立。对于这种新的理论体系的寻找与探寻,可以在既有的"体系化"研究模式与"碎片化"研究模式之间展开。这种指向一方面可以使中国宪法问题的研究有"体系",但这种体系并不是西方的自由主义宪政理论体系,而是关于中国宪法问题的理论体系;另一方面也可在坚持对中国宪法具体问题研究的同时,使得这种具体关注在新的理论体系指导下进行,从而会在一定程度上克服"碎片化"的研究状态。[美]黄宗智:《经验与理论:中国社会、经济与法律的实践历史研究》,中国人民大学出版社2007年版,第440页。

式注重市场在保障房制度建设上的作用。制度推进更多地依靠地方经济实力和成熟的市场法则。依托较强的经济实力、完善的市场要素、成熟的契约精神、稳健的财税制度、理性的投资阶层和灵活的制度设计来助推保障性住房建设。三是苏南模式，即以苏州为代表的"混合建构型"模式。该模式重视政府主导，但尊重市场，强调社会主体的多元化选择。更多地考虑了地方经济发展、人才需求、土地供应等因素，对保障房的建设进行分类指导、因地制宜、因时制宜，制度设置合理、政府管控得当、社会主体参与、市场导向明显。除以上三种模式外，笔者认为还存在京津冀模式，即"双向互动型"模式。该模式突出政府的主导作用，但考虑到市场在保障房建设、融资、管理和运营方面的优势，在主张政府强力推动的同时，更注重制度和政策的供给。在保障房的建设融资上，充分发挥市场的作用，实现"政府主导、区县实施、尊重市场规律"的模式，该模式注重政府和市场的结合，但立法政策相对原则化。

（5）保障性住房的完善。首先，保障性住房亟须立法来规约，顶层设计的缺乏不仅使整个保障房制度缺乏统一指导性，在实践中也造成地方福利的固化、产权设计混乱、保障力度不均、准入和退出制度层次不明、纠纷解决机制法治化缺失等问题，上述问题必然影响保障性住房制度存在的合法性和正当性基础。其次，保障性住房制度实践需要从建设、准入、管理和运行各个方面进行丰富和完善，在城镇化背景下，综合运用公私协力理论，通过积极鼓励公私主体参与保障房的建设和融资，尤其是在管理运营中，政府要重视中低收入家庭的诉求，通过交流和沟通使供给方和需求方达成合意。最后，要完善纠纷解决机制，在保障房运行管理过程中，保障房管理主体资格亟待法律授权，保障房租赁合同性质亟待立法予以明确，保障房管理主体的职责权限亟待立法廓清，保障房管理运行的法律程序亟待完善。同时，为有效化解因保障房租赁、买卖合同产生的纠纷，司法机关对保障房租赁、买卖合同应适用的诉讼模式需要做出有效回应，并需要进一步厘清保障房租赁、买卖合同司法审查的法律依据，如此才能寻求保障房制度管理运行的法治之道，最大程度地解决中低收入群体的住房难题。

（6）解决的办法和措施。首先，本书在分析保障性住房制度的性质时，一方面论述了保障房的基本原则，即流动性、市场性、公共性、有限性，意在表明保障房要考虑政府和市场、中央和地方的关系，制度的构建应当是以上两个关系的应有价值回归。另一方面论述了保障房是公权力介入下的公共产品，需要公众的参与和公共治理的互动，目的是实现公共利益的最大化，此论点既结合了时下公共行政学和政治经济学对保障房制度的关怀，也从公法学视角揭示了公权力的职权和职责，为论证保障房之国家保障义务奠定基础。其次，地方立法先行既是我国立法的一大特色，也是目前保障房制度探索的显著特点。鉴于我国各地经济发展不一，各地情况千差万别，中央立法目前仅以三个管理办法进行方向性的导引，以发挥各地在立法和实践中的能动性和首创性。对地方立法和实践主要是结合了文本表达和制度运作两个解构思路，文本表达和实践运作是推动保障性住房的两个轮子，要通盘思考而不可偏废，对涉及的法律问题进行法学上的分析，以解当前之惑。

在论述保障房之国家保障义务时，引入两个理论作为分析进路，即正当性理论和普遍福利理论，重点论证保障房国家保障义务而非住房国家保障义务是为了避免国家义务的泛化，国家保障义务并非是民生保障的箩筐，国家保障是有限度的——是对住房困难家庭基本住房需求的保障。[1]此提法也是借鉴建基于民生范围内国家基于医疗和教育方面的保障义务，在医疗上，国家用社会保险的方式来对基本医疗进行保障，[2]部分病种或者部分用药而给予保障；在教育上更是如此，国家仅在基础教育上负有全面的国家保障义务，而在高等教育或者中等教育上，国家选择了有限度的保障方式。[3]

---

〔1〕《基本住房保障条例（征求意见稿）》第42条规定我国住房保障工作总体思路是，努力实现"保基本、多渠道、可持续"为目标。保基本就是根据经济发展水平、财政承受能力、资源条件和住房困难群众的承受能力等，合理确定保障范围和标准，重点保障住房困难家庭基本住房需求。

〔2〕为加快医疗保险制度改革，保障职工基本医疗，国务院在认真总结近年来各地医疗保险制度改革试点经验的基础上，于1998年颁布《国务院关于建立城镇职工基本医疗保险制度的决定》，规定基本医疗服务的范围、标准和医药费用结算办法，在全国范围内进行城镇职工医疗保险制度改革。

〔3〕基础教育是面向全体学生的国民素质教育，其根本宗旨是为提高全民族的素质打下扎实的基础，为全体适龄儿童少年终身学习和参与社会生活打下良好的基础。基础教育对于提高中华民族的素质，培养各级各类人才，促进社会主义现代化建设具有全局性、基础性和先导性的作用。多年来，国家坚持教育适度超前发展，把基础教育摆在优先地位，并作为基础设施和教育事业发展的重点领域予以保障。在我国，目前基础教育包括幼儿教育（一般为3岁至5岁）、义务教育（一般为6岁至15岁）、高中教育（一般为16岁至19岁），以及扫盲教育。其中涵盖小学和初中阶段的义务教育，具有普及性、公共性和强迫性的特点，是国家统一实施的所有适龄儿童少年必须接受的教育，是国家必须予以保障的公益性事业。

二、研究方法

对保障性住房地方立法与实践的研究，主要包括理论与实践两个面向。在上述两个面向的写作过程中，本书主要运用了以下研究方法：

（1）文本分析方法。为深入客观分析地方立法，本书选取保障性住房制度相对成熟地区的立法文本进行解析，包括京津冀地区、长三角和珠三角地区、苏南地区等十几个省市的地方立法。从建设、融资、申请、审核、轮候、分配、准入、退出、纠纷解决机制、产权模式、物业运营等方面进行剖析。同时对域外东南亚模式、西欧模式、北欧模式和北美模式进行了文本分析。

（2）实证研究方法。第一，深入全国多个地方。为了获得各地保障房制度建设的一手资料，笔者从 2011 年 7 月先后深入全国保障房制度探索较为成熟的北京、上海、重庆、深圳、苏州、青岛等一二线城市，实地调研采访上述各地住建局负责人。第二，深入小区。深入保障房小区，实地察看了重庆、北京、上海、苏州、青岛等市的保障房小区的建设、租赁、运营、管理情况。第三，深入分析。在收集各地有关保障房制度的立法文本、行政规范性文件、内参报告、数据统计等资料基础上，通过梳理和比较，寻找共同点和结合点，分析差异和原因，归纳富有成效的地方立法与实践经验。第四，深入访谈。对重庆市公租房管理局局长、苏州市住建局长、青岛市住建局长、苏州市工业园区住建办主任进行深度采访。对在研究中遇到的困惑和难题积极与以上地区住建局领导电话沟通和邮件交流。

（3）比较研究方法。域内比较，对国内各省市保障房文本和实践进行比较研究，综合运用问卷、图表、数据统计等方法，研究域内各地在文本和实践上的差别。域外借鉴，以美国、德国、新加坡为蓝本，比较分析域外保障性住房制度运行的特点，重点考察特色立法及制度，比如美国的补贴制度，德国的储蓄制度，新加坡的融资制度等。

（4）定性、定量分析法。对"公"字进行解读，对保障房的基本性质、保障房国家保障义务等问题进行了定性分析。在对保障房的实证分析及国外保障房比较分析中，运用了图表、数据等量化研究工具，进行定量分析，使分析更准确，更具说服力。

第一章
保障性住房缘起与现状研究

　　人人享有合理住房，是被包括联合国公约在内的多项国际条约规定的基本人权之一，自古云"各安其居而乐其业"[1]。住房政策也是一定社会政治和经济环境的产物，我国住房政策与我国经济发展高度相关，个人住房命运与住房政策调整跌宕起伏。近 30 年的住房改革发展使得城镇住房快速发展，居住质量显著改善，在保障性住房快速发展的同时，其带来的居住公平和分配正义问题引起了社会的广泛关注。在《城镇住房保障条例》取代《基本住房保障条例》的背景之下，保障性住房立法再次引起社会的高度关注。[2]制度建构离不开对时代背景的参照与考量，我国保障房体制历经了从计划到市场两个阶段。统一立法的缺失使地方立法相继打破僵局并进行了诸多探索。通过对地方立法文本、运行实践的解读不难发现，在以地方立法和实践为主体的保障房推动中，合理界定保障房的类型，理顺保障房发展脉络，客观分析保障房存在的问题，对推进保障房的立法和实践将大有裨益。

---

　　[1]　《汉书·货殖列传》。

　　[2]　在保障房的政策上，国务院及住建部等部门相继颁布了《城镇最低收入家庭廉租住房管理办法》（失效）、《经济适用住房管理办法》《公共租赁住房管理办法》等法规和规章，试图遏制房价过快上涨，缓解住房压力。为寻求上位法的立法保障，2008 年 11 月《住房保障法》被列入第十一届全国人大常委会五年立法规划，住建部已于 2008 年底委托清华大学法学院和深圳市房地产研究中心分别起草该法的理论版和实践版建议稿。《廉租住房保障办法》于 2007 年 12 月 1 日起由原建设部第 139 次常务会议讨论通过施行，2003 年 12 月 31 日发布的《城镇最低收入家庭廉租住房管理办法》同时废止。2007 年 11 月 19 日，由原建设部等 7 部门制定的《经济适用住房管理办法》取代了 2004 年由原建设部等 4 部门制定的《经济适用住房管理办法》。需要指出的是，该办法是根据《国务院关于解决城市低收入家庭住房困难的若干意见》（国发〔2007〕24 号），经国务院同意修订的，此办法应属于法规范畴。《公共租赁住房管理办法》于 2012 年 5 月 28 日由住建部第 84 次部常务会议审议通过，2012 年 7 月 15 日施行。

第一节　保障性住房的缘起

一、政策解读[1]

在很多场域，中国无论是经济改革还是制度建设，都需要中央领导强有力的支持。以强有力的中央政权和领导人的威望来推动改革已成为中国政治、经济和社会领域的一个典型特征。

从中华人民共和国成立一直到 20 世纪 70 年代末，高度计划经济体制像一张大网笼罩于社会生活的各个领域，住房亦不例外。城市公共住房的建设需要大量的公共财政资金投入，在"重工业优先发展"政策的理念指引下，有限的公共财政对公共住房的投入微乎其微。这种实物分房的模式建立在"一大二公"的基础之上，所有城镇住房均靠政府财政拨款，且住房政策的导向具有抑制性——控制消费，艰苦创业，住房消费成为高度集权背景下的产物。[2]围绕住房制度改革与房地产业定位的关系，我国在政策定位和制度设计上历经数次反复调整，可简要梳理如下：

（一）完全计划松动阶段

在邓小平的直接推动下，我国开始对中华人民共和国成立后的住房体制进行改革。1978 年，邓小平提出了关于房改的问题，主要是关于解决住房问题的政策能不能宽松一点的想法。邓小平的思路具体包括：一是在建房主体和资金来源上，政府利用公共资金可以建房，个人利用私人出资也可以建房；二是在建房方式上，私人建房可采用合作社建房的方式，可以收取租金；三是在住房利用上，公房可以出售与出租；四是在住房管理上，可成立专门的

---

〔1〕 来自欧洲方面的研究基于本土化的基础和针对性强的特点，其研究学科范围广泛，紧密结合了政治学、社会学、社会政策、公共政策等研究领域，国内研究基本围绕经验借鉴、政策启示、方法介绍等，欧洲对住房问题的研究具有多学科交叉研究并相互吸收借鉴的特点，综合运用政治学、经济学、社会学等最新理论成果指导公共住房实践。当前国内研究尚囿于政策研究层面，缺乏理论的升华和解释，特别是基础制度的研究。在研究方法上，欧洲所有住房社会政策的研究，哪怕理论性很强的研究，都非常注重住房结构和住房数据的比较和使用，具有数据证明的实证主义色彩。由于数据收集和掌握问题，国内研究很少使用图表性和结构性数据，特别缺乏对历史数据的追溯，比较集中于对当代政策的解读，具有强烈的描述色彩。

〔2〕 ［美］吉列尔莫·奥唐奈、［意］菲利普·施密特：《威权统治的转型——关于不确定民主的试探性结论》，景威、柴绍锦译，新星出版社 2012 年版，第 36 页。

住房改革负责机构。多数学者认为，这段谈话打破了住房政策高度集中化的坚冰，我国住房开始迈向从高度计划到计划和市场相结合的道路。[1]

（二）社会化和市场化相结合阶段

以1994年《关于深化城镇住房制度改革的决定》（已失效）出台为界点，为配合改革开放的总体设计思路，作为改革思路的普遍反射效应，住房制度必须相应作出改革。高层有意于让住房改革实现社会化和市场化的结合，这一阶段的体征包括以下几个方面：第一，住房投资兼顾多元主体，包括国家、单位和个人三方主体；第二，取消住房的实物化分配，逐渐向货币化改革方向迈进；第三，建立住房公积金制度，确立政策性和商品性相结合的住房金融制度；第四，规范房地产建设和租赁两个市场。[2]1994年的改革主张结束实物分房，引入市场机制，着力推进住房的市场化改革，以经济适用房为主，建立起多层次的住房供应体系。1998年住房改革将经济适用房界定为政策性商品房，掀开了全面市场化改革的浪潮。客观来讲，98第23号文奠定了我国现行住房分配制度的基础，当下正在进行的住房制度建设和改革思路难出其右。

（三）完全市场化阶段

"住房也是商品"的思路是在我国继续深化经济改革的背景下形成的，"住房应当由市场来提供"的思维误区开始左右执政当局。[3]完全货币化的改革开始大行其道，改革开始向完全市场化的轨道高速前进，98第23号文以后，房地产行业得到了空前重视，在市场经济纵深改革阶段，地产行业一直被定位为国民经济的支柱性产业。[4]不仅如此，还修正了经济适用房的地位，

---

[1] 国家计划经济体制转型到市场体制过程中，在国家计划模式建立起来的比较完善的传统福利制度基础依靠的是直线性的福利国家机构，以国家所有制为控制的经济资源保障。受经济发展水平的制约，福利体系覆盖面广，但保障水平低，缺乏市场机制。在转轨过程中，国家住房保持了转型特色的"双轨制"，市场化与体制继承并重，而政府公共投入由于开支所限非常有限。导致福利国家在建构上出现了左右摇摆局面，无法建立一个稳定的福利制度模式。在社会层面，这些国家后发的工会和其他社会团体也比较弱小，无法承担起福利制度的辅助角色，向何方转型，以什么理念重建市场制度下而非"全能国家"的福利体制是摆在转型国家面前的一个普遍难题。参见余南平：《欧洲社会模式——以欧洲住房政策和住房市场为视角》，华东师范大学出版社2009年版，第130页。

[2] 1994年7月18日，国务院下发了《关于深化城镇住房制度改革的决定》，标志着城镇住房制度改革已进入深化和全面实施阶段。

[3] 邓小平："关于住宅商品化生产的设想"，载《基建调研》1979年第18期。

[4] 根据国务院研究中心的统计数据，1998年至2004年我国的房地产投资完成额持续了7年两位数的快速增长，并且在2002年以后的几年中出现了房地产"过热"的情况，7年的同比增长率分别为14%、14%、21%、27%、23%、30%和30%。

把经济适用房也认定为商品房，在经过一段时间后可以上市。把更多的家庭推向市场，实行住房的全面市场化，这也是造成低收入群体无房可住，继而在21世纪初国家进行反思，提出要建设廉租房为最低收入群体提供保障的原因。

（四）反思调整阶段

03 第 18 号文实施以后，住房领域问题暴露较多，比较突出的是房价过快上涨，低收入群体无房可住。从 2005 年开始国务院先后出台几十项政令，从土地、金融、法令等方面严格控制房价，政令涉及国务院一半以上的部门，要求之严、涉及范围之广，实属罕见但收效不佳，一线城市的房价仍然处于上涨阶段。国家开始重视低收入群体的住房，用严控房价的方式打压不断飙升的房价，以确保低收入者能够拥有住房。[1]政府开始反思完全市场化的住房政策，将低收入群体的廉租房建设提上日程，包括后来的棚户区改造，保障性安居工程等，将市场化不能解决的问题开始尝试利用行政手段进行弥补。社会发展的背景以及内在动因决定了房地产业两方面作用的博弈。政府一方面要发展经济，借助地产经济来推动地方 GDP（国内生产总值），同时也需要履行自身职责以保障社会大多数群众住房权利。[2]

一些地方政府热衷于批租土地进行大规模拆迁，个别开发商炒卖地皮，人为抬高房价。07 第 24 号文的出台，在一定程度上改变了上述现象，但高房价的压力并没有得到有效缓解。政府对我国住房发展的历程开始进行反思，完全计划和完全市场都没有很好地解决住房问题，市场和计划结合的社会模式开始被关注，多层次的住房保障体系开始得以正式确立。[3]

---

〔1〕 政府公共服务问题是一个历史性和世界性的重要课题，也是发挥政府作用、履行政府职能的核心问题。强化政府公共服务职能是政府职能转变的重要问题和紧迫任务，构建公共服务型政府是深化行政管理体制改革的重要内容和根本要求。07 第 24 号文曾明确解决低收入群体住房困难是政府的职责。参见唐铁汉："强化政府公共服务职能 努力建设公共服务型政府"，载《中国行政管理》2004 年第 7 期。

〔2〕 当我国受东南亚金融危机影响，国家需要实施积极的政策以增加和刺激社会总需求时，以"拉动经济增长"作为主要目标，政府就需要以房地产业作为推动力，以拉动经济增长。正如 03 第 18 号文明确提出"房地产是国民经济支柱产业"。按照 98 第 23 号文解读来看，就是要让 80% 的人民群众依靠经济适用房来解决住房问题，而经济适用房的利润国家是有明确限定的。

〔3〕 在党的十七大上，胡锦涛在十七大报告的第八部分提出："健全廉租住房制度，加快解决城市低收入家庭住房困难。"这是党代会报告中第一次专门提及住房保障制度，更是第一次谈到保障方式和保障对象，这一表述申明：我国的住房保障制度已经有了重大调整。

二、制度解读

（一）房地产产业制度的认识

房地产在国民经济中占据着重要地位一直是我们的共识。[1]房和地作为基本的生产要素，在国民经济发展中占据着重要的地位，房地产行业也和其他相关行业密切相关，房地产经济的繁荣，可以作为上游产业带动下游产业的繁荣，这也是各国在现代化的早期，均比较关注以地产经济作为提升城镇化建设的原因。房地产对国民经济而言，不论是在发达国家还是在发展中国家都很重要，这是个不争的事实，房地产业将作为我国的支柱性产业继续得到重视，这一认识已被1998年以来新一轮经济发展的市场化改革所确认。[2]

（二）住房保障制度的认识

国内外经验都表明，住房攸关民生，关系到公民住房权利的实现和国家基于住房权的基本保障。[3]住房保障制度是政府利用国家和社会力量为住房弱势群体提供满足其基本生活所需的若干制度安排。对加强住房保障制度建设，也有学者主张用社会权或者人权的观念来研究。党的十七大提出了"住有所居"的住房人权口号，住房建设从完全市场化和产业化开始向政府和市场共同供应的现代住房体系回归，保障性住房重新回归于政府职责范围。[4]

---

〔1〕 1996年7月，国务院时任总理朱镕基提出，"把住宅建设培育为新的经济增长点和新的消费热点"。三个月后，原国家体改委、原建设部等单位成立了专门课题组，研究深化住房分配体制改革和加快住房商品化的政策措施，最终在1998年3月形成了《关于住房分配体制改革的政策建议》（下称《建议》）。《建议》不仅提出改革住房分配制度、实行住房商品化，而且提出"建立住房社会保障"，要求政府承担低收入家庭廉租房责任。"有多少这样的建议和草案，召开了多少次会议、讨论，基本都数不清了。"具体开始着手准备方案是在1997年国庆节前后，在租金改革和产权改革两种主要思路中，最终采取了住房私有化、商品化的路径，"主要是为了拉动经济，培育新的经济增长点"。杨正莲："保障房新契机"，载《中国新闻周刊》2012年第42期。

〔2〕 即便是住房市场相对比较成熟的国家和地区，房地产收入也占到了政府财政收入的10%~40%，成为这些国家和地区的支柱性产业之一。在我国房地产业正在迅速崛起，而日益显示了其在国民经济发展中的重要作用，它对经济具有敏感性和超前性。

〔3〕 有学者认为，中国政府的强大动员力量在应急救灾、举办大型活动方面显示出了巨大优势，在解决分散于社会各方面的矛盾冲突上，却因为政府的全能和包揽而难免顾此失彼。各方面的利益群体在医疗卫生、社会保障、教育、环保等问题上的争执如果不能折中或兼顾，就会为群体性事件埋下隐患。让弱势群体看到生活希望、获得更多机会、感受更多公平不仅是经济发展问题，也是政治问题。参见郑永年：《中国模式：经验与困局》，浙江人民出版社2010年版，第166页。

〔4〕 王宏哲：《住房权研究》，中国法制出版社2008年版，第3页。

住房权研究除了一般理论研究以外，还在强制驱逐与重新安置、住房财产返还、弱势群体的住房权等方面均有论述，认为住房权是一种较为成熟的经济、社会和文化权利。国外的住房权研究立足于经典法治国之上，更侧重于规范和实证研究，住房保障制度基础理论更多借鉴和吸收了包括经济学、社会学和政治学在内的学说和观点。

第二节　保障性住房的类型

保障性住房的类型关系着我们对保障性住房的设计。当前理论界和实务界对保障性住房的认识还存在偏差，有学者认为，应当从是否有公共财政介入来区分，即完全市场化的住房为商品房，有公共财政投入的住房为保障性住房；此种区分方法有一定合理性，但在保障性住房配建制度上缺乏说服力，保障性住房有无公共财政投入不能作为区分的唯一标准。从各地实践来看，为了鼓励社会资金投入建设保障房，政府在政策和税费上予以优惠，只能看作是变相投入，公共财政并没有直接进入市场。社会资金的投入，很难说是公共财政的介入，此种区分方式有一定局限性。也有学者认为，应当从主体和客体两个方面来限定，即在主体上，由政府主导建设和分配；在客体上，是否符合保障条件取决于适格对象的收入水平和经济状况。上述主客体标准也存在问题，保障性住房的建设政府以公权力推动千真万确，比如，在廉租房的建设方面公权力是绝对主体，主导了廉租房的规划、建设、分配和运营等各个环节。但在限价房和自住型商品房方面，政府更多的是从制度和政策上供给，在建设和运营上注重发挥私主体力量；同时，如果以客体的标准来看，适格对象是保障房的保障对象，但保障对象只是适格对象的一部分，保障房的供给远远还没有达到供需上的平衡。不仅如此，购买商品房的对象也有可能是保障房的适格对象，只是其克服了货币支付能力这一困难购买了商品房，但并不能就此下结论，即购买了商品房的人就是中高收入者。

衡量收入水平的多重难度和细分收入对象技术的量化差异，导致保障房层次和收入群体层次划分的困难。当前保障性住房没有统一定义，各地认识均有不同。《基本住房保障条例（征求意见稿）》规定，基本住房保障，包括城镇基本住房保障和农村基本住房保障。该意见稿在第 1 条立法目的中，首次提及"保障性住房",但未在条例中涉及保障性住房的概念。[1]《基本住房保障条例(征求意见稿)》中有 100 多次提到"保障性住房",但始终不对保障性住房这一基本概念作界定,不知是无须规定还是刻意回避。[2]通过比较研究发现,西方的公共住房包括"社会住房""公共住房""合作社住房"等,社会住房更多的是依靠住房协会等社会中间机构拥有并实现社会福利性质的住房,即便是私有住房,如果以服务社会为目的,在性质上仍属于社会住房,比如英国住房协会的住房,德国私有住房和挪威的合作社住房等。[3]公共住房则与私人住房完全相对应,蕴藏着政府(公共)——市场(私有)二元论,重点突出公共政府和公共财政在住房建设、投资、分配上的角色。[4]

一、完全产权型

(一)廉租房[5]

相较于其他有限产权而言,廉租房为完全产权型,是指廉租房的出资和土地均为政府承担或者变相承担,廉租房存在空间是因为低收入者不能靠市场来解决住房,廉租房类似于英美的公共住房,仅提供给低收入者所用。廉租房的提供者可以是政府、私人或者社会组织,但产权也隶属于上述主体。

〔1〕《基本住房保障条例(征求意见稿)》规定,为了建立健全基本住房保障制度,规范保障性住房建设和管理,保障公民基本住房需要,促进实现住有所居和社会和谐,制定本条例,当前主流认识是,保障性住房是指政府在对中低收入家庭实行分类保障过程中所提供的限定供应对象,限定面积、价格或租金,具有保障性质的住房。

〔2〕 参见《基本住房保障条例(征求意见稿)》第 42 条的规定。该征求意见稿由住建部起草,以进一步明确我国住房保障工作总体思路,尽管没有明确何为"保障性住房",但已将保障性住房区分为租赁型和购置型,足见决策层在对保障性住房的认识上更具深化性和开放性。

〔3〕《最新房地产百科全书》对于社会住房的定义是无论所有权形式是私有还是公有,社会住房是指那些以非市场方式获得的住房,它具有两个特点:第一是价格摆脱了市场供需调节机制,出现了社会性干预;第二是住房按照需求分配,住房标准与支付能力不直接相关。

〔4〕 保障性住房概念无法直接和国外的住房概念对接。它们虽然由政府干预,但是并不全部由政府直接提供,既有租赁也有出售,因此不等于"公共住房"。从保障目的看,保障性住房的意图接近"社会住房"的概念,中国的住房供应体制是一个"混合体制",市场占主导地位,但是仍然有强烈的计划和国有经济传统,在靠地方立法和实践为基础推动力的保障性住房建设过程中,政府导控仍占据很重要的地位,并以此导控寻求市场之外的住房解决途径。同时,这些过程还受到了更为宏观的经济和人口变化的影响。

〔5〕 保障房,即保障性住房;廉租房,即廉租住房;公租房,即公共租赁住房;经适房,即经济适用住房,为表述方便、灵活使用,未作统一,特此说明。

廉租房的使用者仅仅享有占有和使用之权利，廉租房和公租房并轨后，在租住权利上有了一定程度的延伸，即公众对公租房享有优先购买权，廉租房公租房并轨的探索值得提倡。[1]上述并轨对低收入群体而言，有两大利好，第一，廉租房建设长期困顿且建设资金匮乏。[2]各地对廉租房建设积极性始终不高，廉租房的建设只能靠中央政府政令和签署责任状的形式来落实，[3]与公共租赁住房的并轨，可以拓宽房源渠道，给低收入者更多的选择；第二，并轨后，租住者具有优先购买权，在一定程度上，低收入者获得了积累资产、提升社会地位的有效渠道，这对于改变我国社会的阶层结构，壮大中等收入群体有着积极意义。并轨运行后，保障范围、保障水平、保障工作主管部门的审核和配租效率都会有较大提升。[4]

（二）改造房

改造房包括城中村改造和棚户区改造，城中村改造房是用于安置动迁村民（居民）的住宅建设。"以地换房"是包括棚户区改造、城中村改造的重要特点，因为城市的发展具有阶段性，地段的重要性取决于政策的需要，此一时的喧嚣，彼一时的繁华。为了将所谓的区位优势发挥到最佳，市场化的开发让投资者对异地安置产生了浓厚兴趣，政府在改造项目中，降低了安置成本，缓解了资金压力。可以说，改造房是被改造方、政府和开发商皆大欢喜的项目。至于出现的"钉子户"问题，更多的不是被改造方自身的问题，

----

〔1〕 在住房保障制度改革方面，住建部将着力推进两项具体工作：一项是在地方实践的基础上，对廉租住房和公共租赁住房实行并轨运行；另一项是指导地方有序开展共有产权保障房的探索。2013年12月2日，住建部、财政部、发改委公布《关于公共租赁住房和廉租住房并轨运行的通知》，根据《关于2013年深化经济体制改革重点工作意见》（国发〔2013〕20号）和《关于保障性安居工程建设和管理的指导意见》（国办发〔2011〕45号）等文件精神，从2014年起，各地公共租赁住房和廉租住房并轨运行，并轨后统称为公共租赁住房。

〔2〕 参见杨玲："城乡统筹视角的公共廉租房建设"，载《改革》2010年第3期。

〔3〕 对于地方政府而言，廉租房建设无益于财政和政绩。特别是在土地出让"招拍挂"的今天，廉租房建设不仅减少了土地出让金收入，也让对土地财政高度依赖的地方政府毫无动力，资金的缺口和中央政府支持的乏力使廉租房建设举步维艰。即便在2007年修改了《廉租住房保障办法》，规定土地出让净收益用于廉租住房保障资金的比例不得低于10%之后，有些地方政府也没有完全按照相应比例将土地出让净收益的部分用于廉租住房制度建设，从目前实践看，现有的廉租房数量远远未能覆盖最低收入人群。

〔4〕 除廉租房和公租房并轨外，也有省市将保障房"三房并轨"（廉租房、公租房、经适房）或"四房并轨"（廉租房、公租房、经适房、限价房），以实现保障性住房统筹建设、并轨运行的工作模式。并轨后，廉租房、公租房、经适房、限价房的保障对象将统一纳入保障性住房保障范围。

而是拆迁不合法、补偿或者安置不到位所导致的。

对城中村的改造，地方实践也进行了积极摸索，这是我国城镇住房保障制度中较少涉及农村居民住房的部分。原则上讲，保障性住房是用来为城镇中低收入者提供住房，城市化进程的加快，虽可快速将土地变更性质，将"村民"变更为"居民"，但管理体制和城中村的改造，涉及集体土地和国有土地的交叉和划界，同时农村宅基地和工业用地、建设用地并存。在上海调研中笔者发现，《上海市发展公共租赁住房的实施意见》明确规定，公租房可以利用农村集体建设用地。但按照《土地管理法》的规定，集体建设用地包括宅基地、公益性公共设施用地和经营性用地三个部分，上述三个部分明显不包含公共租赁住房用地。土地类型的不同导致地方规定不一，有些地方规定以建设用地供地的，可上市交易；以农村集体土地供地的，在集体土地转化为建设用地后，交纳一定土地出让金后可以上市交易。在实证调研中笔者发现，江浙一带，随着土地价格的疯涨，所谓开发区和工业园用地的增加，部分集体经济组织成员可自愿将宅基地退还给集体，从集体领取多套住房进行置换，这些实践已在多地进行尝试，但尚未得到政策的导引或者理论界的普遍关注。

二、共有产权型

2012 年 5 月，住建部公布的《基本住房保障条例（征求意见稿）》第 29 条规定是，在共有产权上，承购人和政府不具有连带债权债务关系。[1]共有产权房一个最明显的特征就是产权人以法律文本的形式明确了共有产权人的权利和义务，对标的收益和处分进行清晰限定，当下，随着我国房地产业政策的成熟和房地产市场本身的稳健发展，以明晰责任权利的共有产权房模式，正日趋成为各地积极实践的对象。[2]

2009 年，黄石市被国家开发银行、住建部列为公租房试点城市。试点主要内容有两个方面。第一，将各种保障房房源合并起来，统一纳入公租房管理序列，政府统一调配房源并利用社会力量尝试市场化运作；第二，探索保障

---

〔1〕　对该《条例》的规定，社会各界论争热烈，观点各异，甚至截然相反。部分学者和实务界人士认为保障房应该是租赁化而不是产权化，产权化的保障房应该退出历史舞台，但《条例》还是对产权设计进行了探索。

〔2〕　在 2013 年 12 月 24 日举行的全国住房城乡建设工作会议上，住建部时任部长姜伟新在部署工作时明确提出，鼓励地方从本地实际出发，积极创新住房供应模式，探索发展共有产权住房。

房的产权制度，根据出资比例划定保障房的产权比例，实现投资者权益。[1]黄石试点的主要目的就是保障房要借助市场的力量进行融资，同时根据现代产权制度引进产权模式，在获取保障房产权后购买人能够将保障房卖给政府或者达到与政府共有的目的，直接按照市场价格出售，与政府共同分担收益。这一点在保障房的制度设计上是一个大突破，不仅能够购买到保障房，而且购买人还能根据市场的变化对保障房的溢价享有一定比例的收益权。[2]公租房政策规定的是实现投资者权益原则，这一规定和现在部分省市探索的保障性住房共有产权模式的设定有着较大的相似性，共有产权的探索比起完全产权来，有以下优越性：第一，照顾了中低收入群体的阶段性需求。以自住型商品房为例，北京市《关于加快中低价位自住型改善型商品住房建设的意见》规定了自住型商品住房的最大和最小套型建筑面积。套型面积和销售价格的限定，使得部分中低收入家庭能够购买自住型商品房。第二，同完全产权相比，共有产权在产权归属上赋予了中低收入群体更大的灵活性。同一套住房，产权归属双方，也可归属多方，符合条件的购房者在一定年限后，随着收入的提高和经济条件的改善，可以选择支付土地出让金的部分来取得完全产权，也可以选择放弃产权。第三，从无产权到共有产权，体现了保障性住房制度从"福利"到"权利"的制度变迁理念。

无论是英美还是欧陆，甚至于亚洲的新加坡，在住房思路上有着较大的差异，但也有一定的相似性。人对住房的需求遵循着这样一个路线：从满足基本居住需要——改善居住质量——拥有自己的住房。共有产权房制度的设计在一定程度上鼓励着中低收入群体积累资产，增加收入。比如英国也鼓励私人拥有社会住房，鼓励中低收入者先租住社会住房，待经济条件改善时，

---

〔1〕 所谓"共有产权"，即在一套产权房屋中，由承租人、建设单位或政府按照各自出资额分别拥有房屋产权份额，产权既可以双方共有，也可以多方共有，产权可租也可出售。

〔2〕 在整合资源、盘活存量之外，黄石市为了增加新建房源和资金，采用"共有产权"的方式，吸引多元主体参与，并规定"可租可售、先租后售"，也一定程度上盘活了公租房运转的资金。"黄石模式"受到湖北省荆州、黄冈等地市的采纳。但也有批评者认为，这不过是老生常谈，共有产权房和经济适用住房有很多相似之处，只不过经济适用住房土地以划拨的形式，而共有产权房是以出让方式。比如，江苏淮安搞的共有产权房，在优惠价格基础上，个人可按 7:3 或 5:5 的产权比例购买。5 年内购回政府部分产权，按原供应价格结算；5 年以后 8 年以内购买的，也只加上利息。换言之，政府为购房人提供了 3 成甚至 5 成的 5 年无息贷款，外加 3 年活期利率贷款。意即买到就赚到。正因为其中的"利润"空间如此之大，共有产权房模式中的寻租腐败空间不可小视。

可以购买租住房屋的部分或者全部所有权。上述做法对于个人和社会资产构建而言，具有较大的进步。[1]

三、有限产权型

（一）经济适用住房[2]

1994 年国务院《关于深化城镇住房制度改革的决定》（已失效）确立住房市场化和商品化以来，中央政府有意于将经适房作为保障性住房的主体进行推进。学界对经适房的解读角度不同，对经适房的存在意义理解各异。有学者认为，经适房是政策性商品房，其本质是商品房，只不过是在建房政策上给予了较多优惠，应当鼓励经适房上市交易，体现商品的流通性能。也有学者持反对意见，认为经适房就是政策房，利用政策优惠获得的住房不应当让购买者上市以获取利益。

当前经适房存在的主要问题是分配不公，缺乏统一的信息公示平台，产权制度设计的缺陷造成经适房上市后，失去了其应有的保障性住房性质。[3]根据我国《物权法》等相关法律规定，我国实行的是"房地一体"主义，经适房在转让时，应当将房屋占用的土地一并进行转让，但问题就在于，经适房占用的土地多以划拨的形式提供，相对于商品房而言，购房者仅仅支付了房屋的成本，而土地成本并没有支付，这是经适房是有限产权住房的根本原因。在流动性的设置上，该办法设定了 5 年的时间，即购房人 5 年后可以在支付土地价格后进行交易，这里存在两个问题：第一，如果购房人是符合经适房条件的要求而购房的话，在经济能力未得到改善前，不会轻易卖掉房屋，毕竟卖掉还要支付一定成本，卖掉后不准申请的规定也增加了其购买商品房的负担。第二，如果是购房人不符合购房条件，通过伪造相关证明获得了经适房，而监管主体又没有发现的话，即便是 5 年的限制交易，也会让购房者铤而走险，因为在此境况下购房人的购房动机就不是为了居住。因此，经适

---

[1] 贾洪波、S. Vasoo："资产构建视域的新加坡公共住房制度考察"，载《东南亚研究》2012 年第 5 期。

[2] 《经济适用住房管理办法》第 30 条第 1 款的定位是："经济适用住房购房人拥有有限产权。"

[3] 根据搜集整理，自 2008 年起，全国已有江西、广东、河北、辽宁、山东、江苏、河南等省的部分或全部城市停止新建经适房。有学者认为，经适房作为住房保障的重要组成部分，停建必须要综合考虑，认真研究，否则盲目停建可能弊大于利。

房存在的问题不是经适房本身的问题，而在于该制度存在套利空间，制度的执行者没有严格按照制度设计，存在较大的暗箱操作空间。这也是国内许多学者存有困惑的地方，在很多情况下，同样的制度设计，因制度配套不够健全或法治条件的欠缺，一经实践就会变异。社会系统的运作是由多个子系统构成的，社会意识、社会理念、社会管理服务者及被服务者的整体价值观念、思维方式、行事模式都制约着制度执行的质量和效果。住房制度的推进，有赖于各个子系统整体水平的提升。

（二）限价房与自住型住房

比起经适房来，限价房存在以下特点：

首先，限价房的供应对象比较窄，从实证调研来看，推行限价房的城市主要以解决本地户籍居民为主。在收入对象上也进行了进一步限定，要求"中等收入"，而非"中低收入"。

其次，在法律规制上，《经济适用住房管理办法》可以对经济适用房进行规约，而限价房在全国并没有一部统一的律令进行规约。在实践中，各地通过会议纪要、行政规范性文件、政府通知等形式对限价房的申请条件、销售办法等进行规定，但对于后期的销售、上市等大多没有作出规定。

无论是限价房还是自住型商品住房，最终均没有摆脱实物供给的套路。仔细考察不难发现，限价房和自住型商品房是在政府多次抑制高房价而成效不明显、居民不符合购买或者租赁其他保障房的情形下由地方政府推出的住房类型，这一类型在制度上并无创新，而是沿袭了经适房的构建思路。尽管用市场化的模式进行建设，但如何保障分配的公平，仍是政府不得不面对的问题。

（三）公共租赁住房

深圳是最早进行公租房立法的城市。重庆以强有力的政府主导将公租房建设成了全国的标杆。公租房早期推进目标是为了解决所谓的"夹心层"两类人群。只不过在实践中，公租房只租不卖的制度执行获得了实证支持。随着廉租房和公租房的并轨，从实践来看，比起经适房，负面消息较少。实践中越来越多的省市在合并保障房类型，统一申请和受理渠道，并明确将公租房作为未来保障房的主体。公租房制度的顺利推行，有着几大制度优势：

第一，在产权设计上，多地规定公租房只准租赁不许出卖，如果出卖只能出售给保障房管理机构，实现体制内的循环，避免寻租空间。这一相似性使公租房和廉租房的并轨成为可能。

第二，公租房更多的是运用市场化的手段来解决住房问题。无论是配建还是政府承建，早期的《关于加快发展公共租赁住房的指导意见》和后来的《公共租赁住房管理办法》均规定可以利用债券等现代金融方式，实行"谁投资、谁收益"的原则。

第三，公租房制度衔接较好，对规划建设、准入、审核、轮候、退出与出售等均有详细规约。[1]

第三节　保障性住房存在的问题

一、产权设计混乱

在产权制度设计上，[2]仍然缺乏顶层设计，对保障性住房的理论和实践仍然处于探索之中，当前出台的多项政策多带有应急色彩，除 2012 年出台《公共租赁住房管理办法》以外，最近几年并没有随着各地保障房实践的需要出台其他相应的政策性规范。[3]廉租房的实践表明，政府单方投入并没有带来制度产生的高效率，廉租房建设滞后，没有发挥其应有的作用，导致各地在实践中停建廉租房或者将廉租房并入公租房之中。以廉租房为例，各地建设廉租房的效果并不乐观，除了财政的高投入以外，廉租房管理上的难题也接踵而至——这源于我国的中产阶层远远还没有达到能够独立承担社会事务的水平。如果政府监管不力则很容易导致能进不能出，一旦住进廉租房即便

〔1〕　2010 年 6 月，住建部等七部门联合制定《关于加快发展公共租赁住房的指导意见》，至此之后，公租房制度在全国各大城市广泛推行。依据我们对北京、上海、天津、重庆、广州等地方立法文本的调查来看，七部委意见的出台，借鉴了成熟地区的立法与实践经验，对公租房的推进有着积极意义。

〔2〕　关于产权制度的讨论大多是在经济学特别是新古典经济学的产权理论框架中进行的。经济学产权理论的基本命题是："产权是一束权利。"即产权界定了产权所有者对资产使用、资产带来的收入、资产转移诸方面的控制权。产权为人们的经济行为提供了相应的激励机制，从而保证了资源分配和使用的效率。参见周雪光："'关系产权'：产权制度的一个社会学解释"，载《社会学研究》2005年第 2 期。

〔3〕　在 2011 年举行的第十一届全国人大常委会第二十三次会议上，针对有委员提出的"居民住房问题是否缺乏顶层设计"的询问，住建部时任部长姜伟新表示，目前没有一个文件系统地阐明解决我国城镇居民住房问题的整体思路是什么，零敲碎打的东西多，缺乏顶层设计。目前的保障性住房制度建设的确令人以"零敲碎打"的感觉，他同时表示说，基本住房保障制度这几年在不断完善着，目前保障方式以实物保障为主，"十二五"末期，将逐步转到货币补贴为主。

收入水平发生了变化也没有规定强制性的退出。在房屋的维护和维修上，因廉租房承租人并无产权所导致的使用人在房屋的利用上即便存在短视行为，政府也难以实现面面俱到的监管。在统一的收入和财产公示平台缺失情况下，依靠家庭收入状况来核定中低收入群体到底适合住哪类保障房，既难以实现，也会给基层政府和房屋主管部门带来更大的工作压力。

各个国家或地区都会面临保障性住房的产权问题，各国在解决保障房的问题时无不是参照本国的经济、社会和文化环境。当前，公租房、自住型商品房等保障房均在探索产权设计，应当参照经济适用住房和限价房的管理办法，改变廉租房"无产权无效率"的怪圈。但当前有限产权的立法因地方各异，公租房、自住型商品房、经适房和限价房立法雷同，随意性大，支付同等价款购买保障房，产权的获取因地方立法各异。在各国立法中，财产权的立法都是由最高立法机关通过上位法来规制，我国当前在保障房的产权立法上存在"立法倒挂"的现象，即中低收入者购买保障房能否取得保障房的产权，地方政府通过部门规章的形式就可以规定。[1]保障房要不要设定产权，各国基于国情不同而立法各异。

新加坡从组屋制度设计之初就考虑住房所有权计划，以鼓励低收入者以通过购买国家建设的住房为目标进行资产累积，通过租住——购买部分产权——购买完全产权的路径逐步让更多的人群拥有自己的住房。因此，未来保障房的制度设计必须考虑产权，不论是完全产权、共有产权抑或有限产权，均要赋予中低收入者一种从底层向上流动的机会，这并不是否定住房的基本社会属性，亦不是鼓励中低收入群体在住房上的投资，而是基于市场、效率和公平的法则，赋予人力资本、社会资本更多的流动机会。[2]

---

〔1〕 针对这一问题，英国的"共有产权"计划和"分享式产权购房产品"计划、新加坡的"居者有其屋"计划都曾是保障性住房在立法或者政策上的典型范例。这些立法例虽然都带有浓厚的本国自身经济、文化、社会环境特色，但其立法技巧成熟，法律逻辑完整清晰，值得我国保障性住房参考借鉴。

〔2〕 美国经济学家奥肯曾提出"效率与平等替换"原理：分配越是平等，就必然造成不平等的加剧。奥肯所言与效率有着替换关系的平等指的是结果的平等，而市场主体的平等地位及平等的权利保护、市场准入的平等资格条件要求、市场交易规则的平等对待、公平的机会和平等的竞争等，与效率基本上是相互促进的。当然，结果的平等是相对的，其意义在于防止贫富过分悬殊，要求从经济领域中淡出的政府制定社会福利政策，运用社会福利设施、累进税和遗产税等制度，扶助老弱病残等弱势群体，抑制少数人财富的过度积累，促进社会共同富裕。参见［美］阿瑟·奥肯：《平等与效率——重大的抉择》，王奔洲译，华夏出版社1987年版，第99页。

二、运营环节不畅

同普通商品房相比，保障性住房在运营上还存在资金、准入、配套、审核和管理等诸多环节运营不畅的问题。

（一）资金保障问题

实证调研佐证了"有无资金支持是保障房建设的核心问题"的说法。[1]当下存在的一个现实是，凡是资金投入比较充足的地方，保障房建设的便比较好，反之亦然。理论界和实务界均在积极探讨利用现代金融财税制度，调动市场和社会多方主体的积极性为保障房建设筹措资金。比如房地产投资信托基金（REITs），[2]英国在解决多渠道筹措资金上的办法是，让市场多方主体参与保障房建设，以多主体合力来分散集中筹集的压力。利用建房互助协会、住房建造商和地方当局的力量，住房协会通过贷款解决资金短缺问题，当然融资就有风险，规避风险也是需要面对的课题。[3]当前，政府也开始动用市场的力量多方筹措建设资金。[4]

（二）准入问题

如果未来保障房朝向产权型设计发展的话，在准入问题上，有必要统一进行设定，比如产权的共有形式、单方转让产权的限制、共有产权房上市交

---

〔1〕《关于保障性安居工程资金使用管理有关问题的通知》规定，允许土地出让净收益、住房公积金增值收益中计提的廉租住房保障金发展公共租赁住房。各地在确保完成当年廉租住房保障任务的前提下，可将土地出让净收益中安排不低于10%的廉租住房保障资金，统筹用于发展公共租赁住房。同时，可以动用公积金增值收益部分和廉租房补贴支持公租房建设。

〔2〕学者杨红旭表示，公租房是一种可以依靠市场化融资的产品，要尽快打通信托、发债等市场融资方式，而不是仅靠财政补贴，"那是杯水车薪"。提出信托基金等市场化融资方式的突破性政策。参见林晓红："房企投资公租房收益低但无风险"，载《第一财经日报》2011年6月23日。

〔3〕房地产信托投资基金（REITs）是一种以发行收益凭证的方式汇集特定多数投资者的资金，由专门投资机构进行房地产投资经营管理，并将投资综合收益按比例分配给投资者的一种信托基金。房地产金融衍生品REITs的推出正是让地产商继续持有项目所有权前提下获得资金继续滚动开发，拓宽房地产融资渠道以解决房地产开发商贷款难的问题。按目前的市场供需，5年内全国REITs规模可能达到1万亿元。参见张剑辉："北京、上海、天津三地试点房地产信托投资基金"，载《解放日报》2009年6月11日。

〔4〕住建部时任部长、党组书记姜伟新也承认，保障性住房分配管理是件难事。他表示，管理部门还需和各个地方一起努力把分配管理工作做得更好。针对我国住房保障中政府保障和市场配置的比例问题，姜伟新说，二者的比例是二八开，政府提供占20%，市场供应占80%，满足不同收入群体的住房需求从而实现"住有所居"。杨正莲："保障房新契机"，载《中国新闻周刊》2012年第42期。

易的权益划分等都要有明确规定。当下，因保障房类型的不同导致设定的准入条件各异，细分住房市场，有效划定不同住房人群，按照需要设定住房结构是必需的。《城镇住房保障条例（征求意见稿）》并未统一住房的准入条件问题。地方实践在准入设定上主要存在以下限制。

在准入上设定户籍限制。比如在限价房的准入资格上，北京市明确规定申请限价房必须有北京户口，否则就不符合条件（在公租房申请上必须有暂住证明）。

在准入上设定学历限制。有地方规定只有大学本科以上学历才可申请公租房，这对大专及以下学历新就业人群是一个较大的限制。

在准入上设定纳税年限、保险缴纳年限。

在准入上设定签订劳动合同限制。

在准入上设定收入限制。

（三）选址及配套设施问题

选址和配套设施问题在保障房建设的早期问题突出，随着理念的转变和20多年来的实践，上述问题正在得到逐步改善。人类要有居住的地方，但同时对周围居住环境的要求和选择也存在要求。早期的思路是有房住就可以了，因此保障房多选择在交通较为偏僻的地方，忽略了住房人居住外的其他诉求。青岛白沙湾保障房为全国占地面积最大的保障房片区，建成后却少有人问津，问题就在于选址偏僻。中央政府的考核体现在注重建设数量而非安置数量，是导致地方重建设而轻分配的主要原因。[1]在各地出台的管理办法中，较多地考虑到了保障房应当满足低收入群体在日常工作、生活、公共交通和配套设施上的便利。[2]有些地方立法则直接规定保障房选址要满足诸如"安全可靠、交通便利、配套齐全"的区域。[3]保障性住房和商品住房配建的方式值得推崇，高端住房和中低端住房的配售和配建有利于避免住区的居住隔离，有利于群落式社会文化的形成。

---

〔1〕 "全国最大保障房社区因太偏僻成为空城"，载《京华时报》2015年1月21日。

〔2〕 参见《厦门市人民政府关于进一步加快公共租赁住房建设的实施意见》"规划建设部分"第1条、第2条之规定。

〔3〕《北京市居住公共服务设施规划设计指标》《北京市城市建设节约用地标准》规定，公共租赁住房规划公共服务设施适当提高托幼、小学、社区医疗卫生等配套标准，配置洗衣房、食堂、文化活动室等便民设施，适当在地上安排运动健身器械区和残疾人助力车、小型三轮车及自行车停车位，方便居民使用。

（四）材料审核问题

在当前的二级或者三级审核体系中，居委会或者村委会是很重要的一环。在现行管理中，一般是按照居住地原则由申请人将材料上报到居委会或村委会，然后逐层上报到街道办或者乡镇政府，最后一级由县区（县级市）进行核准。第一级的审核较为重要，但第一级的审核也容易出现问题。当前出现的审核把关不严多出在第一级审核中。审核问题归根结底是信息公开问题，申请人的信息越是公开，审核的结果才可能越趋向于客观和真实。随着流动性人口的增加，申请人财产状况的核实的确不是一个简单的问题，这需要我国财产公示制度的有效建立。当前地方立法规定审核采用书面审和事实审的方式，在必要的情况下可以上门调查，在一定程度上减轻因财产不公开而造成的审核困难。

（五）管理运营机制问题

物业费的收缴问题、住房的维修问题、因住房产生的相关侵权问题等，都困扰着保障房的运营。保障房的运营存在以下主体：物业部门、行业监管部门、政府主管部门、保障房产权所有人等。当前，保障房小区多借鉴商品房小区委托物业公司管理的办法，从市场上委托物业公司对保障房小区提供物业管理服务。

产权型保障房小区物业运营较为通畅，因为被保障对象对住房拥有着部分产权，其拥有完全产权的愿望驱使着住房人对保障房进行积极管理、修缮。在物业费用的缴纳上，产权型小区与商品房小区差别不大，当前引起争议或者有诉讼的多存在于非产权型保障房小区，租住的流动性使居住人带着一种随遇而安的心态，对住房的管理和修缮没有尽到所有人的义务。如果物业部门服务或者修缮不及时，便很容易存在纠纷。出现纠纷后，物业公司与公租房管理机构的委托关系也比较模糊，当前出现的几例纠纷均存在行业主管部门、保障房建设部门和物业管理部门之间法律关系不明等问题，后文将着重予以论述。[1]

三、立法碎片化

立法的碎片化，或者说非体系化倾向，容易导致立法统一遭到破坏，实

---

[1] 郑尚元："《住房保障法》起草过程中的诸多疑难问题"，载《理论参考》2010年第6期。

践无所适从。[1]不仅地方立法如此，因保障性住房复杂的制度设计，保障性住房立法仅靠一个部门之力难以完成，住房和城乡建设部门在法规和规章的制定过程中，虽多以本部门为主，但也多以集合众多中央部门的力量，多部门征求意见的最终妥协导致法规和规章的糅合性和条理性存在问题。地方在因循法规和规章时，难免会出现这样或者那样的问题，导致因概念和地方制度缺陷造成的分歧拉大而难以予以整合或消弭。尽管《城镇住房保障条例（征求意见稿）》在上市交易限制中对产权转让有着诸多限定。[2]当前立法碎片化主要表现在以下方面：

（一）立法缺少基本规程，公众参与度低[3]

以《安徽省保障性住房建设和管理办法（试行）》为例，该办法于2013年8月29日经由安徽省人民政府第11次常务会议通过，自2013年11月1日起施行。在该办法公布前，按照《规章制定程序条例》的规定，该规章应当经过书面征求意见、立法座谈会、立法听证、公开听取意见会、专家论证会、网络征求意见等程序，以使人民群众表达利益诉求，实现立法参与，这些制度和平台，能够较好地保障公民的知情权和立法参与权。[4]对提高立法质量，

---

[1] 从立法体系化、科学化的角度看，现行保障性住房立法"体系"还只是由一些地方法规和规章拼接而成的集合体，欠缺科学化体系需要的分工与配合这些最基本的因素，也缺乏板块之间的逻辑。

[2] 关于《城镇住房保障条例（征求意见稿）》保障范围的说明中指出：在城镇稳定就业的外来务工人员是城镇经济社会发展的重要力量，但住房支付能力较弱。征求意见稿明确城镇住房保障范围为城镇家庭和在城镇稳定就业的外来务工人员，征求意见稿规定棚户区居民符合住房保障条件的，属于个人住宅被征收的轮候对象，优先给予保障。住房困难的最低生活保障家庭是住房救助对象，也属于住房保障对象。征求意见稿规定对住房救助对象优先给予保障。考虑到国家已通过实施农村危房改造解决农村住房的安全和改善问题，征求意见稿未对农村住房问题作出规定。这也说明《城镇住房保障条例（征求意见稿）》取代了当初住建部拟定的《基本住房保障条例（征求意见稿）》。

[3] 2001年国务院颁布的《行政法规制定程序条例》和《规章制定程序条例》在《立法法》的基础上对行政法规和规章制定中的立法公开作了进一步的规定。其中，《行政法规制定程序条例》第20条规定，重要的行政法规送审稿，经报国务院同意，向社会公布，征求意见。第21条规定，行政法规送审稿涉及重大疑难问题的，国务院法制机构应当召开由有关单位专家参加的座谈会、论证会、听取意见，研究论证。第22条规定，行政法规送审稿直接涉及公民、法人或者其他组织的切身利益的，国务院法制机构可以举行听证会，听取有关机关、组织和公民的意见。

[4] 《行政法规制定程序条例》和《规章制定程序条例》作为对立法听证在行政立法中具体化的规则将行政立法听证规定得随意、缺乏可操作性实属不该。我国已有20多个省级人大常委会专门就地方立法程序问题制定了地方性法规，没有制定地方性法规的，也大都出台了有关地方立法程序的内部规范性文件。这些立法程序规范都对立法听证作出了规定，但大部分地方人大常委会照搬了立法法的规定模式。

保证立法科学性和民主性，增强人民群众的法治意识和民主意识能够起到积极作用，但比较遗憾的是，该办法并没有充分通过上述平台公开征求公众意见。地方立法为中央统一立法累积着经验，等地方经验成熟后再在各个地方进行推广开来也是我国当下法治推进的一项成功经验。[1]其他多地的地方规章也存在此类问题。同样，《青海省保障性住房管理办法》《陕西省保障性住房管理办法（试行）》也存在同样问题。

（二）对保障性住房范围等认识不清

在保障范围上，地方规定差异较大，不同省市规定不同。比如陕西省规定，符合保障条件的是城镇低收入、中等偏下收入、中等收入住房困难家庭；湖南省的规定为低收入、中等偏下收入住房困难家庭，由此可见，湖南省并未将中等收入群体纳入保障房对象。深圳市则以户籍和家庭经济状况作为限定条件，将保障对象限定为住房困难家庭和单身居民，有着很大的跳跃性和解释空间。但在保障范围上，各地均提出"要根据地方经济发展实际，逐步实现应保尽保的要求"。在产权设计上，各地更是突破了相关规章制度的规定，比如湖南省设定共有产权廉租住房，并规定，房屋权属登记部门应在房屋登记簿和所有权证上注明"共有产权廉租住房"字样，注明政府及购买人所占的产权比例，廉租房设定共有产权的做法与 2007 年颁布的《廉租住房保障办法》中规定的"货币补贴"和"实物配租"相背离，当下，这种乱象比较普遍，以下用图表从保障范围、适用人群、建设面积，尤其是产权设计和流转上进行比较分析。

表 1-1　保障范围、适用人群、建设面积、产权设计和流转比较

省份	颁布时间	保障房范围	适用人群	建设面积	产权设计	流转设计
安徽	2013 年 11 月 1 日	廉租房、公租房	住房困难家庭、务工人员	住房租赁补贴的面积标准和每平方米租赁补贴标准实行动态管理，并向社会公布	将保障房性质和土地性质在权利证书上注明，如果是共有产权的要注明产权份额	以 5 年为限，与经适房的规定相同

〔1〕 黎晓武、杨海坤："论地方立法中公众参与制度的完善"，载《江西社会科学》2004 年第 7 期。

省份	颁布时间	保障房范围	适用人群	建设面积	产权设计	流转设计
陕西	2011 年 7 月 23 日起实施，至 2016 年 7 月 22 日废止	廉租房、公租房、经适房、限价房	城镇低收入、中等偏下收入、中等收入住房困难家庭	规定廉租房、公租房、经适房和限价房的最大面积	未规定	未规定
湖南	2013 年 1 月 1 日起施行	廉租房、经适房和公租房	中低收入群体，新就业人员和务工人员	没有具体限定面积，而是根据地方经济发展能力逐步明确和限定面积	明确保障性住房权属，办理房屋权属登记。根据所有者权益原则确定产权归属。共有产权廉租房，房屋权属登记部门应在房屋登记簿和所有权证上注明"共有产权廉租房"字样，并注明政府及购买人所占的产权比例	以 5 年为限，与经适房的规定相同
青海	2012 年 10 月 31 日	廉租房、公租房、经适房、限价房和改造房	中低收入以下城镇居民，外来务工和新就业人群不在此限	限定了保障房的面积	办理产权登记，注明权属和土地类型	以 5 年为限，与经适房的规定相同

续表

省份	颁布时间	保障房范围	适用人群	建设面积	产权设计	流转设计
天津	2012年10月1日施行	包括公租房、限价房和经适房	中等偏下和外来就业人员	未明确规定	注明权属类型	以5年为限，与经适房的规定相同
深圳	2010年7月1日起施行。2011年5月31日修正	廉租房、公租房、经适房、安居型商品房等	对救助对象进行货币补贴或者直接提供廉租房。专业人才、缴纳社会保险一年以上的人员	根据实际需要确定保障	对违约情形予以设定	未明确规定年限，用了"规定年限"届满后，缴纳相关税费后可以转让

（三）立法理念、准入退出机制设计差别大

基于对保障性住房认识不同，有的地方边建设边立法，比如北京市；有的地方先立法后实践，比如深圳市；有的地方先实践后立法，比如青岛市和苏州市。这的确给了地方更大的探索空间。[1]即便是立法先行的地方，也多以政府的规章或者命令性文件进行推动，这是中国保障性住房的一个特征，和国外的模式恰好相反。[2]

在立法样本的选取上，为总结地方经验，揭示地方上具有共性或者普遍性的做法或原则，根据下文将提到的京津冀模式、珠三角模式、苏南模式和

---

〔1〕　杨解君：《走向法治的缺失言说——法理、行政法的思考》，法律出版社2001年版，第44～45页。

〔2〕　近20年来，有立法权的地方人大及其常委会遵循实践、认识、再实践、再认识的规律，严格依据宪法和法律，紧密结合地方的具体情况和实际需要，积极开展地方立法活动，制定不少地方性法规，其数量逐年增加，质量不断提高，立法程序日臻完善，整个立法工作向科学化、规范化的方向发展。各民族自治地方还制定了大量的自治条例和单行条例。这些地方性法规，自治条例和单行条例的贯彻实施，对于完善我国的社会主义法律体系，促进地方各项事业的发展，都起到了积极作用。

重庆模式涉及的相关文本进行研究。[1]

表1-2 理念、主体、土地和资金上的比较

城市 \ 类别	基本理念	管理机构	土地供应	资金来源
北京市	大力发展公租房	区县是保障主体	直接供地，出让土地要进行配建	市财政直接投入资金
上海市	以商品房为主，促进房屋租赁	设立临时性机构——住房保障领导小组	新建、配建或者利用经适房进行转化；对有自有土地的单位比如产业园区等可利用自有土地进行建设，上海市比较超前的规定是，可以利用农村集体建设用地	利用税费政策，相关建设单位自筹资金
天津市	建设公租房	国土房管部门	建房用地采用划拨方式	政府可对住房建设者提供住房贷款的垫息
重庆市	发展公租房，实现住房高中低端的分类供应	国土房管部门	单独供应，一般采取划拨方式	多方面筹措资金，包括银行贷款，公积金贷款和发行债券等方式，比较超前的是，对住房公积金的利用和提取做了变革性的规定

---

〔1〕 地方立法文本包括：《北京市人民政府关于加强本市公共租赁房建设和管理的通知》《上海市发展公共租赁住房的实施意见》《天津市公共租赁住房管理办法》《重庆市公共租赁住房管理暂行办法》《厦门市人民政府关于进一步加快公共租赁住房建设的实施意见》《杭州市公共租赁住房建设租赁管理暂行办法》《深圳市公共租赁住房建设和管理办法》《青岛市人民政府办公厅关于加快培育和发展住房租赁市场的实施意见》。

类别 城市	基本理念	管理机构	土地供应	资金来源
厦门市	仅规定房源要多渠道筹集，未明确发展产权房还是租赁房	建设局负责，相关部门协调	保障房用地单列入年度用地规划	多渠道筹集资金，包括公共资金和利用市场手段筹集的资金
杭州市	以政府主导，建设各类保障房以满足供应	区县政府是建设和管理主体	通过单列计划、出让土地进行配建和划拨的方式供应土地	资金筹措依据土地来源的性质不同进行筹集
深圳市	为低收入群体提供租赁性住房	住房保障部门	单独列出以确保供应	土地净收益，银行贷款，发行债券，社会捐赠等收入
青岛市	发展住房租赁市场，逐步实现分类供应	市、区市房屋行政管理部门	通过单列和相关园区自由土地进行建设	多渠道筹集资金，实行谁投资谁收益

表1-3 准入退出、惩戒、救济措施和产权转让

类别 城市	准入退出	惩戒措施	救济措施	产权转让
北京市	法定退出（比如虚报隐瞒）和约定退出（比如违反合同约定）	对弄虚作假的，通过媒体公示并记入信用档案；5年禁入；处以两倍租金罚款	未予规定	未予规定
上海市	法定退出（比如虚报隐瞒）和约定退出（比如违反合同约定）	对不良信用纳入个人信用联合征信系统；5年内禁入	特殊困难者拥有一定过渡期的例外	对公租房，只租不售

类别 城市	准入退出	惩戒措施	救济措施	产权转让
天津市	法定退出（比如虚报隐瞒）和约定退出（比如违反合同约定）	对不良信用纳入个人信用联合征信系统；5年内禁入保障房经营单位可对违约者提起民事诉讼（天津这一规定具有创新性，明确规定可以采用司法诉讼的方式维护管理者的权益）	未予规定	未予规定
重庆市	法定退出（比如虚报隐瞒）和约定退出（比如违反合同约定）	对违法和违约者依法依纪追究责任	特殊困难者拥有一定过渡期的例外	租赁5年后可购买；购买后不得进行出租、转让、赠予等市场交易，可以继承、抵押（抵押值不得超过房屋购买原值的70%）；处置时，由政府回购
厦门市	未予规定	只能自住，不得出借、转租或闲置；不得从事经营性活动	未予规定	只租不售，租期一般不超过5年
杭州市	未予规定	规定了惩戒措施	对低收入家庭规定了可减免租金	未予规定
深圳市	法定退出（比如虚报隐瞒）和约定退出（比如违反合同约定）	违反诚信者，载入其个人诚信不良记录；拒不退出可依法申请人民法院强制搬迁	过渡期为3个月	未予规定

续表

城市 ＼ 类别	准入退出	惩戒措施	救济措施	产权转让
青岛市	法定退出（比如虚报隐瞒）和约定退出（比如违反合同约定）	违反约定者取消其配租资格；3 年内不受理申请，收回住房追缴房租	给予一定时限的过渡期，具体时间没有规定，超过过渡期的予以强制收回；同时规定过渡期期间要按照市场租金上浮租金比例	只能租赁、不得出售

上述两个表格，从诸多方面对各地立法进行了比较。在准入退出方面，各地出现了立法上的相同或者相似；在惩戒上，各地手段不同，但对住房诚信纳入个人征信系统是一个创新；在司法救济上，有些地方立法规定了经营单位可以采取民事诉讼的方式直接提起诉讼，有的地方规定可以采取申诉的方式向房屋管理部门进行维权，基于对保障房认识的不同，各地规定各异，反映了各地在立法和实践上，既有借鉴又有创新。当然，既然是地方性的立法，也有比较遗憾的地方，比如鲜有对出租人和承租人权利义务的规定，对承租人相关权利设定不够清晰。被保障人如果因住房质量不合格造成伤害或者租金收取产生问题后的解决办法，如果被保障人权利受到损害，是向保障房的经租管理机构提起诉讼，还是向保障房的所有者——政府主管部门或者授权委托的机构提起行政诉讼，各地没有作出规定。赔偿的标准是以租金为限还是以实际损失为限？上述疑问在各地立法中也没有体现，需要在实证深入的前提下进行理论上的反思和总结，以提高各地立法质量，确保被保障人利益。[1]

---

〔1〕　由于管理方法不完善、配套设施不健全、部门协调不力等，一些城市的保障性住房、棚户区改造和中小套型普通商品住房建设用地未按规定达到住房建设用地供应总量的 70%，详情参见《关于 2010 年度中央预算执行和其他财政收支的审计工作报告》。

第二章
保障性住房基础理论研究

不少学者从政治学和经济学着手，将住房社会保障理论、福利国家理论、国家干预理论、效率与公平理论、住房公平分配理论和住房市场"过滤"理论、梯度消费理论等作为公共住房的基本理论。[1]也有学者从社会学的角度出发，将需要层次理论、居住隔离理论和社会排斥理论作为保障性住房建设的理论基础。[2]从法学角度来论述保障房基础理论的少之又少，即便有之，也是从住房权或者居住权着手。[3]上述论证虽各有侧重，但均没有从公权力角度着手，保障房作为公共住房，体现的是国家意志和公权力的介入。没有公权力的主导和介入很难想象公共住房的元动力来源于哪里。[4]作为一项制度设计，保障性住房有着自己的制度性质和权利基础，也有着制度性的基本原则。明晰保障性住房性质和运行的基本原则能够更好地把握制度运行的规律。国家对保障性住房承担着国家保障义务，从"公"字着手，用溯源的分析方法研讨保障房国家保障义务，是对研究保障房视野的突破和理论内涵的延伸，能够更好地诠释"抑制高房价不只是考验政府执政能力的需要，也是执政当局面临的政治任务"的内涵。[5]"公"字赋予了保障房较多的法理和

---

〔1〕 崔竹："城镇住房分类供应与保障制度研究"，中共中央党校 2008 年博士学位论文，第 24~28 页。

〔2〕 参见罗应光等编著：《住有所居：中国保障性住房建设的理论与实践》，中共中央党校出版社 2011 年版，第 46~56 页。

〔3〕 法学对住房权的研究似乎因循着"权利——义务"关系这条主线，即便研究住房权，也是对住房权、居住权与所有权等相关概念进行对比，然后对"住房权"所蕴含的基本人权即适宜居住权、平等对待权、不受非法侵犯权、住房价格的可承受权、住房保障权进行阐释，认为住房权作为基本人权已被国际公约和各国所认可，对住房权的尊重、实现与保障已成为加入公约国政府一项不可推卸的公法义务。住房权不是构建保障性住房制度的唯一理论根基，保障性住房的基础理论还需要我们深度论述。参见王宏哲：《住房权研究》，中国法制出版社 2008 年版，前言部分。

〔4〕 在保障性住房基础理论上，王学辉教授一直主张，要深度了解保障性住房（公共住房），必须从"公"字着手，研究"公"的内涵和运行。

〔5〕 保障性住房制度是建构在国情复杂和国家治理难度较大的现实之上的。住房制度作为国家的民生建设，必须进行精细的考量和细致的安排。中国面对的问题是如何确立一个强大的能够满足各

人文关怀，其超强的生命力缘于制度对个人权利的尊重和国家保障义务的积极履行。保障房国家保障义务有着深刻的理论奠基和制度发展脉络，这个脉络不仅与我国住房历史相契合，而且还折射着中国经济转型和社会住房制度的变迁。

第一节　"公" 字的解读

市场经济以竞争和效率为法则规范着所有主体的运行，最大限度发挥市场的作用，明确政府和市场的权限，有利于避免因科层制带来的低效率，同时也能够将政府的权力限制在一定范围，这样社会才能更加公正和民主。[1] 其实社会福祉的增加和财富的积累并非市场独力所能完成，更多研究认为，国家作为基本的保障力量不可或缺，但同时社会财富的积累也非公权一己之力可为，国家和社会的有机结合，良好的竞争法则和引导机制，是激发制度活力的根本。在政府主导下，保障房建设要考虑市场运行所必需的制度和法则，同时在融资上发挥多元主体的力量，使保障性住房走多元主义路线。

一、"公" 字的含义

（一）历史还原本义

考察我国住房历史制度，始终围绕着一个"公"字。从井田制时代的"五亩之宅"到先秦时代的"名田宅"，从魏晋以后的均田制到清代的开交产禁令，无一不从财产权角度论及宅地和住房。与之形成鲜明对比的是，无论是"五亩之宅"还是"名田宅"，均是从君王赐予或者爵位授予角度而言的，即便到了清代的开交产禁令，也与皇恩浩荡不无关系，即私产的授予乃是以公权力或者国家之名而予以推进和保障。这和中国古代传统文化的浸染不无

（接上页）方面发展要求、容纳民主政治因素的国家。在保持最低限度的社会政治秩序和基本的社会正义前提下，在住房制度上，中国必须走自己的路。"其他发展中国家所经历过的不可能在中国重复。任何国家的治理模式都不能偏离本国的历史和现实。"参见郑永年：《中国模式：经验与困局》，浙江人民出版社 2010 年版，第 9 页。

　　[1]　[英] 弗里德里希·奥古斯特·哈耶克：《通往奴役之路》，王明毅等译，中国社会科学出版社 1997 年版，第 129 页。

关系。古有"知常容,容乃公,公乃王"〔1〕。"天无私覆,地无私载,天地岂私贫我哉?求其为之者而不得也"〔2〕,"文王之兼爱天下之博大也,譬之日月,兼照天下之无有私也"。〔3〕帝王能否为公成为衡量政治是否清明,社会是否公道的重要因素。商鞅变法时亦言"国乱者,民多私义;兵弱者,民多私勇"〔4〕。"人臣有私心,有公义。修身洁白而行公行正,居官无私,人臣之公义也;污行从欲,安身利家,人臣之私心也","公私不可不明,法禁不可不审"〔5〕。儒家思想也紧紧围绕公道和公义,主张为人臣者要秉公。从直接的层面看,"尊公抑私"的理念成为中国古代社会对皇权的信仰和要求,希冀有一个天下为公的强有力群体,造福和服务普天之下的黎民百姓。在贵公贱私的社会价值观评判下,"公"的理念得到了充分的张扬和推崇。

笔者一直在思考保障房的元命题,试图利用说文解字的办法来对保障房这一称谓进行解读。保障房之所以姓"公",既有古代"公"字理念上的公平正义理念,又有仁义道德色彩之下的人文关怀。作为社会保障领域的住房制度演变产物,它沉淀了历史对"公"字演绎的要义和精华,同时也反映出时代变迁中,公平正义观念在社会成员中的心理期待。住房是不可缺少的生活必需品,也是人的一项基本权利。人们在享受或者受惠于此种权利的时候,既要有公平正义的心理认同,也应当兼顾"公"和"私"的均衡关系。因为资源稀缺性是客观现实,一部分人的享有也是对另一部分人的变相剥夺。公平正义要以一定的社会物质条件为基础,不能超越经济结构和文化发展现状。大多地方在保障性住房立法中都会存在诸如"保障性住房要和地方经济发展、财政支付能力、居民消费状况等相结合"的表述。各地越来越认识到没有国家保障义务及政府责任的托底,这种基本权利的落实就无从谈起,因为住房关系到人的精神满足和幸福,住房作为人类生存的基本物质条件关乎着人的生存质量和尊严。需要在生产和消费的不断反复中消耗自己的有生力量,靠努力劳动进行获取。〔6〕保障性住房姓"公",需要公权的运行,需要公众的

---

〔1〕《老子》。
〔2〕《庄子·大宗师》。
〔3〕《墨子·兼爱》。
〔4〕《商君书·画策》。
〔5〕《韩非子·饰邪》。
〔6〕[美]汉娜·阿伦特:《人的境况》,王寅丽译,上海人民出版社2009年版,第95页。

参与治理，需要公平合理的分配，制度上的每一个设计都是对公平正义的考量，实践中的每一个环节都是对公平正义这一"公"字理念的践行。这也是我们深度挖掘"公"之要义和内涵的基本思路和缘由。

（二）扬"公"不必去"私"

作为最后一个封建王朝，清朝出于维护封建统治的需要，对"公"及"仁君"的推崇有其阶级性和历史局限性，不过其"公平"和"公道"的理念在人们的心理预期内继续深入。论述最后一个封建王朝意在说明"公"有着先天的欺骗性、虚伪性。认清这一点对我们认识当前推进的住房制度改革，实现住房公平而言，有着积极的借鉴意义。我国住房制度改革的历程经历了从完全保障化到完全市场化的变迁，[1]完全市场化导致整个住房体系从以经适房为主开始向以开发商垄断为主的商品住房供应体系转变[2]。随着城镇化的加快，中低收入群体面临的住房压力也在倒逼着中国现有的住房制度模式进行改革。以"租赁为主替换以出售为主的保障方式越来越受到欢迎"[3]。部分省市甚至提出"停建经济适用房，兴办公共租赁房，以制度创新来实现住房保障事业的新突破"[4]。《关于加快发展公共租赁住房的指导意见》和《公共租赁住房管理办法》出台后，各地相继加快立法，积极推进公租房制度。[5]尤其是《中华人民共和国国民经济和社会发展第十二个五年规划纲要》（以下简称《纲要》）提出要明确各级政府在住房保障中的责任，努力实现住房分配上的公平和正义。《纲要》称将重点发展公共租赁住房，逐步使

---

〔1〕　1998 年城镇住房制度改革后确立了"建立和完善以经适房为主的多层次城镇住房供应体系，确立了以经适房为主的保障房体系"，2003 年修正了 1998 年提出的"建立和完善以经适房为主的多层次城镇住房供应体系，确立以经适房为主的保障房体系"让更多家庭购买商品住房，以市场为手段进行调控，并首次将经适房定位为政策性商品房。

〔2〕　王学辉、李会勋："我国公租房制度建设研究——以地方立法与实践为视角"，载《厦门大学法律评论》2012 年总第 20 期。

〔3〕　马光红、李宪立："建立健全保障性住房规划建设管理体制研究——基于廉租房的视角"，载《城市发展研究》2010 年第 4 期。

〔4〕　"停建经济适用房，兴办公共租赁房，以制度创新来实现上海住房保障事业的新突破"，载 http://jiech. blog. sohu. com/143845626.html，访问日期：2010 年 2 月 4 日。

〔5〕　调研显示，全国目前已经有十几个省、市启动了公租房制度立法，这些地方有的称之为管理办法，如天津、上海、重庆；有的称之为实施意见，如青岛、上海、厦门；有的称之为通知，比如北京等。

其成为保障性住房的主体。〔1〕保障房制度的创新顺应了实践的要求。

（三）制度呼唤"公意"

如果说 19 世纪的宪法对基本人权的保障只是限制国家权力，那么 20 世纪的宪法对基本人权的保障则更多地要求国家权力积极地参与来实现。对公平正义的渴求是整个社会发展前进的动力。这一点不论是对什么意识形态的国家，也不论是该国家发展到什么阶段，人类共识的统一让人类对公平正义有着同样的追求。作为公共利益代表的"公意"学说，认为人民的要求应当是公正的，而且永远以公共利益为依归。〔2〕《世界人权宣言》中对"人人享有住房所必需的水准"的规定也契合了法权国家对人生存权的应有尊重，当今绝大部分国家的宪法对于公民的住房，不仅赋予了国家义务，其立法或司法也体现着对公民尤其是在住房上不能自我保障之群体的帮助。这一规定对时空高度压缩发展下的中国而言，具有特别的警示含义，住房市场化之下，国家"对人类苦难生活的无限同情与人类自由平等社会的无比憧憬"履行义务和职责，实现国家义务的回归和尊重。"公意"的诉求，成了当下丰富公共住房制度理念的独特外缘环境。〔3〕在此基础上的"公意"并不是抽象的理论说教，而是具体制度应当蕴涵的逻辑法则。

二、"公"字的运行

"法律制度之初，公道就已尚存。"〔4〕公道自有自己的运行轨道，制度的生成来源于生活经验的点滴累积和基于自然与社会的不断修正，当某种生活经验或规则累积成一定的量，达到临界点时，必然发生质变而形成人们的内心规则甚至是信仰。在住房保障上，各国也遵循着这样一个法则——各国在提供住房对象上可能各有差异，但有一个"最低限度"的义务，即要保障最低收入群体或者无家可归者的住房。各国的保障程度取决于政党执政的理念

---

〔1〕《纲要》第二章规定，加大保障性住房供给强化各级政府责任，加大保障性安居工程建设力度，基本解决保障性住房供应不足的问题。多渠道筹集廉租房房源，完善租赁补贴制度。重点发展公共租赁住房，逐步使其成为保障性住房的主体。

〔2〕 ［法］狄骥：《法律与国家》，冷静译，中国法制出版社 2010 年版，第 40 页。

〔3〕 李会勋、王学辉："公租房国家保障义务理论探究——一种溯源分析法"，载《理论月刊》2014 年第 3 期。

〔4〕 ［法］孟德斯鸠：《论法的精神》，张雁深译，商务印书馆 1961 年版，第 2 页。

和执政时期的战略发展计划，同时也和社会力量及被保障者的诉求紧密相关。中国在高度计划经济统制之下的公房时代，住房权利是没有存在空间的，即便是提供住房的政府部门，其提供住房也多从政治意识形态的角度来渲染，因为被压缩的个人权利没有存活空间，私益根本拿不到公共话语的治理平台来平等讨论，住房消费是为生产力的再造而服务。欧美提供公共住房也是在一定程度上为了政治，至少不会因住房问题让多人成为流浪者，或者无家可归者，从而成为社会动荡的来源。但即便如此，西方因住房而生的抗议或者游行冲突从未间断。略微不同的是，西方在住房制度或政策的设计上，基本上遵从以"基本权利要保护"的原则，以此为原点，结合政治、经济和社会结构等宏观要素进行政策的整合和修补，不管我们是否愿意承认，如果考察欧美住房的阶段性历史特征，难免会得出上述结论。住房的市场化和高房价已成为中低群体不可承受之重，而城镇化的纵深结果又是让越来越多的农民变为市民。[1]中国住房短缺面临着多元化的背景，同时住房形势也远比20世纪的西方复杂得多。城市住房需求比任何时候都要迫切，为需求群体提供可适宜住房，是政府的责任也是公道的社会法则应有的价值指引。衡量一个社会是否公道，不只是看生产力发展水平，更重要的是产品的公平分配以及对部分群体应有的尊重和保障。保障房制度关系到社会产品的再分配，扭转着我国失衡的社会分配机制。社会正常心理因素是社会发展的基础，而公平公道的社会秩序是社会健康发展的价值追求。[2]公道的社会秩序不仅具有教育示范性意义，更重要的是让一切组织和个人具有维护公平公道的责任意识和道德理念。古人云天人合一，即人与自然相互尊重，让自然和人类结成友谊[3]。人类信仰着自然的运行法则，敬畏着头顶上的日月星辰，受益于大自

---

〔1〕 2014年7月30日，国务院正式印发《关于进一步推进户籍制度改革的意见》（下称《意见》），这是当前和今后一个时期指导全国户籍制度改革的纲领性文件，《意见》规定，新的户籍政策将对建制镇和小城市全面放开，就是说基本没有门槛，只要有意愿、想落户，有合法稳定的住所，哪怕是租的房子都可以落户；中等城市基本放开，就是门槛比较低，只要有合法稳定的住所，合法稳定的就业，按照先后顺序排队，有意愿落户的，一般也都可以落户；对大城市能放开的尽量放开，也降低了门槛。规定特别强调不得以退出土地承包经营权、宅基地使用权、集体收益分配权作为农民进城落户的条件。

〔2〕 马克思曾经讲过一个例子，他说住在茅草屋里的人不会感觉到自己有多么的贫困与寒酸，但是如果旁边盖起了一座宫殿，那么住在茅屋里的人就马上感觉不能忍受在茅草屋里继续住下去。这叫社会心理的相对剥夺感，是一种心理反应。这种相对剥夺感，往往在经济快速发展的社会容易产生。

〔3〕 季羡林：《阅世心语》，陕西师范大学出版社2007年版，第9页。

然的恩惠和润泽。《周易》云，"天行健，君子以自强不息；地势坤，君子以厚德载物。"《庄子·则阳》认为："万物殊理，道不私，故……无为而无不为。……是故天地者，形之大者也；阴阳者，气之大者也；道者为之公。"伦德认为："住房的分配关乎整个社会的公平和正义，不仅如此，住房领域与教育等其他社会领域也高度相关，住房分配的不公平会影响并延续整个社会的不公平。"[1]今天的保障房就是要让中低收入者有房可住，并且"有尊严体面地活着"。市场经济"优胜劣汰"生存法则转而被优越的制度所取代，谁又能断然否定这不是对"公"意的顺应和推崇呢？住房是人类的基本权利和需要，其既有商品属性又有社会保障属性。政府对解决中低收入家庭住房困难负有重要责任，应该把市场调节与政府保障行为分开，让市场的归市场，政府的归政府，这应当成为发展保障房的一种共识。

（一）理论运行——政府与市场互动关系

根据丹尼逊（Dennison）住房政策理论，政府要发展住房市场，同时也不能免除社会和个人的责任。[2]住房需求一方面需要政府去承担责任，同时也需要国家根据经济条件来选择适用的住房类型。[3]国家、社会、个人在不同的历史阶段对住房所承担的责任应有所区分，实践中各国政府无不是在不同时期根据国情的不同而采取灵活多样的住房保障方式。针对我国目前的保障性住房体系，诸多学者提出了颇有价值性的探索和研究，比如上海财经大学的郭士征教授主张以"三元到四维"的视角构建住房保障体系；[4]中国土地学会副理事长黄小虎教授针对现在流行的住房"双轨制"的说法，提出应实行"三轨制"，即在完全市场轨和完全保障轨之外，再加一个半市场半保障轨；[5]武汉大学的曾国安教授提出要完成住房保障体系的转换，基本思路是逐步取消廉租房，发展租赁型住房以取代廉租房，以商品房和公租房为主形

〔1〕 Deoling J., "Housing Policies and the Little Tigers: How Do They Compare with OtherIndustrialised Countries", *Housing Studies*, 1999, 2 (14): 229~250.

〔2〕 王清："建立和完善住房保障体系"，载《上海房地》2010年第3期。

〔3〕 根据生产关系适应生产力水平的原理，国家出台的住房政策应当与国家的经济基础相符合。因此国家应根据自身的财政情况和整个社会的经济水平以及居民生活的实际情况来选择适用的政策类型。参见胡金星、陈杰："从住房的双重属性看城镇住房问题"，载《上海房地》2008年第6期。

〔4〕 参见郭士征、张腾："中国住房保障体系构建研究——基于'三元到四维'的视角"，载《当代社科视野》2011年第1期。

〔5〕 参见黄小虎："构建住房'第三轨'"，载《中国改革》2010年第12期。

成我国住房市场的二元格局。[1]

（二）实践运行

建房的要素比较多，但总的来说，无非是政策供给，土地和资金等方面的供给。当下实践运行主要包括三种运行模式：分别是重庆的政府主导模式、珠三角的市场模式、苏南的复合模式。从政策供给来看，各地对保障房因为理念认识的不同，存在各种各样的差异，但中央基于地方对保障房资金的注入，使得保障房的投入渐趋有了保障。中央直接向地方注入专项资金，尽管资金的数量对保障房建设仍是杯水车薪，不过这一举措也给地方释明了这样的信号：即中央政府鼓励各地创新融资模式，综合利用现代融资手段进行保障房的资金筹措。重庆的政府主导作用比较明显，重庆模式也一度成为各地观摩和效仿的范本。在土地供给上，政府拿出贮备土地；在资金筹措上，全部利用财政贷款；在管理主体上，专门成立保障房管理局并赋予相应级别专门从事保障房的运营管理。珠三角模式比较典型的是深圳，深圳最早提出建设公租房。在早期，广东集中力量建设了一批公租房，主要依靠政府力量。随着城市住房压力的增大，仅靠政府和公共财政的力量进行保障房建设比较吃紧，政府开始利用市场手段进行融资和配建，尤其是利用现代融资手段，通过发行债券、市场配建、园区自建的方式，较好地解决了保障房的市场供应问题。苏南模式比较值得推行的是运营手段比较先进，尤其是借助网上办公的力量，从住房的申请、配租、缴费、物业管理、退出等全面实行网上运行，实现政府监控和园区管理（把申请人的分散申请与园区的集中申请相结合，最后汇总到园区管理中心）的双重结合，使得保障房的运行更加顺畅和便捷。

厘清市场和保障的边界。政府和市场应当是互为补充的，政府拥有土地和公共财政的资源，而市场主体则可以借助现代融资手段进行有效建设和融资。政府出地，企业出钱，共建保障房。其运营模式可以采取 BOT 等模式或公共政府部门与民营企业合作模式。[2]政府直接投资和通过市场融资应当有一定的界限，政府直接投资的保障房要尽可能优先满足低收入群体，毕竟在廉租房和公租房合并后，最低和低收入群体的住房还是一个刚性的需求；

---

〔1〕　参见曾国安、胡晶晶："论中国城镇住房保障体系改革和发展的基本思路与目标构架"，载《江汉论坛》2011 年第 2 期。

〔2〕　参见《广东省住房保障制度改革创新方案》。

但政府投资的保障房也不是做赔本生意,公租房管理办法也提出要实现微利经营,只不过保障的群体要向低收入群体倾斜。通过市场融资的保障房,比如限价房和自住型商品房,可以利用市场机制探讨共有产权,实现投资方和购买方的共有收益。毕竟各种融资方式的推出并发挥作用均离不开市场资源的调配。

(三) 运行中亟须解决的几个问题

1. 融资问题

融资问题必将通过法律规定对保障性住房的资金来源给予保证。目前政府筹资时已考虑到基金或者债券渠道融资。[1]借鉴香港和其他城市的做法推出"保障房债券"或者"保障房基金",目前重庆市保障房的房源主要通过新建、收购、改建等多种渠道,建设资金主要通过政府注资、依靠商业银行贷款、公积金贷款、发行债券、房屋租售等方式筹集。这种方式不是说完全没有任何问题,比如多地放开了公积金融资,但依据《住房公积金管理条例》的规定,住房公积金不能挪用,仅可让职工购买和翻建住房时可以使用。公积金入市向来比较谨慎,地方如果用职工缴纳的公积金进行融资,一旦发生风险造成公积金难以收回,则会造成新的不正义。毕竟,保障房是国家的责任和义务,而公积金的缴纳属于职工个人所有。

2. 基本权利——居住权

有学者主张未来的《住房保障法》应当明确公民居住权,明确政府在保障人人有其住所方面承担的责任。有学者认为,我国《宪法》没有把居住权规定为公民基本权利是造成当下中低收入群体住房困难的原因,保障公民居住权,应当提高立法层级,从宪法上明确居住权是公民的基本权利。[2]从我

---

〔1〕 重庆地产集团有望年内发行60亿元债券,吸引资本投资公租房,募集资金专项用于重庆公租房建设。在银行贷款低成本持续投入有难度的情况下,重庆通过发行债券的方式来筹集公租房资金。据市国土房管局副局长孙力介绍,重庆市计划从2010年起3年内建造4000万平方米公租房,用于解决200万人的住房困难问题。该项目总投资约1200亿元,其中约300亿元建设资金通过中央专项资金,约700亿元建设资金则通过向金融机构、公积金贷款和发行债券募集。参见"60亿元债券吸引资本投资公租房",载 http://www. people. com. cn/h/2011/0623/c25408-1483826782. html,访问日期:2013年11月7日。

〔2〕 参见刘茂林、范电勤:"论我国城镇住房保障制度的发展与完善——以基本权利为视角",载《宁波大学学报(人文科学版)》2008年第6期;郑尚元:"《住房保障法》起草过程中的诸多疑难问题",载《理论参考》2010年第6期。

国《宪法》规范来看有"国家建立健全同经济发展水平相适应的社会保障制度"的原则性规定，笔者认为上述"社会保障"理应包含住房保障。但社会保障的履行无疑需要国家承担巨大的财政负担，大多数国家未赋予私人针对国家请求保障的具体权利而是将涉及此类保障的职责和职权赋予立法机关以民主的方式决定。把住房问题作为民生问题予以关注也可以在政府的文件中找到，比如国务院也多次发布过关于解决低收入群体家庭住房困难的解决意见等，包括国家积极签署的相关国际公约，[1] 从立法和政策上逐步保证公民住房权利的实现。[2] 住房保障的目标不是保障人人能"居者有其屋"，而是保障"住有所居"的实现。《日本宪法》规定了生存权条款，该条款主要是依据德国《魏玛宪法》第 151 条第 1 款"经济生活的秩序必须符合保障所有人过上值得人过的生活"这一正义原则。[3] 仅在 20 世纪 90 年代，就有包括俄罗斯、波兰、南非等 15 个国家在宪法中规定了住宅权。[4]

3. 保障范围问题

从当前来看，我国保障性住房制度主要是保障城镇低收入家庭。廉租房和公租房合并后，城镇原有低收入人群、外来务工人员（包括大中专毕业生及农民工）均可以申请保障性住房。随着城镇化的提速和我国户籍改革制度的深化，只要居民在住房上存在困难，从理论上来讲都可以纳入到保障房的保障群体中。[5] 目前不少地市对保障范围设置了诸多门槛，未来可以在保障范围上取消相关限制彻底实现"应保尽保"。对此，笔者持乐观态度，如同我

---

〔1〕《公民权利及政治权利国际公约》第 12 条规定，合法处在一国领土内的每一个人在该领土内有权享受迁徙自由和选择住所的自由。《经济、社会及文化权利国际公约》第 11 条规定，本公约缔约各国承认人人有权为他自己的家庭获得相当的生活水准，包括足够的食物、衣着和住房，并能不断改进生活条件。

〔2〕 刘茂林、范电勤："论我国城镇住房保障制度的发展与完善——以基本权利为视角"，载《宁波大学学报（人文科学版）》2008 年第 6 期。

〔3〕 参见 [日] 奥平康弘：《宪法上公民权保护》，有斐阁 1993 年版，第 242~243 页。

〔4〕 Scott Leckie, "Where It Matters Most: Making International Housing Rights Meaningful at the National Level", in Scott Leckie ed., *National Perspec-tives on Housing Rights*, Martinus Nijhoff Publishers, 2003, 17.

〔5〕 2011 年，人民日报发表文章称"当前，我国城镇化率是 46.59%，而城镇户籍人口占总人口的比例只有约 33%。这意味着有 13.6% 即 1.28 亿生活在城镇里的人没有真正城市化。许多进城农民并没有成为真正的市民。还有一些农民坐地被城市化，成了'扛锄头的市民'，该文借此呼吁"城市化是人的市民化，而不是土地的城市化"。参见高云才："城市化不能搞'大跃进'"，载《人民日报》2011 年 2 月 14 日。

国的新型农村合作医疗制度，历经探索、多次试点，最终于 2010 年实现全国覆盖。实现"住有所居"仍是今后一段时间我们努力的目标，政府要履行其应当履行的职责。目前《城镇住房保障条例（征求意见稿）》关注的仍然是城市的住房困难群体。原先考虑的是既然是解决中低收入群体的住房困难，就要实现城乡照顾上的一体化，不能再搞二元差别，但在后来的论证中，发现将农村低收入群体纳入到整个保障房的范围中，人口太多，压力太大。退一步讲，即便纳入进来也只能是走先城市后农村的思路。何况农村和城市还存在户籍、公积金等制度设置上的巨大差别。[1]城乡二元体制的差别仍然是导致农村困难人口难以享受到保障房的重要原因。[2]

4. 立法混乱问题

在投资主体上。《公共租赁住房管理办法》中的规定是"谁投资、谁所有"，主管部门在产权证书上登记"公共租赁住房"。多地为了缓解资金难题，积极动员社会力量投资建设公租房，实行投资所有者权益原则。[3]重庆市利用公共财政进行投资，公租房产权由特定负责机构持有并管理。时下为了鼓励投资人投资保障房，在政策上给予了很大优惠，政府希冀借助政策和税费优惠增加保障房的供给。但实践中出现了以下情况：一是保障房产权持有人规避政策，在保障房租赁期间私下与被承租人签订买卖协议或者承诺在非法定交易时间与被承租人进行交易；二是在配建过程中产权持有人在拿到政府的土地后，不按照协议规定进行建设，私自增加保障房的建设面积超标准建设

---

〔1〕 赵飞飞："住房保障立法初步思路：先保城市"，载《21 世纪经济报》2011 年 3 月 10 日。

〔2〕 前有论及，长期以来，社会普遍认为住房困难的城市低收入人群才是保障住房的需求者，而农村居民有宅基地作为保障农村住房困难对象尚未纳入住房保障体系，现有的宅基地保障制度是社会普遍认为农村不需要住房保障的主要理由，但毕竟宅基地仅解决了住房用地问题，并未解决住房问题本身。与城市住房保障制度相比，农村的住房保障制度尚属空白，城乡经济的非均衡发展决定了农村住房保障制度长期被忽视。在发达国家，住宅政策是其重要的社会政策，住宅上的权利既存在相应的财产权性质，亦因不同性质的房屋而具备相应的社会权利。其中居住权是解读所谓社会保障权利之所在，住房保障是社会保障的有机组成部分。参见王卫国、王广华主编：《中国土地权利的法制建设》，中国政法大学出版社 2002 年版，第 142 页。

〔3〕 2014 年，北京市十四届人大二次会议将基本住房保障条例进行立项论证，研究保障房实施"共有产权"问题。住房保障立法将涉及"共有产权"，"公民基本住房权利应有地方性法规来保障，不应该让公众没有稳定的预期，今天政策这样，明天政策那样。"如果制定了法规，将保障公众利益。保障房中要引入"共有产权"的概念。北京市人大负责人介绍，对基本住房保障条例的立项论证过程中，会涉及"共有产权"的问题。"现在房价动辄几万元一平方米，其实不是建房子贵而是地价高。"立法部门已经注意到外省市提出"共有产权"的概念，并在有些地方已经实行这一制度。

豪华保障房，或者商品房和保障房建设比例失调，用保障房用地建设商品房。如何规避保障房建设运行中的风险，克服权力寻租，避免重蹈经济适用房之覆辙，保证保障房制度的推行健康运作而不至于被异化是一个很严肃的课题。

在租售制度设计上。各地基于认知上的不统一，导致规定差异较大。表现在：一是立法目的混乱；二是保障对象的不统一；三是建设模式的差异。〔1〕重庆市规定公租房可租可售，但是出售只能卖给重庆市政府公租房管理局且不是按市价出售。上海市规定定向出租，只租不售。杭州市规定严禁变相出售或违规使用。北京、天津、深圳等地没有规定。〔2〕笔者认为，公租房应当让不同承租人进行流动，但不是产权的流动，产权不应当因为居住期限或收购等原因进行转让。公租房是公共租赁住房，只解决一定人群一定时期的居住困难，承租人有一定经济能力后可尝试购买商品房，而非购买公租房，这是公租房制度设计的初衷。保障房制度租售问题亟须以中央立法的形式进行干预和指导，以解决目前地方立法认知不清、相互矛盾等混乱状况。

第二节　保障性住房性质及权利基础

保障房不同于"公共住房"或者"社会住房"。但作为政府给付的产品，保障房制度有着以下特征：保障房是公共产品、保障房需要公权的介入和运行、保障房需要公众的参与，保障房体现的一种公共治理，保障房制度的归结点是促进公共利益。〔3〕

---

〔1〕　王学辉："公租房制度，从地方试水到全国统一"，载《法制日报》2012年1月14日。

〔2〕　以公租房为例，各地公租房制度立法不同，不能简单看成是立法的混乱和冲突，毕竟各地有着自己不同的情况。融资、准入和退出机制等差别较大，不是说地方立法可以不严肃、不慎重，而是说就公租房这一涉及全局的民生问题不能随便拿地方立法做试验，用牺牲地方立法为代价来为中央立法服务。各地保障房立法不同，也不能简单看成是立法的混乱和冲突，毕竟各地情况各异。但是，各地保障房立法上的差别绝不仅仅是笔者以上列出的这些，类似问题还有许多，住户是没有产权的，不仅没有产权，甚至许多住户都不是本市户籍居民，小区如何有效实施城市管理的相关职能，目前并没有明确的政策依据。在普通的住宅小区，业主权利分为三部分：购房者的产权、物业公司的管理权和居委会的权限，如果是产权型保障房，业主自然拥有产权可行使业主权利，但如果是租赁型保障房，业主无产权，在几千户居民的小区，居委会如果仍然是必要的管理机构，如何保障无产权人的业主权益问题需要研究，《物业管理条例》并没有相关规定。上述列举问题需要创新性探索，在现有法规、政策下，寻找到一个合适的突破点。

〔3〕　王学辉、李会勋："追问公租房制度的基本精神"，载《理论探讨》2012年第3期。

一、保障房是公共产品

市场机制难以解决公共利益最大化。由于外部效应的存在，私人提供租赁住房并不能满足有效供给，无论是商品住房市场比较发达的国家还是公共住房比较健全的国家，私人提供住房均不是缓解住房压力的主要渠道。公共住房制度建设的投入需要公共财政的投入和公共服务的有效供给。在面临建设和公平分配的制度难题时允许社会中介服务组织参与是必要的，但政府的投入和服务角色不可替代。现有政治制度或者意识形态的正当性需要上述不可替代性来佐证，即便是高度推崇自由主义或者纯粹市场理论的学者也认为，单凭私人而非组织化、制度化的机构来进行利益衡平的话，出现的结果总会与预期相差甚远。面对西方的福利国家危机，部分学者认为建设保障房需要大量的公共财政投入，政府为减轻压力必然会进一步圈地卖地，部分省市在实践中已经有了这样的苗头，造成上述问题的原因是配建和配租政策在目前贯彻的还不到位，在保障房的建设方面政府还没有真正利用现代金融政策进行融资。政府提供公共产品的取向不是"通往奴役之路"，相反，纵观近30年来的住房改革政策，政府真正用于住房这种公共产品的投入比起城镇化程度远高于我们的住房发达国家来讲，可以说是有所作为但保障不力。必须明确，保障房既非完全市场化的住房，也非计划经济下的福利公房，而是市场经济条件下政府为实现住房公平而提供的准公共产品。至于说政府提供公共产品容易造成效率低下，那是效率层面的问题，而住房的公平是当下最重要的。

二、保障房需要公权的介入和运行

现代政府越来越重视市场和政府关系的边界。在尊重市场发挥基础性资源配置功能的同时，也在探讨政府的有效补足作用。市场竞争的结果导致垄断和贫富差距已是学者的共识，如何规避是法学和经济学等人文社会科学孜孜以求的目标。正如亚里士多德认为的那样，"这一个人、少数人或多数人以公民共同的利益为施政目标；然而倘若以私人的利益为目标，无论执政的是一人、少数人还是多数人，都是正确政体的蜕变"[1]。要体现政体的合法性

---

[1] ［古希腊］亚里士多德：《政治学》，颜一、秦典华译，中国人民大学出版社2003年版，第84页。

就要让公权力为公众服务，这种服务或许不能得到部分公民的认同，但正如前所言，要实现制度"公意"，促进公益向着多数人享有的方向为依归，"那么它就必须有一种普遍的强制性力量，以便按照最有利于全体的方式来推动并安排各个部分"。[1]我国对保障性住房仍然没有统一的立法，更谈不上宪法之规制。[2]保障房制度的选址、规划、建设和运营均离不开公权力的介入，尤其是在土地的划拨和资金的融资上，离开了公权力的介入无法实现保障房制度的正常运转。但凡制度比较成熟的欧美或者新加坡，政府的介入和公权力的掌控使得保障房的建设和运行突破重重阻力和困难。

以政府为主导建设保障房，目前最主要的是要解决保障房"为谁建""谁来建""怎么分"的问题，解决上述三个疑问需要公权力的参与和运行，完全市场化的行为是不存在的。从需求人数的统计到规划用地的划拨；从资金的筹措到分配的监管，无不需要公权力介入其中。根据世界银行的研究，在1980年之前，超过90%的住房投资是由国家预算提供的。[3]《公共租赁住房管理办法》也指出要"靠中央政府的指导，地方政府负责"，直接明确了政府的责任。在公共租赁住房的运行过程中，从审核到配租，从租金收取到承租人维权，尽管无相关法律规定行政机关必须出面处理相关纠纷，但租赁合同的存在本身就证明，这不是一个普通的民事合同。

三、保障房需要公众参与

人是天生的政治动物，公共事务需要公共参与，现代代议制国家更加强调人主动参与公共治理。毕竟，每个人的时间和精力有限，强调参与也是对人自身政治和利益的尊重，每个人都是自己利益的最佳判断者。通过参与达到个体价值的认同，在实现自身利益的同时也实现了个人真正的自由。正所谓政治是不同人之间在既定游戏规则下的讨价还价，人类再发展也无法超越自身利益的局限。每个个体都要发出自己的声音，而不能"只有劳动而无行动，只

---

〔1〕［法］卢梭：《社会契约论》，何兆武译，商务印书馆2003年版，第37页。

〔2〕李会勋："保障性住房立法研究——从居住权到住房权的语义变迁"，载《南都学坛》2012年第4期。

〔3〕Zhu, J. , "The Changing Mode of Housing Provision in Transitional China", *Urban Affaires Review*, 2000, 35 (4).

有行政而无政治"。[1]保障房从规划到建设全程必须向公众公开，确保公众的参与权和知情权。此处的"公众"必须作广义的解释，不仅仅限于租房的公众，还包括其他的民众。民众对政府的公务行为具有监督和知情的权利，除非限于法律规定必须保密的事项除外，这是行政法的一般原则，行政公开必须成为行政机关及其工作人员的工作准则。公众参与不只是参与立法程序和提出立法意见，更重要的是立法意见能够得到有效回应和有效意见能够得到回应。[2]

公众参与至少有三个方面的积极意义：第一，有利于行政机关在土地划拨、资金筹措等行政权运行的公正性，从以往保障房选址看来，公众不知情，政府建设保障房仍是一种"恩赐"。为了经营城市，实现土地利益的最大化，往往把最好的地段批租给房地产商，而把保障房建设在远离市中心的位置，给承租人带来了诸多负担和不便。监督行政机关对保障房的规划和选址的意义就在于，保障房的承租人有权利和潜在的利益，要求公权力机关在建设保障房时必须是出于综合考虑，实现承租或者购买人利益最大化。第二，公众的参与让公众置身于保障房的从筹建至运行全过程中，这是公众参与了解公共政策、行使公民权利的最好途径。以公共租赁住房为例，公租房事关承租人利益，任何一个承租人都不会拒绝参加与己有利的公共活动，在参与中体现价值，在参与中培养公民意识。公众对申请、轮候、审核等流程熟知后，能够更好地向其他公众宣传，更有效地扩大参与程度，使得民众参与和对公权力的运行形成良好的互动。个人参与首先应当强调个人的自由，不自由既无法代表自己也无法影响他人，这是个人行使参与权的前提和基础。在个人自由状态下，通过参与在交往领域内形成一种公共自主，通过公共组织的搭接、联合，形成多中心的治理网络以表达群体的愿望与需求。[3]当前，我国

---

〔1〕　[美] 汉娜·阿伦特：《人的条件》，竺乾威等译，上海人民出版社 1999 年版，第 19 页。

〔2〕　方世荣："论行政立法参与权的权能"，载《中国法学》2014 年第 3 期。

〔3〕　美国学者埃莉诺·奥斯特罗姆教授和文森特·奥斯特罗姆教授共同创立了多中心理论。该理论提供了操作、集体和立宪三个层次的制度分析框架，认为多中心的制度安排打破了单中心制度中最高权威只有一个权力的格局，形成了一个由多权力中心组成的治理网络，以承担一国范围内公共管理与公共服务的职责。作为公共事物自主治理制度理论中的多中心治理理论，更强调公共物品供给结构的多元化，主张公共部门、私人部门、社区组织均可成为公共物品的供给者，从而把多元竞争机制引入到公共物品供给过程中来。自主治理理论的中心问题是，一群相互依存的人们如何把自己组织起来，进行自主性治理，并通过自主性努力以克服"搭便车"现象、回避责任或机会主义诱惑，以取得持久性共同利益的实现。参见 [美] 埃莉诺·奥斯特罗姆：《公共事物的治理之道——集体行动制度的演进》，余逊达、陈旭东译，上海三联书店 2000 年版，第 11 页。

中间组织不发达，公民尚缺乏组织的搭接，公民的表达呈现出一种散落化，利益的诉求难以集结并有力地进行群体性表达（这也是群体性事件高发的原因之一）。政府在应对中下收入群体的住房需求时，只关注到了最低群体和制度的受益群体，而把绝大部分群体交给了市场，使住房群体的需求"处于一种高度不确定的状态"。[1]

保障房制度在我国是一个新的制度，要突破传统公房的园囿：一方面，保障房制度诞生于——把改善民生作为执政党最高目标的背景，[2]并形成执政党政策和大政方针，具有较大的政策形成自由；另一方面，保障房制度的推出也是结合了廉租房、经适房、两限房等制度优势，克服了原有房屋供给结构的缺点。这一制度正是公权力机关经过房改后，从完全计划到完全市场后的反思得到的结果，要受现行立法和政策的规约。但世间并无完美的制度，任何制度都是特定政治、经济和文化等条件下的产物。保障房制度的继续完善，离不开公权力阶层和公众阶层深度的参与和创造。当下，执政者也强调"让每一个人有尊严地活着"，这是对人性价值观念的回归，个人价值和受尊重程度不应当取决于财富多寡，而是在这个社会中感到自然和愉悦并能从"这个社会中找到自己的出路"。[3]这是因为，"我们的政治之所以被称为民主政治，是因为政权属于全体公民"。[4]

四、保障房体现了公共治理[5]

"治理"一词有着丰富的含义，正因为不同时代赋予了"治理"不同的语义，因此从古典到现代，该词一直没有固定的定义。公共治理需要较好的法治环境和制度支撑，国家在向现代化迈进的过程中，不论采取中央集权的

---

〔1〕 ［德］哈贝马斯：《在事实与规范之间——关于法律和民主法治国的商谈理论》，童世骏译，生活·读书·新知三联书店 2003 年版，第 148 页。

〔2〕 党的十八大报告提出，建立市场配置和政府保障相结合的住房制度，加强保障性住房建设和管理。

〔3〕 ［美］乔治·霍兰·萨拜因：《政治学说史》，盛葵阳、崔妙因译，商务印书馆 1986 年版，第 35 页。

〔4〕 李强：《自由主义》，中国社会科学出版社 1998 年版，第 33 页。

〔5〕 联合国人居署 2003 年根据"新千年宣言"首次将住房问题提升为"全球问题"，并以公共治理和立法保障等全新的角度去解释住房政策，同年，该机构又发表《内罗毕宣言》介绍了世界各国住房立法现状。

方式还是公民积极参与的形式，其实都离不开一种民主、公平、参与和效率的价值环境，国家的现代化不只是物质文明的飞跃发展，更重要的还有社会文化、社会组织和社会结构及治理模式的现代化。当前，我国处于城镇化的快速进程中，公共设施的现代化发展较快，然而公共治理形势不容乐观。保障房制度的推进不仅是为了一时社会稳定所需，也不单单是满足中低收入群体的刚性所需，而是在改革发展、共享改革红利的价值抉择下让全体公民有一种社会心理认同和社会治理认可。因为房屋不只是容身之所，更是一种情感上的寄托载体，是在现代社会激烈竞争下保持社会生产力可持续发展的重要条件。"各国具体情况各异，应谨慎制定符合实际情况的政策，各国状况不同使得各国甚至国家内不同地区的政策具有相对差异。"[1]当前，体现在保障房上的公共治理表现在多个方面：一是在制度供给方面。建好保障房，应当是立法和政策先行，各地均在积极探讨和推动保障房在土地、税收、建设和运营方面的制度配套和科学实施。此种情况下，公民均有管理自身和社会事务的权利，他们或者通过社会组织发出自己的声音，或者直接参与立法和政策的听证或表决。公民意识和现代法治理念是在公民的参与下慢慢培育而养成的，这也正如一些学者所主张的中国民主发展路径那样，先下水，方能学会游泳。二是在公平配租方面，基层政府或者房地产管理部门面临着公众的合理质疑。

行政乃具有国家组织形态的社会，于公共生活的不同领域当中，为贯彻及实现各种社会生活目标的一种工具，现代行政本质上就是一种服务。[2]公权力的存在是为了更好地促进公共福祉，需要全体社会公民的参与和治理。在保障房层面上，公权力的行使是为了保障房制度的良好运行，创造条件让更多的公众参与到保障房的论证之中。比如保障房小区的物业如何更优化的运行，是采用市场化的外包还是行政机关委托有实力的物业公司提供服务，不是公权力机关说了算而是保障房小区全体业主的一致同意。[3]也就是说，该业主自治的权利要完全交给业主，发挥承租人的积极性，保障承租人的利

[1] Deoling J. H, "ousing Policies and the Little Tigers: How Do They Compare with OtherIndustri-alised Countries", *Housing Studies*, 1999, 2 (14), pp.229~250.
[2] 王学辉："市场经济条件下行政法学的新视野"，载《现代法学》2000年第6期。
[3] 保障房小区的物业管理和服务，在当下研究中还是一个空白，在商品房和保障房配建的形势下，产权型保障房和租赁型保障房小区业主权限及与业委会的关系，也值得我们去探讨。

益，只有在承租人共同治理下才能实现这种治理的合法性。

五、保障房归结为公共利益

确保公共利益的实现是现代代议制政府存在的合法性根基。法治发展的历史一再表明，保障公共利益实现不只是国家提供保障义务，更重要的是赋予公民行使各项权利，国家提供条件和各种途径使这种权利由规定变为现实。即"赋予个人权利以实质性的范围本身就是增进公共利益的一个基本条件"。〔1〕"在自由权时代，保障公民自由是法治国最重要的事情，而在社会权时代，国家不仅要保障公民的自由权，还要保障不同阶层公民的公共利益。"〔2〕尽管公益存在不确定性，但要国家保障各阶层的住房权利却是公益所需，保障公民的居住权利也是宪法社会权的应有体现。国家需要给中低收入社会阶层提供与社会生产水平相当的住房，同时不因为设置标准的高低而导致不公平的待遇。个人获取财产的途径及能力存有差别，在市场经济优胜劣汰的游戏规则下会被逐渐放大，在住房上表现为部分群体无房可住，部分群体屯有大量住房并作为投资和投机的筹码。政府过度强调住房的商品属性，让财富向部分阶层和群体集中，违背了住房制度改革的初衷。在社会财富总量一定的情况下，部分群体的得利必然导致部分群体的损失，这与现代社会倡导的公平正义价值观念相违背。也违反了受益人的数量最多以及尽可能地使最大多数人能均沾福利的原则。〔3〕

第三节　保障性住房基本原则

保障房包含的类型较多、各地实施的类型也多有不同，保障房是一个实体，但构建保障房的制度则比较多，包括准入退出制度、审核轮候制度、配租经租制度、融资建设制度、共有产权制度、物业管理制度、运行监管制度等。作为保障性住房这一类概念，其本身有着自己的运行法则或者说基本原

---

〔1〕 ［美］E. 博登海默：《法理学——法律哲学与法律方法》，邓正来译，中国政法大学出版社2004年版，第317页。

〔2〕 ［日］宫泽俊义：《日本国宪法精解》，董璠舆译，中国民主法制出版社1990年版，第171页。

〔3〕 陈新民：《德国公法学基础理论》，山东人民出版社2001年版，第202页。

则，然而保障房制度究竟有无基本原则？如果有，何以构成其基本原则？通过地方立法的运行和实践可以看出保障房至少存在着公共性、有限性、流动性、市场性等基本原则。

一、公共性

（一）保障房是公共产品

市场竞争的结果是一部分人有能力通过自身能力获取较多的社会资源，但同时也有一部分人因制度和个人原因获取的资源较少，不能满足一般生活水准。政府的作用就是要提供最低限度的生活必需品，包括住房，这是政府的责任和义务，同时也是其存在的合法性证明。[1]我国住房的货币化改革，导致部分家庭不能通过自身能力获得最低限度的住房，而基本住房需求又是基本生活所必需。[2]市场化改革本身并无弊端，但我国住房市场化改革建立在户籍制度本身就存在问题的根基上，加上分配上的非正义导致中低收入群体难以拥有最低限度的生活住房。基于此，以政府为主导，明确职责，提供最低限度的住房，使得公共产品能够惠及中低收入群体，确保住房制度上的公平和正义。[3]从各地的实践可以看出，在保障性住房的建设和分配上，始终以公有、公建、公营、公益为中心。[4]

（二）保障房体现了公共服务的均等化

均等化不是平均化，住房存在城乡差别，即便是在城市，保障房也不是所谓的机会均等和利益均沾。符合保障房申请条件的可以申请保障性住房，而是否符合申请条件关键是看其收入和财产状况。当下的保障房体系主要是

---

[1] 在社会正义观下，人们之间存在社会连带关系，这就要求国家矫正形式正义的不足，对弱势群体实行一定程度的政策倾斜，以实现实质正义。虽然通说认为生存照顾理念是包括公共住房保障在内的给付行政的理论基础，但从生存照顾的本来含义看，它具有浓厚的政府恩赐意味，以及容易剥夺公民自由与权利而演化为极权国家的危险，因此，不宜将其作为公共住房保障的理论基础。参见廖希飞："我国公共住房保障法律制度研究——以准入、退出制度为中心"，中国政法大学2011年博士学位论文，第1页。

[2] 参见［德］罗尔夫·斯特博：《德国经济行政法》，苏颖霞、陈少康译，中国政法大学出版社1999年版，第113页。福斯多夫根据社会情势的变化，将国家"生存照顾"义务修正为国家"辅助义务"，即个人责任和社会责任优先于国家责任，唯有在个人和社会不能时，国家方可介入。住房市场化改革之初，其分层保障思路与上述观点可以说是不谋而合。

[3] 王学辉："公租房制度，从地方试水到全国统一"载《法制日报》2012年1月14日。

[4] 黄奇帆："政府如何平衡公租房的建设资金"，载《求是》2011年第24期。

面对城市中低收入群体，解决城市中因收入困难、外来务工或者新就业群体的困难。当然，这种保障具有阶段性和时效性并非"一保终保"，根据申请者收入情况和经济状况的变化，制度设计了准入和退出的有效机制。在农村涉及危房改造或者城中村改造、涉及救助对象的，可以称之为政府提供住房保障，但并非城镇意义上的保障房。公共服务应当均等化，不应当存在城乡差别，以前存在的差别是因制度设计的缺陷或者历史原因造成的。在今后提供的公共服务中，政府应当摒弃城乡差别，努力实现住房困难群体供给和服务均等化和公正化。[1]

在城市保障房的供给中，越来越多的城市不再设立诸如户籍、收入、教育水平、纳税年限的限制。符合中低收入条件的群体均可申请，这也是保障房公共服务均等化的一种体现。但保障房提供的早期，是不存在这种均等化的，各地在准入上设立了诸多的准入限制，违背了公共服务均等化的原则。[2]正义有一种不可侵犯性，不能以全社会利益之名而侵犯少数群体的利益，哪怕假以民主与公正的名义。[3]要使资源配置更接近全体人的利益，是社会利益无限接近实体正义。否则部分群体的得益则会损害整体社会的公平正义。[4]

二、有限性

（一）资源的稀缺性

资源是稀缺的，这也是市场竞争的前提。在资源总量存在定数的情形之下，部分人的拥有意味着部分人的缺失。保障房不是全民的福利，而是给予低收入群体在住房资源上的政策倾斜和辅助。这种必需的资源只向最需要的人倾斜和供给，不同地方根据经济发展水平的差异，界定了中低收入群体、

---

〔1〕 王学辉、李会勋："我国公租房制度的问题与完善"，载《中国社会科学文摘》2013年第Z期。

〔2〕 党的十六届五中全会提出了一个新的改革命题——"公共服务均等化"。实现公共服务均等化是实施国民收入再分配的一种手段和方式，可以显著地解决我国收入差距过大的问题，同时改善低收入阶层的社会地位。同时，在中国经济高速增长，日益走向市场化的体制背景下，政府如何发挥其应有的职能，制定有效的公共服务政策，维护市场经济的正常运行和社会的和谐稳定是非常必要的。

〔3〕 ［美］约翰·罗尔斯：《正义论》，何怀宏、何包钢、廖申白译，中国社会科学出版社2009年版，第45页。

〔4〕 正如博登海默所言，正义具有一张普罗修斯的脸，变幻无常，随时可呈不同的形态，并且有极不相同的面貌。当我们仔细看这张脸并试图解开隐藏其表面之后的秘密时，我们往往深感迷惑。参见［美］埃德加·博登海默：《法理学——法哲学及其方法》，邓正来、姬敬武译，华夏出版社1987年版，第238页。

低收入群体等人群类别，目的就是更好地发挥资源配置效用，实现保障房在资源使用上的效率和公平。

（二）保障对象的有限性

在社会法治国的建设当中，政府应当改变以往的守夜人形象，由秩序行政转为给付行政。[1] 对保障房持反对声音的并非是对低收入者缺乏同情，随着中国国民经济状况的改善和法治思维水平的提升，国民开始关注政府对社会的治理并在执政者管理或者服务僵化时要求革新，如不能革新甚或乱政时则需要能保持一定的理性思维发出批评性声音。保障房饱受诟病的原因主要在于分配不公、信息不公开和存在权力寻租行为，制度的设计的准入人群是中低下收入者，高收入者入住并占有保障房本身就是对制度公平的亵渎。因此，保障房保障的对象只能是中低收入群体而非所有人都能得到保障房上的供给，唯有符合制度设计的收入水准和经济状况，方能有资格申请保障房。[2]

三、流动性

（一）准入退出机制要流动

保障房要流动起来，《经济适用住房管理办法》规定经济适用房有 5 年的上市期限，在缴纳完毕相关税费后可以转让经济适用房。公租房规定要建立健全科学的准入退出机制，保证保障房能够自由流动。在地方立法方面，有的规定是保障房要在体制内循环，比如重庆市规定了，保障房不能进行市场交易，承租人可以购买保障房，在退出时要将保障房卖给公租房管理局。也有地方规定公租房在一定年限后也可以上市交易，作了 5 年交易禁止的规定，这一规定与经济适用房的流动方式并无二异。

（二）房源要流动

当前各地一般确立了商品房和公租房作为保障房的主要房源，在保障房房源比较紧张时，各地会租赁一定比例的商品房作为保障房供中低收入群体居住，这样对于利用闲置商品房，提高资源利用率有很大好处。房源的流动

---

〔1〕 王学辉：“公租房制度，从地方试水到全国统一”，载《法制日报》2012 年 1 月 14 日。

〔2〕 保障性住房的对象 “并不是一个暂时寻求物质帮助的客体而是具有人格尊严的主体。更进一步说，直接目的可能是通过物质、机会和服务的给予从而有助于相对人克服贫困、摆脱生活或困境之类，其最终目的不在于抑制或规制，而是激励和促进对方自立自强”。参见喻少如：《行政给付制度研究》，人民出版社 2011 年版，第 37 页。

也凸显了政府和市场手段的综合应用，现代政府服务社会的手段是多元的，在保障房方面，利用商品房的使用价值来满足对中低收入群体的住房目标，显示了政府利用社会多元主体的力量来达成服务社会的目标。[1]

四、市场化

自 1998 年启动房改以来，我们在住房制度上犯的一个错误是：把所有住房都推向了市场，过度重视了住房的商品属性，把房地产作为国民经济的支柱，忽视了住房作为基本生活资料的属性，造成在住房商品化改革后中低收入群体难以拥有居住之所。经济适用房推出后，因为制度设计不够合理，在实践中不少经济适用房成为权力寻租的对象，保障房需要借助市场的力量，在政府的主导下利用市场融资、市场运行等手段来促进保障房的顺利发展。[2]仅仅依靠政府的力量，或者完全市场化的手段，在实践中是行不通的。

（一）运营市场化

市场是资源配置的最佳方式，在市场化手段不能完成最佳配置时，政府可以弥补市场的缺陷。[3]保障房为了避免出现低效率运行，必须借助市场专业力量来完成诸如承租管理、物业服务等工作，可以采用政府购买服务的方式或者民营化的运行模式，实现建设、融资和经租的管理。

（二）投资主体市场化

在民营化的趋势下，公行政任务并不局限于由行政主体来完成，而是借助市场上私主体的力量利用公私协力来达成。[4]保障房所需资金庞大，仅靠

---

〔1〕　江必新、邵长茂："共享权、给付行政程序与行政法的变革"，载《行政法学研究》2009 年第 4 期。

〔2〕　波兰尼（Karl Polanyi）早年提出的著名的"双向运动"理论，受到了越来越多的关注。他强调：在一切都商品化的市场经济里，经济活动在社会关系中居于决定性地位，形成了经济自由主义的运动；而与此相对应，为了防止市场机制给社会带来的侵害，还存在反向的社会自我保护运动，并因而需要政府对市场经济进行干预。保障性住房的单轨制运行使得我国制度实践出现多重问题，重新审视政府与市场的关系，将是保障性住房制度应有的价值回归。参见［英］卡尔·波兰尼：《大转型：我们时代的政治与经济起源》，冯钢、刘阳译，浙江人民出版社 2007 年版，第 136 页。

〔3〕　［法］亨利·勒帕日：《美国新自由主义经济学》，李燕生译，北京大学出版社 1985 年版，第 122 页。

〔4〕　Vgl. Budäus/Grüning, Formenvielfalt und Probleme der Kooperation privater und öffentlicherAkteure aus Sicht der Public Choice－Theorie, *Jahrbuch yur Staats－und Verwaltungswissenschaft* 9（1996），S. 109（129）；转引自詹镇荣："公私协力理论的运用"，载《民营化法与管制革新》2005 年第 6 期。

公共财政的力量难以为继，利用新型融资平台，比如信托基金、发行债券、商品房配建等方式，让企业自负盈亏，遵循谁投资谁受益原则，方能减少因保障房所需大量资金给予财政的巨大压力。因此，地方在立法的同时要更加注重投资和融资主体的权益，运用社会力量实现公益性和营利性的双赢。[1]对当前而言，创新融资渠道仍是亟须解决的重要问题。[2]

保障房正处于探索发展过程中，归纳寻求保障房这一制度的基本原则有利于我们对保障房制度的理解。保障房制度是一个涉及多产业多部门的复杂制度设计，需要政府主导和市场调控的有机结合。除上述制度外，各地区对保障房的共有产权机制也进行了探索和创新。保障房产权设计要考虑政府、投资者和被保障对象的利益，既然设计了产权，就要用市场规则来规制。[3]正如有学者认为的那样，当前最重要的是用法治思维和法治方式去实现保障性住房制度的法治化，而非相反。[4]

第四节　保障性住房国家保障义务

住房权作为基本人权已经成为当前许多国家的共识。当前国内学者多因循国外研究路径，从无权利即无救济的角度，过分强调住房权的重要性，而忽视权利的实现要受多种条件的制约，从现有实践和境况出发，当前最大的现实是，保障房的推进更多的是靠行政命令和行政决策来推行。单纯靠权利进路对保障房的理论贡献不大。国家对保障房负有保障义务已经写入执政党

〔1〕俞可平："拓展地方改革空间"，载《中国改革》2012年第3期。俞可平认为，当前中国在强调"顶层设计"的同时，必须大力拓展地方改革创新的空间，鼓励地方政府大胆推进改革创新的探索，允许地方在科学发展方面展开良性竞争，为地方的多样性发展创造合适的制度环境，进一步增强基层社会的活力。

〔2〕学者杨红旭表示，公租房是一种可以依靠市场化融资的产品，要尽快打通信托、发债等市场融资方式，而不是仅靠财政补贴，"那是杯水车薪"。提出信托基金等市场化融资方式的突破性政策。参见胥会云："房企投资公租房收益低但无风险"，载《第一财经日报》2011年6月23日。

〔3〕任何社会目标的实现均有赖于相关社会条件的成熟。虽然我们应积极地创造条件而不是消极地等待，但如果条件远远不具备，则意味着某一目的近似"乌托邦"。"历史的经验已经反复地证明，理论上很完美的制度并不一定可以付诸实施，而行之有效的制度却未必是事先设计好的。"参见季卫东："法治与选择"，载《中外法学》1993年第4期。

〔4〕参见王比学："法制改革三问——访西南政法大学校长付子堂教授"，载《人民日报》2014年2月12日。

的最高纲领,[1]这亦是理论界和实务届达成的基本共识,以此契机根据域内的法治和本土资源来建构国家保障义务理论,是顺势而为的一种相对合理的行为。诚然,住房权以人性尊严为主要理论基础,由人性尊严衍生的基础生存需要和福祉最大化要求住房权的实现边界要取决于资源限制、政府的能力与意愿。权利的实现和救济需要国家资源予以保障,依靠当前国力以权利进路单方来呼吁住房权的实现,难免会陷入权利的"乌龙"效应。[2]但其中的住房保障权具有确定的、坚固的权利内涵,对应着国家最低核心的住房保障义务。[3]

国家是权利和义务的结合体,在强调国家权力的同时更多的应当关注公民权利,这是一体两面的,不能让国家义务处于缺位状态。[4]从经典政治学的论述来看,权利具有原发性,正是权利的让渡才有了国家,从这一点而言,国家不是目的,而在于保障公民权利和自由。[5]

一、国家保障义务的两个理论

此处探讨的国家保障义务仍是立足于住房保障制度的内涵而言,否则单纯论述国家保障义务既与本书关系不大,也非笔者力所能及。在住房保障制度上,应当重视下述两个理论:正当性理论和普遍福利理论,关系到劳动力的再生产和社会资产的构建,关系到保障性住房立法中国家责任的厘清和明确。

(一)正当性理论

从市场竞争的实然角度而言,国家对公民的保障责任不应当只体现在理

---

〔1〕 十八大报告中提出:"建立市场配置和政府保障相结合的住房制度,加强保障性住房建设和管理,满足困难家庭基本需求。"这是"保障性住房建设"首次写进党代会报告。十八届三中全会公报中提出"建立更加公平可持续的社会保障制度。……健全符合国情的住房保障和供应体系,建立公开规范的住房公积金制度,改进住房公积金提取、使用、监管机制。"

〔2〕 参见陈林林:"反思中国法治进程中的权利泛化",载《法学研究》2014年第1期。没有公共财力的支持,所有权利都不可能得到保护或强制执行。享受社会福利的权利和拥有私人财产的权利,都需要公共花费,契约自由的权利所需要的公共花费,不比获得健康保健的权利的公共花费少,言论自由权的公共花费,也不比拥有适当住房的权利的公共花费少。权利最终还需要有经费保障的法院的强制执行。鉴于所有的权利都会对公共财力提出要求,那么在可支配资源给定的前提下,"权利泛化"必然在亟须保障的第一代权利和花费巨大的第二代权利之间形成冲突,并造成一种"舍本逐末"的乌龙效应。

〔3〕 廖希飞:"我国公共住房保障法律制度研究——以准入、退出制度为中心",中国政法大学2011年博士学位论文,第138页。

〔4〕 陈醇:"论国家的义务",载《法学》2002年第8期。

〔5〕 邓成明、蒋银华:"论国家义务的人本基础",载《江西社会科学》2007年第8期。

论的论述上，政府必须承担相应的责任，这是体现一个政府执政合法性和正当性的重要基础。伴随着城镇化的进程，越来越多的农民转化为市民，即便原住地市民，在市场竞争中也会因为其掌握资源多寡的不同而处于不同的社会地位。货币可支付能力比较强的，在竞争中处于优势，可以在商场上购买商品房，而无须住房公共政策的特殊关注。对中等收入群体而言，也可利用个人或者金融机构的资助从市场上获得住房，问题是，对低收入群体而言，只能依靠国家的帮助才能获得住房，这是公民从国家获得物质帮助的一种权利，也是国家保障义务在住房制度上的彰显和体现。

从经济学资产构建角度来看，国家帮助中低收入者获取住房，解决了安居问题，也使中低收入群体对执政者有了相当的心理认同。更为重要的是，积累了个人财产，增加了社会财富。有房住——住上好房子——住上自己的好房子是正常的消费期待，也是社会消费心理在住房制度上的推动力。当部分人群通过租房——获得部分产权——获得完全产权的发展路径获取住房时，传递的社会信息是让更多中低收入人群通过自己的奋斗和努力争取拥有自己的房屋，这是可持续性的房地产市场所必须拥有的健康心理期待。因为归根结底，住房是用来住的，其双重属性及其不可剥离的社会属性让住房迥异于其他商品。无论是境内还是域外，但凡住房解决比较好的国家，更多的是突出了住房的社会属性，利用住房凝聚的家庭情愫、社会心理、代际传承属性来推动国家的住房构建。我国当下将房地产看作是国民经济的支柱，国家将其作为纯粹的经济产业进行定位，开发商将其作为营利性产品投向市场，购房人将其作为投资或者投机性的商品或囤积居奇或瞬间出售，忽视了住房所承载的社会属性在资产构建中的应有价值。

从传统政治经济学角度来看，劳动力的再生产和再生产劳动力均离不开基本的生产和生活资料，住房消费是劳动力再生产的重要一环。生产和消费的平衡需要国家从宏观层面进行总体把控和协调。住房生产过度，既浪费了社会有效资产使大量房产闲置，同时使部分群体住房消费的压力与日俱增。消费和生产在住房制度上的重大矛盾开始让执政者反思我国现行的住房政策，如果说住房消费具有阶段性，可以逐步提高居住质量的话，劳动力的再生产则具有刚需性，没有消费就没有生产。因此住房消费本身就是劳动力的再生产，劳动力的再生产离不开住房的消费。从这个角度而言，在住房保障方面，政府或者国家具有不可推卸的责任和义务。

当社会多元主体参与公共行政时，传统的单一政府自上而下的管制模式似乎越来越难以适应社会治理的要求。公众的深度参与消弭了传统行政的专横，同时也增加了政府行使权力的正当性基础。[1]行政法要在合作对抗中型塑宪法的基本决定，[2]摆在政治架构意义上的理念和理论要落实于立法或者司法、行政的实践上才有具体意义。在住房制度上，我们既需要"多谈些主义"，同时又需要考察每一个现实运转中的脚本。这正如法治国家的构建，如果法律文本多了而实践少了，法律权利理念多了而基本的人权保障少了，政府的职责明确了而履行的基本义务少了的话，距离法治国家的要求就相差甚远。当然，公共政策需要参与、理解、认同直至自愿遵从[3]。缺少了普遍参与的制度，或者仅仅让部分人群得益绝大多数人并无受益的制度，不仅有违法治原则，也与政府的正当性存在相去甚远。

（二）普遍福利理论

福利不是施舍和救济。研究中发现少部分学者将经济适用住房称之为福利房，将廉租房称之为救济房，此等思路仍局限于高度计划经济时代的窠臼范式之中。如前所述，即便是在自由主义和市场发达的国家，公共住房都是解决低收入者居住的最佳选择，但公共住房的建设和运行并没有从"救济或者施舍"的视角来制定住房政策。反过来说，"贫民窟"的出现是"救济或施舍"的结果。将低收入者"一刀切"的简单化思维，是造成"贫民窟"的根本原因，但公共住房本身并无所谓善恶。这也是至今，大多数国家均存在为低收入者提供公共住房的原因。

但普遍福利也不是社会所有人群的利益均沾。正如贝克和吉登斯所言，现代社会已经将每个人置于风险之中。[4]每个人的任何选择都会产生风险，对每个人而言，风险是普遍的，也是独特的。福利分房的取消、市场化和货

---

〔1〕 罗豪才、宋功德："行政法的治理逻辑"，载《中国法学》2011年第2期。

〔2〕 ［德］施密特·阿斯曼：《秩序理念下的行政法体系建构》，林明锵等译，北京大学出版社2012年版，第45页。

〔3〕 ［日］奥平康弘：《宪法上公民权保护》，有斐阁1993年版，第242~243页。

〔4〕 在贝克看来，当代风险实质上是一种"文明的风险"，当代人类"生活在文明的火山上"，而面对这种"文明风险的全球化"，世界上所有国家和地区已经结成一个"非自愿的风险共同体"。因此，"风险社会的形成标示着一个新的社会时代，在其中产生了由焦虑转化而来的联合"。而在吉登斯看来，整个世界已演变成一个"失控的世界"。参见章国锋："反思的现代化与风险社会——乌尔里希·贝克对西方现代化理论的研究"，载《马克思主义与现实》2006年第1期。

币化的住房制度让每个人从原来遵从集体秩序就可以得益的制度环境中苏醒，社会中的强势团体把住房的风险责任完全推卸给弱势群体。个人既是市场竞争中的强者，但同时也成为市场竞争中潜在的失败者。一旦凭借自己的力量不能在市场上获得住房时，每个人都具有要求国家提供帮助的权利，这是住房双轨制的应有之义。无论是美洲还是欧陆，包括亚洲的新加坡，住房制度比较成功的国家，均不是完全的市场或者完全的计划。住房制度上的普遍福利不会成为滋生慵懒者的温床，原因有二：第一，普遍福利的资助具有最低限度，即便是保障性住房的提供，许多国家都将被保障对象进行了细分，从低收入者到中低收入者，不同人群有着不同的保障层次，比如低收入者居住公共租赁住房，中低收入者可以租赁或者购买政策性商品房等。毕竟，如果实现从无产权到有产权的跨越，必须逐步积累自己的资产。第二，在保障房制度的设定上，多地立法均规定每年都会对保障对象的财产状况进行审查，当保障对象的经济条件得到改善时就要退出保障房以腾退给其他适格群体。当然也不排除被保障对象经济条件继续恶化，不过此时的保障可能更多从经济上给予较多的倾斜，主要仍是满足其基本生活所需。瑞典研究福利国家的学者吉姆·凯梅尼（Jim Kemeny）认为，住房福利是福利国家的关键内容。[1]日本学者早川和男则主张，住房福利是国家解决的首要福利问题。[2]

现代社会是多元主体提供福利，普遍福利模式的另外一层含义就是社会多元主体提供福利。[3]现代社会的发展主张"以一种新的方法来统治社会"，多元主体参与社会公共活动，参与的过程就是治理的过程。政府并不是唯一的国家权力中心。在寻求解决社会和民生问题方案的过程中，现代政府正在把以前由自己独力承担的责任转移给公民社会。各种私人自愿性团体或者私

[1] ［瑞典］吉姆·凯梅尼：《从公共住房到社会市场——租赁住房政策的比较研究》，王韬译，中国建筑工业出版社2010年版，第144页。

[2] ［日］早川和男：《居住福利论——居住环境在社会福利和人类幸福中的意义》，李桓译，中国建筑工业出版社2005年版，序言部分。

[3] 福利多元主义并非倡导"小政府"，而是希冀形成由多元力量介入和参与的多元福利主体。尽管政府在福利供给方面的作用降低了，但它仍然扮演着积极的角色，如供给框架的界定与操作、良性发展条件的创造与维系、资源公正分配的主导与保障、资金来源的筹集与协调等。因此，福利多元主义所倡导的是一种整合各个福利主体的系统论观点。See S. Hatch I. Mocroft, *Components of Welfare：Voluntary Organizations, Social Services and Politics in Two Local Authorities*, London：Bedford Square Press, 1983, p.287.

人部门正在承担越来越多的本应由国家承担的责任。美国模式的租金补贴、欧洲模式的公共住房及社会住房、亚洲模式的居者有其屋制度，这些制度都注重多元主体的参与和共同治理。上述方式值得我们借鉴，更需要地方结合经济和社会发展、文化和经济结构实际进行制度创新。在住房制度上，我们既要防止过度的民生福利陷阱，更要防止步入因贫富分化造成的社会心理失衡与分化加剧。[1]保障房的意义在于国家对公民权利乃至人性尊严的尊重与保障。[2]

二、国家保障义务的逻辑基础

就住房权而言，国家要承担起保障公民住房权的基本义务，这些义务包括四个层次，即国家要尊重、保护、促进和实施之义务。[3]对于不同的人群，国家提供的保障责任是不同的，一方面，国家应该保障全体社会成员实现"住有所居"的权利。另一方面，中低收入群体应当根据不同的收入标准来获取不同类别的保障房。必要时，可通过立法或者司法途径给予公正和正确的裁断，尤其是在公权力介入配租和配售环节时。[4]公权力介入保障房制度的设计，以公权力运作保障房，不再是国家干预和管制带来的反射性利益，[5]更重要的是国家以履行保障义务为起点，在住房制度上寻求国家、社会和公民，市场体制和责任政府两个维度上的平衡和互动。

在急剧的社会变迁中，城市化和城镇化以巨大的基础设施、资本、劳动力、技术、文明等优势吸引着就业和再就业群体。由于制度因素和个体因素的影响，部分群体并没有能力在住房市场化的潮流中获取自己的住房，但刚性的客观需求表现为居住上的权利需要。为了满足权利的需要，国家必定运

〔1〕　Walder, A. G., *Coummunist Neo-Traditionalism*: *Work and Authority in Chinese Industry*, Berkeley: University of California Press 1986.

〔2〕　龚向和："生存权概念的批判与重建"，载《学习与探索》2011 年第 1 期。

〔3〕　王宏哲：《住房权研究》，中国法制出版社 2008 年版，第 143~147 页。

〔4〕　[英] 洛克：《政府论》，叶启芳、瞿菊农译，商务印书馆 1964 年版，第 79 页。

〔5〕　近代公法理论中，由德国著名公法学家耶林内克和日本学者美浓部达吉等提出了反射性利益理论，反射性利益理论在日本行政法中，尤其在二战之前非常盛行，法院对"法律保护利益"范围的解释有严格限制。但是随着国民对行政依存度的增大和权利意识的提高，判例解释的态度缓和，在对利害关系人上，将从前被认为是反射性利益的事项尽量解释为法律保护的利益。参见 [日] 盐野宏：《行政法》，杨建顺译，法律出版社 1999 年版，第 242 页。

用国家权力来保证国家义务的实现，这也是保障性住房国家保障义务的原始基础。国家义务当然要从广义层面来理解，包括了立法上的义务也包括接受公民监督和控制的义务，运用国家权力为公民提供福利，在住房制度上，保证公民住房权利决定国家住房权力的范围，住房的国家义务决定国家在住房权力上的行使；国家权力只有以履行国家保障义务为基础，为公民提供最大限度的住房满足，方能确保住房制度的公平和正义，国家住房制度才有了正当性基础。

（一）规范依据

居住权与住房权或住宅权是否要作细分，学者之间颇有争议。但基本的倾向是将适当住宅权解释为"适宜或充分住房权"，认为公民可以享有至少是最低限度并能保障个人尊严的住房权利。[1]多数学者认为将国民适当住宅权归于民生保障体系中最不可或缺的一项基本权利。

1. 基本权利的认识

《世界人权宣言》的颁布，让国际组织和国家在对公民权利保障上进行了全面的规约。《公民权利及政治权利国际公约》和《经济、社会及文化权利国际公约》，较为具体的规定了国家在促进和保护公民住房权上的义务和责任。[2]

经济社会权利时代，公民比任何时候都关注自己经济权利和社会权利的享有及实现程度，以利益导向设计的权利越来越多地带有经济性内容，趋利性的设计让人们在追求物质文明的同时，淡化了对传统政治权利的关注，将视线转移到了微观权利上的"经济性满足"。[3]尽管有学者认为经济社会性权利不过"是对立法机关的指示，而不是法院可以马上适用的规则"。[4]笔者无意于强调住房权作为基本权利是何等重要，而是在论述经济社会权利的背后，蕴藏着权利保护催生经济提升，提升的经济又会增进社会福利的逻辑

---

〔1〕 曾哲："论国民的适当住宅权"，载《武汉大学学报（哲学社会科学版）》2013年第5期。

〔2〕《经济、社会及文化权利国际公约》第2条第1款规定："每一缔约国家承担尽最大能力个别采取步骤或经由国际援助和合作，特别是经济和技术方面的援助和合作，采取步骤，以便用一切适当方法，尤其包括用立法方法，逐渐达到本公约中所承认的权利的充分实现。"这是关于国家对经济、社会和文化权利实现所负有的义务的最权威的阐述。

〔3〕 汪行福：《分配正义与社会保障》，上海财经大学出版社2003年版，第224~225页。

〔4〕 Heirich Rommen NaturalLawin Decisionsofthe Federal Supreme Courtand of the Constitutional courts in Germany, 4 Nat. L. F. 2（1959）.

法则。[1]权利的需求在不断变化，变化的速度甚至让理论来不及进行回味和研究，这让归纳和提取社会权利，对这些现存权利进行归纳化的研究成为不可能。这和传统自由权、人身权和平等权不同，基于自然和人身权利，其时代烙印是延续的和凝重的，而对于福利性权利，比如居住权、住房权，教育权等权利，在不同时刻有着不同的诉求。在提供保障房这一给付行为中，给付对象不仅是寻求物质帮助的客体，也是具有人格尊严的主体，这体现了行政行为从"命令与服从"向"服务与合作"的转变。社会权的实现高度依赖国家财富的积累程度，但这并不是说二者之间是正相关关系。有了社会权的规范还需要经济发展到了一定状况，国家在保障和发展、个体权利和国家义务之间有着适度的平衡，各阶层利益能适度分配且能达成适度妥协，基于保障房的国家保障义务以及基于社会权的规范才能从制度落到实践。这种实践是基于政治、经济、阶层力量、社会理念等综合因素相互交织和深度博弈的平台。这也是我们认为的当今世界，没有哪一个国家能够说，自己已经很完美地解决了住房问题的缘由。

2. 从"居住权"到"住房权"的理论突破

立法和修法过程，也是回应现实的过程。住房在立法上的最早诉求是从保护权利的角度出发的，更多关注对住宅本身的保护，其实质是私有财产权不受侵犯。诸多学者往往从私有权角度，错误以为"住房权"可以和"住宅权""居住权"相互替代（下文以《物权法》为例重点论述），此语境下的保护仍是"自由权"意义上的消极保护。随着对人权认识加深，社会权意义上的价值理念得到重视，人类不仅关注人要"活着"而且要"活的有尊严"，这是居住权发展到社会权的典型表征。现代国家已经对国家保障公民最低限度的具有尊严的生存这一基本价值达成了共识。[2]随着经济、社会和文明的推进，国家对居住权、住房权、住房保障、保障性住房等关联概念的理解逐步深化，对责任政府、服务型政府的合法性和正当性、市场边界和公权力范围的场域界分均有了较为明晰的思路和方向。

（1）语义突破：从 house rights 到 housing rights。现代英语词典中，House

---

〔1〕 ［意］哥斯塔·艾斯平-安德森：《转变中的福利国家》，周晓亮译，重庆出版社 2003 年版，第 37 页。

〔2〕 凌维慈：《公法视野下的住房保障——以日本为研究对象》，上海三联书店 2010 年版，第 157 页。

有两种含义：一是指"where someone to lives"，即人们居住的地方；另一种是指"to provide with a place to live"，即给……房子住，给……房子用。前者的组合可理解为"房屋权利"或者"对房屋拥有的权利"。[1]后者的组合与前者最大的不同是"housing"具有"provide"提供住房，特别是把"house"看作是一种"被提供者"的时候，就更能体现出人权性质，它意味着被提供住房成了一种权利，权利的主体是住房的被提供者，住房成了法律关系的客体。在英语世界，除一般理论研究外，住房权已经进入了细致的类型化研究。比如，妇女和儿童的住房权、难民的住房权和无家可归者的住房权。对住房权的执行、实施和救济等许多方面进行了规范和实证研究。即便是居住权，也是在社会发展过程中逐步认识并确立的。美国1776年的《独立宣言》和法国1789年的《人权宣言》都没有明确提出居住权和住房权，作为保护资产阶级胜利果实的《法国民法典》第625条规定了用益权制度，在用益权中包括了使用权，而居住权则为一种使用权。后世主要大陆法系国家的立法都是在继受罗马法规定的基础上对居住权作出规定并有所完善。[2]比如1919年《德意志联邦宪法》第111条规定了，"一切德国人民，在联邦内享有居住和迁徙自由之权，无论何人，得随意居留或者居住于联邦内各地，并有取得不动产及自由营生之权"，上条规定最早明确了居住的自由权，对居住权是传统物权的认识有了一定松动。

我国关于住房权的研究近乎空白，目前研究住房政策和住房立法的学者以从事房地产、区域经济、财政金融研究者居多。[3]研究住房权的论文不多，当下主要有：张群博士的《居有其屋：中国住房权历史研究》以历史脉络为主线，考察了古代、近代和当代中国住房权的发展历史。王笑严博士的《住房权保障法律问题研究》研究住房权的保障问题；杜芳博士的《我国公民住房权的司法保障研究》分析了住房权的可诉性；程益群博士的《住房保障法律制度研究》认为应当从供给方保障和需求方保障着手重构住房保障法律架构。以上问题均是从权利—立法—司法的思考进路研究我国公民的住房权，

---

〔1〕 王宏哲：《住房权研究》，中国法制出版社2008年版，第4页。

〔2〕 周枏：《罗马法原论》，商务印书馆1994年版，第360页。

〔3〕 在知网以"住房问题"为关键词搜索的17 907篇文章中，半数以上的文章是从投资、金融、房地产、经济学的角度进行研究的。以"住房权""社会权"和"国家保障"的论述不多，且年份集中在近三年。

以保障公民的居住或者住宅权利。从权利逻辑上讲这个进路是可行的，也是必需的。但从实证角度而言还没有触底性地回应当下问题，还没有全面反映正在进行的轰轰烈烈的保障性住房的实践。即便是对居住权的研究，直到现在仍没有形成统一的定论，以物权法草案的制定为例，2002 年提交的《物权法（草案）》曾经规定了居住权，置于《物权法（草案）》第 208 条至 215条。只是后来立法者舍弃了关于居住权的相关规定，其理由为：在我国，男女享有平等的继承权，《物权法》没有必要对居住权作出规定。[1]

（2）权利属性突破：从私法到社会法。从《物权法（草案）》引起民法学界对于"居住权"借鉴移植研究的热潮看，很多学者寻求居住权历史渊源的时候，将居住权和住房权等同起来了，正是这一认识误区让我们对二者权利属性的认识一直处于"雾里看花"的状态。如前所述，从性质上看，居住权是私权范畴，其法律关系是民事主体间的平等关系。而住房权属于人权，属于基本权利范畴；居住权具有主体和客体的特殊性、权利的不可转让性、效力的追击性等特点，而住房权作为一种人权，它是指国家和政府有义务保障中低收入阶层取得其尊严住房的基本权利。对居住权的认识真正有所突破的是《公民权利及政治权利国际公约》《经济、社会及文化权利国际公约》和《世界人权宣言》将居住权作为人权的一般性规定。[2]将居住权赋予普遍人权的含义，与人之本质天然地联系在一起，即一国政府既要保障人权，也要为人权的实现提供必要的条件，履行相应的职责予以保障，帮助公民实现居住和生活的权利。自此，居住权被赋予了新的人权内涵，学者也开始以居住权（第二代人权）的视角来关注住房权。

在日本，居住权虽然是具有生存权色彩的权利，但并非宪法上的生存权，

---

　　[1] 居住权是传统大陆法系国家民法典中的一项重要的物权制度，在西法东渐时却没有被我国民法所借鉴。在物权法草案的讨论过程中，学界对于是否引入居住权意见不一。有学者认为，居住权作为民法的一种制度，其本源来自于家庭的伦理性。而社会保障是指国家通过立法和行政措施设立的、旨在保证社会成员基本经济生活安全各种项目的总和。社会保障的根本目的在于满足社会成员基本生活的需要，同时主要以收入的形式而不是以某种实物或者服务的方式提供帮助，二者作用于不同的法域，在不同的层面上发挥着作用。因此，居住权与社会保障体系对于权利人的生活保障是并行不悖的。西方福利国家的社会保障体系如此发达，但是在其民法典中，照样规定了居住权等人役权就是明证。因此，以我国社会保障体系正在逐步建立作为反对引入居住权的理由是不成立的。覃有土、樊启荣编著：《社会保障法》，法律出版社 1997 年版，第 1 页。

　　[2]《世界人权宣言》第 13 条第 1 款：人人在各国境内有权自由迁徙和居住。

而是尽管市民法的契约关系归于消灭，但承租人可向出租人主张继续租用该房屋的权利。换而言之，该居住权是出租人所有权受社会立法所限制，从而承租人获得被该限制所反射的法的地位，这一限制被固定化后居住权作为结果就可以被认可为属于承租人的私权。"即居住权是特定的承租人就一定的房屋所具有的要求以和自己具有一定租赁关系的出租人的牺牲来保障自己居住的权利。"[1]

(二) 宪制基础

人民主权被现代国家所倡导，不仅是政治权力属于人民，政府的一切权力均是民众的让与。既如此，国家就要利用这些权利为民众服务，而不得践踏或者侵犯民众权利。就保障房而言，每个地区的民众均有按照本地区的发展状况、财政状况、居住条件和需求群体来建构自己的保障房制度。不论是政府中心主义的"重庆模式"；还是发挥民间力量，动员市场机制的"苏南模式"，掌控公权力的政府均在利用公权积极地还权于民。让中低收入群体获得最基本的生存保障，享受人民主权国家这种所有权语境下的基本权利。[2]

如果说人民主权在物质匮乏时代，人民参与民主的热情还不太高涨，如今多元社会便利的物质、通讯和交通条件为更多人参与和实现民主提供了诸多便捷和可能。当今各国但凡有人权文件的国家无不在明示，"政府权力来自于人民的让渡，人民成立政府的目标是保护让渡出来的权利，而非利用公权侵害私权，否则人民有权改变或者推翻它，成立新的政府"。[3]

住房作为确保公民基本生存条件的重要因素，不仅具有物质层面的要义，也有精神层面的要义。在历经住房分配、住房市场化等手段均没有很好地解决住房问题后，国家开始认真思考公民的居住权利问题。面对问题，人民的呼声很高，政府也不能视而不见，保障性住房的建设推动，是政府回应社会，回归义务本位，履行国家义务的回归。这种回归为公民过上有尊严的生活提供了基本的物质条件，在新的权利义务观下，"保有权力的根据不再是它们所享有的权利，而是他们所必须履行的义务"。[4]通过对民生的确保和改善，人

---

〔1〕 参见 [日] 铃木禄弥：《居住权论》(新版)，有斐阁 1981 年版，第 2~3 页。

〔2〕 周叶中主编：《宪法》，高等教育出版社、北京大学出版社 2005 年版，第 99 页。

〔3〕 王宏印编著：《世界名著汉译选析》，上海交通大学出版社 2000 年版，第 132 页。

〔4〕 [法] 莱昂·狄骥：《公法的变迁 法律与国家》，郑戈、冷静译，辽海出版社、春风文艺出版社 1999 年版，第 196 页。

民主权的价值能得到应有的回归，既降低了国家运转的成本，也换取了民众对国家的合作和支持，强化了国家的合法性根基。在当今中国，这种逻辑性的转换和循环在利益纷繁复杂、社会阶层急剧分化的状况下，显得比任何时候都要急迫。

受法源和历史传统的影响，我们对国家权力、国家尊严和国家利益解读的较为深刻，义务层次的探讨和制度实践导致权力在中国这片疆域有着独特的影响力。在国家义务被延伸后，无论是尊重、保护还是实现，均体现了国家给付之制度和意识自觉。从传统"保护"到当今"实现"，均归结到"帮助和促进权利主体实现权利是国家之义务"。[1]提出保障房国家保障义务的理论，很大程度上也是对国家给付提出更高的要求。从义务的位阶出发，实现层次就是从生存给付的角度而论及的，夯实公民宪法上的社会权以及行政法上的受益权，不仅要求现代国家和行政多从非强制手段着手，更加注重国家在履行义务时注重政治性、经济性和社会性的功能统一。这是从秩序时代到给付时代，从直接干预到间接管控的时空选择。如前所述，住房问题即使在公法学上也可以从很多角度去切入，而对于当下最重要的、亟待去伪存真的莫过于国家是否应对公民承担住房保障责任这一问题。[2]"人权实现要求国家履行义务的层次不同，但只要国家有这方面的义务，就应当全面的承担和履行。"[3]

有学者提出从确立居住权和住房权的角度来保护公民的住房权利；[4]有学者认为受立法和司法的影响，不宜确立具体权利，也可以从司法能动的角度来论证社会权的可诉性。主张"政府可利用立法、行政和司法的手段进行实现"，[5]尽管我国《宪法》没有明确规定公民的居住权或住房权，但根据宪法解释或者宪法体系的理解，我国保障公民最低限度的物质生活资料应当

---

〔1〕　Henry Shue, *Basic Right*: *Subsistence*, *Affluence andU. S. Foreign Policy*, Princeton University Press, 1996, pp. 52~53.

〔2〕　凌维慈：《公法视野下的住房保障——以日本为研究对象》，上海三联书店 2010 年版，第 231 页。

〔3〕　张翔："基本权利的受益权功能与国家的给付义务——从基本权利分析框架的革新开始"，载《中国法学》2006 年第 1 期。

〔4〕　参见刘阅春："居住权的源流及立法借鉴意义"，载《现代法学》2004 年第 6 期；申卫星："视野拓展与功能转换：我国设立居住权必要性的多重视角"，载《中国法学》2005 年第 5 期。

〔5〕　[挪威] A. 埃德："国际人权法中的充足生活水准权"，载刘海年主编：《〈经济、社会和文化权利国际公约〉研究——中国挪威经社文权利国际公约研讨会文集》，中国法制出版社 2000 年版，第 226 页。

包括住房是不争的事实，这一点在国务院发布的关于解决低收入群体住房困难的相关通知文件中也能得到佐证。[1]国家核心的最低限度住房权与国家最低限度公共住房保障义务是住房权与国家保障义务的一体两面，以权利构建如果还缺少现实依据，但以国家保障义务来构筑保障房的理论基础则恰逢其时。尽管尚存争议，但不管争论如何，有一个现实不得不承认，不论是在宪法或者单行法中规定了住房相关权利的国家，还是在司法程序上认可社会权可诉的国家，并没有因为二者在立法或者司法上的先进性而导致其住房制度的先进性和保障中低收入群体的住房权利实现上的制度优越性。[2]这个对比让我们反思，如此复杂的制度性设计应当有更宏观的总体性把握，这种制度不单单是法律制度所能解决的问题。法学学者也不要过分高估本领域内的制度贡献，或许正如社会化的大生产一样，流水性的作业中，我们只能较好地解决某一个过程中的问题。或许如此言说会让某些学者感觉保守和失望。保障房国家保障义务是"以国家义务为保障，达成立法、行政和司法等制度和程序上的供给"，[3]进而达成对各个阶层利益的平衡和尊重。正如前所言，尊重公民权利，政府作为行政给付的主体，在繁荣文化和增进福利上，国家的保障义务是天然的和责无旁贷的。

---

[1] 我国《宪法》第33条第3款规定："国家尊重和保障人权。"第14条第4款规定："国家建立健全同经济发展水准相适应的社会保障制度。"第45条第1款规定："中华人民共和国公民在年老、疾病或者丧失劳动能力的情况下，有从国家和社会获得物质帮助的权利。国家发展为公民享受这些权利所需要的社会保险、社会救济和医疗卫生事业。"我国宪法虽没有明确规定公民的住房权和保障性住房制度，但可以通过解释学的方式从宪法文本的相关条款中解读出来。从条款在宪法文本中的位置来看，第14条规定在"总纲"中，为纲领性条款，宣示国家的社会保障义务，是国家做出的一种承诺。尽管纲领性条款不具有直接的约束力，但具有道义上的约束力，国家应积极履行承诺。因此，该条款可作为社会保障制度的宪法依据。而保障性住房制度作为社会保障制度体系不可缺少的一环，理应包含在该条款的含义射程之内。

[2] 在较短时间内，让所有公民实现住房权是不现实的。在不同时期不同阶段，国家应尽其最大努力，履行保障住房权的最低核心义务。国家保障住房权的最低核心义务有其具体内容，各个国家具有不同标准。同时，国家的最低核心义务在可诉性方面分为三个不同的层次：即在尊重义务层面具有完全可诉性，在保护义务和给付义务层面具有部分可诉性。我国可根据具体国情，通过制定《住房保障法》倾斜性保障住房困难家庭，赋予公民"可抗辩住房权"，确立国家保障住房权的最低保障标准等措施，履行国家保障住房权的最低核心义务，以期使住房权的实现程度取得质的飞跃。参见韩敬："国家保障住房权的最低核心义务"，载《河北法学》2013年第11期。

[3] 张翔："基本权利的受益权功能与国家的给付义务——从基本权利分析框架的革新开始"，载《中国法学》2006年第1期。

（三）根本目的

保障房国家保障义务的根本目的是尊重人。要做好做足保障房这堂课，首要的认识就是要尊重人。不仅是尊重中低收入阶层的人，还要尊重高收入群体、中产阶层等群体。建房的资金不是一道命令就可以征缴，建房的用地也不是一纸公文就可以强征强拆。从保障房制度的系统性和全局性可以看出，这个制度纠集了政治、经济、文化等制度，是一个需要用全局和系统理论来掌控的"复杂体"。个人是有灵魂和血肉的，作为个人组合体的国家，"社会和个人意志的基本逻辑决定了最美好的生活。"[1]个人尊严作为科学研究的导向或目标而言，具有终极价值，任何制度的存在和设立如果说有终极价值的话，那就是该制度必须以维护人的尊严、充分尊重和解放人为前提，否则就是对人的价值悖反。"人具有绝对价值，以人的本质为根本的价值准则有最高效力，应当成为价值客观主义的衡量准则。"[2]要把人作为终极性的目标而非手段，即便在时空高度压缩的今天，实现政治清明、经济发展、社会复兴、生态维护的终极目标也是为了让人的生活更加美好。从宪法层面看，人性尊严既是宪法原则，又是宪法基本权利。在国家义务和个人尊严这个维度上，国家所有义务的履行都要以后者为目标。

考察各国的立法文本，对人的尊严的肯定和对基本权利的确保力度最大的莫过于《德国基本法》。该法将人的尊严视为一种客观价值秩序，认为这种秩序约束公权力运行，国家权力的运行也不能脱离这个价值秩序。保障房之国家保障义务在中国仍被赋予了较多的政治性色彩，无论是普通民众的常识，还是新闻媒体的公开报道，对中低收入阶层提供住房保障，仍然没有脱离执政党的"先进性、正确性、恩惠性"等语义色彩，[3]由于社会权的探讨尚待深入，西方福利化带来的负面影响尚在继续反思和总结。以个人权利和国家

---

〔1〕　［英］鲍桑葵：《关于国家的哲学理论》，汪淑均译，商务印书馆1995年版，第22页。

〔2〕　［德］阿图尔·考夫曼：《后现代法哲学——告别演讲》，米健译，法律出版社2000年版，第1页。

〔3〕　很长时间以来，GDP主义是中国政府刺激经济发展的一整套政策。政府确立一个量化了的发展目标，再把这个目标科学地分解落实到各级官员。很自然，GDP的增长成了官员升迁的最主要的指标。从这个角度来说，人们似乎很难指责各级官员，因为GDP指标是这些官员生活其中的政治体系运作的内在部分。这导致有些地方政府无视住房的社会功能只强调住房的财政功能，即"土地财政"。另外，如果政府把保障性住房看作是救济穷人，带有恩惠性色彩而不是真正把公共住房作为社会政策，容易重蹈西方公共住房初期"贫民窟、治安危机"的覆辙。欧美一些国家就有这样的先例。

义务为角度的价值思考方式仍让理论界和学术界对有关"居住权""住房权"等存有合理的质疑和不信任，导致诸多国家虽明文宣示尊重人，但制度和现实运行机制的缺失让这一宣示付之阙如。在对保障房国家保障义务的理解上只有上升到尊重人的角度，才能确保每一项论证、每一笔款项、每一次审核、每一次配租等程序有一个终极价值的引导。否则，制度异化和权力寻租带来的负面影响不但会摧毁保障房制度价值的初衷，甚至会成为部分阶层玩弄于股掌之中的劫贫济富的游戏。"自从有了国家，国家义务便始终如影随形。国家存在的终极意义就是要保障人权，即负有保障人权义务属应有之义"，[1]国家不但不得妨碍个人活动的自由发展，国家还有义务尽其所能以保障这种自由发展。[2]人权保障义务是国家保障义务的核心，联合国和国际组织均强调国家负有责任和义务保障公民的基本权利，同时对国家义务进行了分类，比如尊重义务、促进义务和保护义务，也有学者指出国家保障义务还应当包括满足和确保义务。不论分成几种义务，均是建立在两个维度之上：一是对外来侵害的排除，二是对通过个人努力不能实现利益的帮助和促进。"自由的实现需要物质条件的保证，否则自由是没有任何意义的。"[3]在现代国家，对人权的保障不仅要看立法是否完备，更要看制度的跟进是否有实效。公民关注的是现实的政治，判断国家或者政府是否履行了相应义务的前提在于，国家在促进全体公民福利上是否提供了实质性的公平对待。信息的公开，监督手段的多元，阶层的日益分化，使越来越多的公民开始对国家义务的履行提出了更高的期待和要求。正如亚里士多德所言"人是天生的政治动物"一样，民众对国家义务有着不同于执政者的要求和感受。

不论是对正义的追求，还是社会对公平的期待，最终的落脚点都会表现在政府是否尊重人，是否让人得到了真正的解放，权利是否得到了充分的行使，正义是否得到了真正的声张。正义又体现在对人权的保障上。[4]褪去国家神圣的外衣后，发现国家不过是按照既定程序和公民意志运行的有机组织，它之所以存在，便是人通过合作达成某种目标，这个目标的核心要义即保障自己，保障自己作为人而应当享有的最基本的权利。

---

〔1〕 蒋银华："论国家义务的基本内涵"，载《广州大学学报（社会科学版）》2010年第5期。
〔2〕 ［法］狄骥：《法律与国家》，冷静译，中国法制出版社2010年版，第15页。
〔3〕 夏正林：《社会权规范研究》，山东人民出版社2007年版，第229页。
〔4〕 蒋银华："论国家义务的价值基础"，载《行政法学研究》2012年第1期。

　　行文至此，借用王学辉教授倡导的"依法行政阶段论"的论述，中国目前依法行政是有阶段性的，现有阶段应定位于：形式法治阶段或积极行政初级阶段。随着对行政法本质和功能认识的进一步发展和深化，随着我党转变自己的执政方式，随着行政权性质的变化及运行目标和手段的转换，随着我国政治文明、物质文明建设和精神文明建设的推进，我国的依法行政必将从形式法治走向实质法治，从积极行政初级阶段走向高级阶段，并走向辉煌。[1]保障房制度作为一项新的制度，无论从公法领域，还是其他学科领域，各项制度还在摸索探寻之中。[2]对国家而言，经济社会权利的保障毕竟与国家对资源的可掌控能力密切相关，二者要结合起来考虑。[3]对学者而言，应当多一些现实的人文关怀和忧虑，而非基于旁观者的立场上对这一制度进行诘难指责和道德评断。住房权的实现必须从公民个人和国家的保障两个方面结合，仅靠形式的立法或者口号式样的政治宣传是难以实现的。[4]

---

　　[1]　王学辉："依法行政的历史考察"，载文正邦主编：《宪法与行政法论坛》（第1辑），中国检察出版社2004年版，第12页。

　　[2]　"保障性住房制度"是一个非常典型的学科交叉领域，是政治经济学、社会保障学与法学等多学科的共同研究对象。政治经济学、社会保障学等学科对保障性住房制度的研究已经如火如荼，近些年来亦有不少法学学者加盟该领域，使得研究队伍日益壮大、研究成果愈加丰富。

　　[3]　黄金荣：《司法保障人权的限度——经济和社会权利可诉性问题研究》，社会科学文献出版社2009年版，第224页。

　　[4]　张清、吴作君："住房权保障如何可能研究纲要"，载《北方法学》2010年第4期。

第三章
保障性住房地方立法研究

我国当前保障房的有关立法，散见于各种政策法规和文件之中，靠强有力的行政命令去推动保障房建设，带来的一个结果是，保障房轻视立法，重视政令，立法位阶较低，管理色彩浓厚。现有住房的立法多针对房地产部门，针对保障性住房的立法主要是地方在实践和探索。[1]在十八届四中全会提出的法治是治国理政的基本方略下，立法就成为保障性住房建设的重要推动力。加快保障性住房立法进程、提高立法质量、规范目前全国性的保障性安居工程建设仍然是当前立法应当面对的课题。[2]

第一节　域外立法

无论是东方还是西方，都已经意识到法治已是一种有效治理的方略，尽管对法治的理念认识各有不同，但不论是作为工具性手段还是一种生活方式，依法而治理的烙印，已铭刻在不同肤色及种族人民的心理。域外的公共住房和社会住房的立法，尽管无法与我国进行同时域的切面比较，但域外有关公共住房的立法和政策演化却能够给我们提供一种比较视野。或许类似于"在公共住房或者社会住房的立法上，全球在学欧美，亚洲在学新加坡"的说法有些偏颇，住房毕竟受一国经济发展水平和消费理念等多因素的制约。不过

---

〔1〕　周尚君："国家建设视角下的地方法治试验"，载《法商研究》2013 年第 1 期。地方法治试验可以在提升国家能力、建设社会组织、塑造公民意识、弥补中央治理欠缺等方面发挥重要作用。然而，法治建设的原动力问题依然需要在地方法治试验中不断地加以探索。

〔2〕　温家宝在《2012 年政府工作报告》中，将保障房建设称之为"保障性安居工程"，把继续搞好房地产市场调控和保障性安居工程建设，抓紧完善保障性住房建设、分配、管理、退出等制度列为今后保障和改善民生的重要任务。他在两会回答《人民日报》记者有关住房问题提问时说："住有其居，并不意味着住者有其屋。从方向上看，应该鼓励更多的人租房"。以上信息也印证了本书的判断，未来必然会形成以公共租赁住房为主体的多层次住房保障体系。为保障立法的科学性、时效性和实效性，应加快启动《保障性住房立法》的进程。

住房的属性及围绕住房运用的金融和财税手段，却是有着相同或者相似的章法，可资镜鉴。

一、美国模式

美国在不同时期实行不同的住房政策，第二次世界大战后，为了帮助1600万归国的服役人员以合适的价位购买住房，美国成立了退伍军人管理局，旨在通过推动住房建设降低失业率，确保服役军人的房屋居住，帮助工薪阶层实现住房梦。美国在20世纪40年代颁布了《住房法案》，明确提出要让每一个家庭都享有体面和舒适的住房。

早期公共住房是全国最贫穷、最脆弱人群的家。为了消除房地产界的抗议，公共住房的拥护者同意该项目的设计使它不能与私人住房市场相竞争。极低收入住户的集中被公认为是公共住房很多可怕问题的根源，包括它难以满足运营支出的要求，以及其他和贫困集中相关的众多问题。随着时间的推移，公共住房居民变得越来越贫困。第二次世界大战后，公共住房中的低收入群体越来越少。不但白人和其政府代表强烈反对在白人社区建设给黑人居住的公共住房，黑人也不愿意在公共卫生或者社会治安比较糟糕的地方申请居所。公共住房不但能为低收入黑人提供必要的住房，还能提高或者至少保护了黑人官员的政治基础。把公共住房置于白人社区被视为削弱了黑人当选官员的政治基础，更导致公共住房中的种族隔离程度更高。

在设计和建筑质量上，公共住房的密度通常较高，与周围的景观隔离，几乎没有装饰和配套的便利设施。住房的质量常常比其他的出租房差很多。为了节约成本，用煤灰代替石灰墙板，电梯隔层停，不设单独门厅，粗糙的建设常常使得其后维修和修缮费用异常高。"长长的走廊过道、内部庭院以及其他无名的公共空间使得居民对这些区域适宜进行的活动难以获得共识，从而难以产生主人感，因而很难辨别居民和陌生人。"[1]相反，当一块场地仅为两家人共同拥有时，它通常被保护得很好。

在管理上，公共住房管理局为了适应地方的政治环境和联邦项目安排而发展了防御性的组织机构，这使得它与私有市场的实践不能同步，而且不能提供有效的资产管理服务。公共住房管理局在不动产管理上采用了高度集中

---

〔1〕　〔美〕阿列克斯·施瓦兹：《美国住房政策》，黄瑛译，中信出版社2008年版，第66页。

的方式，基于整个系统的范围进行收入和支出的回报，对场地管理人员授予有限的责任和权力，虽然公共住房作为一个中央集权的企业来管理。20世纪90年代，美国成百上千个公共住房工程进行了改造，这些改造颠覆了大众对公共住房的一贯认识。1989年国家严重衰落住房委员会成立后，提议改善衰落的公共住房现状，议会启动了"希望六号"计划，目的是摧毁并重建衰落的公共住房。为了打击公共住房中的犯罪行为，克林顿政府实施了违规一次即驱逐的政策，目的是为了打击公共住房中的暴力犯罪和毒品交易。只要违规一次就可能会使当事人从公共住房中被驱逐并再也不许入住。从20世纪90年代起，因为公共住房被摧毁的重建工程一般都是规模较小的收入混合型工程，公共住房的供应量因此开始下滑。虽然这些新的公共住房往往提供了比以往更高质量的居住条件，他们的单元数量少于从前，获得住房的条件也更严格。

在联邦政府大量建设公共住房时，也在资助私人机构开发面向中低收入群体的出租房。与公共机构拥有的公共住房不同，这些住房是私有的营利机构和非营利机构所拥有的。并且联邦政府要求这些住房以市场价出租，对于这些出租房明确补助期限。肯尼迪政府上台后，受益于自由市场经济的庇护，住房金融市场在美国住房市场上发挥的作用不可小觑。美国住房制度与金融制度密切相关，可以说是"成也金融、败也金融"。[1]联邦政府下放其住房和其他社会项目的第一步是设立社区发展组团基金。1974年通过的住房与社区发展法，设立了社区发展组团基金。统一规划要求公众参与规划过程，包括使相关文件容易为公众获得，召开听证会使市民表达其关注的问题。从社区组团发展基金2004年的支出来看，社区发展组团基金项目支持了一系列很广泛的社区开发项目和活动，这些项目和活动很多都与住房有关。对公共住房更新、提高能源效用、修缮支出、测试和消除含铅涂料、保护历史性居住建筑等方面成效显著，对促进社区的管理和社区发展起到了重要的促进作用。与只能将基金用于社区管理禁止从事公共工程建设的社区组团发展基金不同，HOME投资合伙人项目则只关注住房。住房信托基金有政府设立，面向中低收入住户。住房信托基金为解决地方住房需求提供了最灵活的资助形式。因

---

〔1〕 马智利等：《我国保障性住房运作机制及其政策研究》，重庆大学出版社2010年版，第47页。

为他们的资金来源由州和地方政府控制。如新泽西州于 1992 年通过立法允许地方对私人房地产开发征收费用后设立。这个办法可帮助地方政府获得资金来资助中低收入住房的开发，从而能够满足州公平住房法案规定的地方必须承担的廉价住房责任。大多数住房信托基金有专门的资金来源。这些资金来源取决于基金所涉及的不同政府机构，因为州、县和市政府各自负责的税和费用都不相同。信托基金的来源通常是房地产交易过程的税和费用。除了资助新项目开发和对现有项目进行修缮外，信托基金还提供以下服务：面向住房的相关教育和辅导，为非营利住房开发商提供贷款支付工程开发前期费用和面向租户的房租补贴。当然，信托基金并不是普遍存在的，某些州的普及性和支持力度可能比较强，有些州则比较弱。信托基金的资金来源随着经济情况的变化而变化，有时候地方房地产市场的变化也会影响住房信托基金的资金来源。比如依靠房地产交易税的住房信托基金在房地产市场活跃时表现较好，当住房交易量下降时表现也相应下降。

在美国，越来越多的地方政府通过使用"包容性计划"来提高"廉价"住房的供给。例如，开发了 100 个住房单元的开发商可能被要求把其中的 20户预留给中低收入住户。新泽西州立法机构通过了《廉价住房法》，该法案要求每个市政府在规定的期限内至少开发一定数目的廉价住房。这一政策在加利福尼亚州和新泽西州执行的效果比较好，马萨诸塞州制定的法律也明确要求地方政府为中低收入居民提供廉价住房。该法规定，年住房总供给量中资助方比例低于 10%的地方要增加廉价住房供给。包容性计划是开发廉价住房最流行的方法之一，它不但能够通过很少的公共支出来开发中低收入住房，而且提高了富裕社区的经济多元性，但包容性计划对住房市场的依赖性较大，该计划产生的廉价住房数目直接与市场价的住房建设项目相关。在住房市场活跃的地区包容性计划就变得非常有效。但是在住房数目很少的地区，它的作用就变小了。地方政府依靠包容性计划来满足他们对廉价住房的需求。最初，包容性计划只在富裕的郊区社区采用，后来越来越多的城市采用了该办法。

在美国，讨论地方和州的住房项目不可能与非营利住房机构割裂开来，虽然州和地方政府设计了众多的住房项目，设立了新的项目资金来源，但是政府机构很少能亲自建设或更新住房，也很少直接提供服务。自 20 世纪 60年代，联邦政府设立了第一个完全由非营利机构执行的住房项目，该组织为

低收入和残疾人提供住房。参与住房的大多数非营利组织多是宗教组织、劳工联盟、社会或教育中心。政府和非营利组织的关系较为紧密。[1]非营利组织愿意服务于最贫困、最有需要的家庭,并且提供住房之外的一系列服务——包括就业指导、照看护理、教育等。或许是较多住户关注生活质量的缘故,更多美国住户希望拥有自己的住房。[2]首付变零或者较低并不意味着购房者不需支付相关手续费。在没有补贴的情况下,减少首付意味着更大的抵押贷款和更高的月供。联邦政府和州政府一直通过降低抵押贷款的利率来减少自有房的费用。更近些的办法是对低收入住户的本息还贷支出进行补贴。

除了推进自有房计划外,收入融合已成为美国住房政策最重要的方面。政府通过两个基本方法来实现这个目标。一个是实现混住,让高中低不同收入群体居住在同一社区,其次是配建,在商品房开发项目中建设一定比例的融合型住房。收入融合型住房对低收入住户的潜在益处并不仅仅包括不同收入群体间的社会交往和由此带来的榜样效果。为了吸引高收入住户,收入融合型住房必须足够美观和优质,因此低收入住户在这里得到的居住环境将比居住在特别为低收入者设计的住房里时更好。我国现在也提出混建模式,就是让开发商配建一定比例的保障房,政府可以减低税收等形式来鼓励开发商,这类似于美国的容积率奖励。州及地方政府虽然比以往任何时候都紧密地投入到住房政策中,但是他们缺少让住房成为这个收入阶层住户所能拥有资源的投入,或者说州和地方政府提供的住房相对于获得联邦政府房租补贴而言,还远远不够。

有不少学者指出,美国不再大量建设公共住房,而是通过补贴的方式来满足中低收入群体的住房需求,这种观点并没有相关论据佐证。事实上,从1937年《公共住房法》出台后,租房券就一直被立法和政治讨论中被提起。

---

〔1〕 以20世纪80年代出台的法案为例,1983年,颁布《住房与城乡复兴法》(Housing and Urban),1987年,颁布《无家可归者资助法》(Homeless Assistance Act of 1987),建立基金支持建造面向无家可归者或者特殊群体要求的房屋代理管理者;1990年颁布《全国可承受住宅法》(National Affordable Housing Act of 1990),1998年颁布《多家庭资助性住房改革及承受能力法案》,增加用于支持公共住房建设的资金、采用税收减免辅助计划来解决住房困难问题,上述法案涉及通过转变政府支持模式,鼓励私营部门参与等配套制度来解决可承受住宅问题。参见周礼文:"保障性住房法律制度研究",中南大学2012年博士学位论文,第45页。

〔2〕 [美]阿列克斯·施瓦兹:《美国住房政策》,黄瑛译,中信出版社2008年版,第51页。

公共住房和其他对于私人拥有出租房的资助项目支持租房券的发放。比较公共住房项目而言，租房券给予资助者更多的选择自由。租房券则允许获得者在任何社区寻找住处，只要房租不超过项目规定的最高值。然而拥有住房券并不保证低收入者能够使用这项补助。为了使用它，对低收入者而言，要找到一个合适的住处，该住处的房租不能超过项目（美国建房有很多项目，比如HOME投资合伙人项目、社区发展组团基金项目、住房信托基金项目等）规定的最大房租。住房券的使用取决于市场空置率的多寡，当私人住房空置率饱和后，即便发放租房券，低收入者也未必就能找到合适的住房。因此，美国对低收入者住房的补贴，绝不是如现在某些学者所言的，放弃公共住房的建造，转而用补贴代替。只不过补贴的方式由供求方补贴转为需求方补贴，即由间接补贴供应商转向直接补贴需求者。

二、欧洲模式

（一）英国的住房协会制度

现代公共住房体系最早发源于英国。1942年，在保守党政府主导下，以贝佛里奇报告为蓝本，大力推行福利国家建设。[1]其中奥克塔维亚·希尔（Octavia Hill）在伦敦贫民区的住房改革最为成功，[2]她所创建的住房管理制度在1881年被"慈善组织协会"（Charity Organization Society）住房委员会誉为"奥克塔维亚·希尔制度"。[3]尽管社会公正在政治术语上包含了社会模式的一些内容，但由于英国的自由主义传统，其社会模式构建上还是明显地体现了社会成员的"自由"和"权利"选择机会。就欧洲范围内来说，英国的福利模式比较重视家庭和自愿接受市场的服务，政府充分利用市场的调配

---

〔1〕　W. H. Beveridge, *Social Insurance and Allied Services：Report*, London：HMSO, 1942.

〔2〕　奥克塔维亚·希尔是19世纪英国的慈善家和女性环境主义者，更是一位杰出的住房改革家。鉴于伦敦贫民区肮脏、拥挤的状况，她修建了低成本、低租金的廉价实用住房，租给贫困者，并亲自实施经营管理，与房客建立良好的私人关系、帮助房客养成卫生习惯和自助精神、教育房客提高社区意识和责任感，同时，调动各方积极因素，整治环境，开辟公共空间，改善城市普通居民的生活条件。与当时英国政府解决住房问题的政策法规和实际举措相比，希尔的改革具有更为特殊的价值；她以私人经营的方式，把政府的政策落到了实处，而且通过人性化管理，帮助贫困者树立积极的人生态度，弥补了国家政策和政府管理的不足。希尔的改革受到广泛赞扬，1881年被英国"慈善组织协会"誉为"奥克塔维亚·希尔制度"，在英国和爱尔兰推广，并且传播到欧洲大陆和美国。

〔3〕　A. F. Young & E. T. Ashton, *BritishSocial Work in the Nineteenth Century*, p.131.

功能，鼓励靠自身能力获取自己的住房。[1]

自由住房、出租房和公共住房是英国住房的三种类型。这三种住房模式与英国的住房政策和租赁形式的变化有着密切关系。[2]20世纪50年代前，英国大多数租赁住房都是由私人提供的。私人出租的灵活性使得在公共住房政策颁行之前，一直是私人住房在承担着满足住房供应的需要。[3]随着20世纪80年代"优先购买权"政策和"公房私有化"的推进，公共住房的数量才开始下降。在英语中，租赁住房已经习惯性地被分为私人租赁和公共租赁。租赁住房的供给是按照拥有住房的形式是"私人的"还是"公共的"来定义：这里的公共指的是住房的供给方是中央政府、地方政府或者其他公共部门。因此，在英国私人租赁住房和牟取利润的房主联系起来，而公共租赁住房被认为是某种公共机构提供的住房。

住房协会（housing association）的出现以及其半独立的状态，使其既不能等同于政府住房（council housing），也不能算作一种公共租赁住房，比如成本型的住房合作社处于私人和公共供给的租赁住房之间，它们是非营利的，但不是以任何形式为国家所有的。许多住户私有的住房实际上也可以称作是"社会的"。住户受到了大量补贴，例如，通过税收减免，或者通过将公共租赁住房大幅度的折价出售给现有住房人。私人租赁住房也具有重要的社会作用，或者是出现了一系列既不是公共所有，也不是以营利为目的的住房供给者。英国住房政策也历经了因政党意见不同而导致截然相反的住房制度，保守党认为应当以市场为基础，政府不应当介入其中，尽力减少干预，让住户通过自身努力获取自己的住房。工党反其道而行之，认为应当发挥公共政策在住房市场上的作用，积极利用货币化的手段帮助那些通过自身努力难以在市场上获取住房的群体。至少应当通过货币化的补贴，来达到调整和干预住房市场的目的。

就比较来看，英国更注重私人住房在住房市场中的调控作用，根据形势的发展需要，英国也在根据不同阶层人群制定不同的资助和帮扶政策。比如，在英国住房蓝皮书《质量和选择——人人享有适宜住房》中，针对部分群体，

---

〔1〕 刘金源："财富与贫穷的悖论——论英国工业化的失误及其原因"，载《史学月刊》1999年第1期。

〔2〕 王宏哲：《住房权研究》，中国法制出版社2008年版，第54页。

〔3〕 汪文雄、李进涛："英国的住房政策实践及启示"，载《城市问题》2010年第3期。

政府提供金融资助计划，同时也实行产权共有计划，鼓励他们购买并最终拥有自己的住房。[1]英国以住房市场化为主导，利用补贴计划、公房出售计划和多元群体融合计划，发挥了私营机构的作用，实行国家的保障责任。这些特征反映了英国以私人产权为核心构建住房体系，同时辅之以公共补贴和灵活的住房政策，成为当下研究的一个重要范本。

（二）德国的住房储蓄制度

德国住房市场波澜不惊，即便是在大多数欧洲国家房价都暴涨的时候，德国房价依然保持相对稳定。在住房供给上，德国住房市场的供给多元且趋于非营利性。比如非营利住房合作社及社会住房等。20世纪50年代起政府对出租房和私有住房给予补贴，[2]由于土地性质的不同，我国是通过减免土地出让金或者城市建设税费的方式对开发商予以变相补贴，前提是政府以地来换取保障性住房的开发和建设，中低收入群体不直接获取住房补贴。

德国的储蓄制度是一个封闭系统，不受市场供求关系的影响，存贷自由，只能用于低收入者的购房，这类似于我国的住房公积金制度。除此之外，政府对住房储蓄还设定奖励，鼓励中低收入群体将购房资金纳入住房融资系统中，实现住房的专款专用。存款时银行支付较低的存款利息；贷款时只收取较低的贷款利息。实现贷款的专款专用、以存定贷、利率固定和国家奖励。这种储蓄迥异于住房抵押贷款或者公积金贷款，其实质是合作而非盈利，既有效地稳定了房贷市场，同时构成了对低收入者的鼓励。

上述美国模式和欧洲模式与中国的比较考察，可用住房供应体制和社会住房覆盖情况的示意图来作对比（图中色块不反映比例关系）。[3]

---

[1]　Julie Rugg and David Rhodes, *The private rented sector: its contribution and potential*, Centre for Housing policy, University of York, 2008.

[2]　我国尽管没有统一的房屋出租法律法规，但在私人住房对外出租上，实行的是管制加收费的方式，通过对各地房屋出租办法的实证研究可以看出，大量的私有房屋或者闲置房屋没有得到有效利用，私有房屋出租需要等级备案和缴纳费用。有些地方部门甚至经常清查出租房屋有无备案，有无偷漏税费行为。我国自有房屋是一个不小的比例，如何盘活这些资产，通过鼓励或者发放补贴的方式，从立法或者政策上放松管制，发挥闲置资产的利用效率，同时为无房者提供适宜的住房，应当引起房产主管部门的重视。

[3]　参见王韬："保障性住房关键词"，载《住区》2012年第1期。

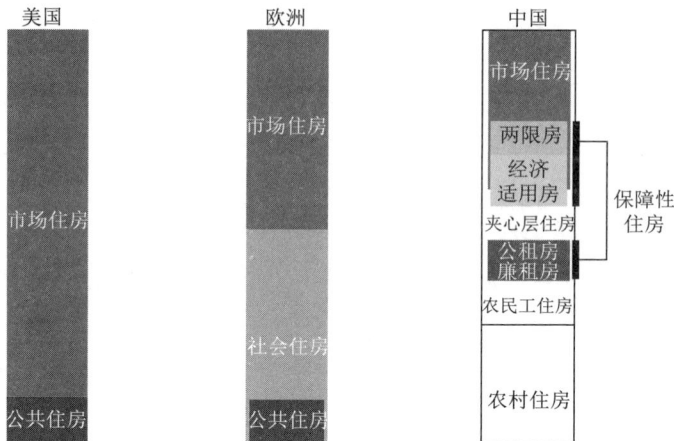

美国	欧洲	中国
市场住房	市场住房 社会住房 公共住房	市场住房 两限房 经济适用房 夹心层住房 公租房 廉租房 农民工住房 农村住房
公共住房		

保障性住房

三、亚洲模式

在亚洲国家和地区中，日本、新加坡的模式比较值得借鉴。

（一）以日本为例

第二次世界大战后，在美国的操纵下，日本进行了《生活保护法》和《公营住宅法》的制定。希望通过国家和住宅公团的力量，为低收入者提供住房保障。以上立法是为促进住宅产业发展、改善中等收入群体居住生活而制定的。既具有福利政策的特征，又具有明显的经济政策属性，但并非落实宪法生存权条款的规定。《生活保护法》《公营住宅法》均以低收入群体进行住房保障，但接受前者住宅实物给付的人，就会被排除在公营住宅的申请对象外。南非《宪法》比照上述条款规定了适当住房权，规定每个人都有权获得适当的住房，国家必须在可获得的资源条件下采用合理的立法和措施，来不断实现该权利。不仅如此，南非《宪法》还赋予了司法最终驱逐原则，在没有法院作出命令的前提下，任何组织和个人不得驱逐或者拆除他人房屋。南非最高法院对格鲁特布姆案的裁决说明了这一点。日本《宪法》第 25 条规定了国民生存权，即便如此，国家对私人住宅领域的介入在目的上主要以解决社会治安、维持社会安定为主，手段上以限制建筑自由为主。早期的日本在工业化和城市化的初期，国家还未有从保障劳动者居住权利出发，提供积极住房条件的供给，对于住房市场仍采取自由放任的态度，以是否影响社会安定和公共卫生为前提，决定是否采取干预措施。

调整住房政策必然是受宏观经济形势的影响，保障民生一直服从并服务于发展经济的前提，将民生保障和产业经济混合的制度设计导致国家对住房产业高度依赖。许多国家的宪法将住房保障作为公民的一项基本人权。即便是在战时，政府也鼓励私人成立出租人协会，并与1941年颁布《出租人协会法》，通过减税来促进出租人协会的形成，间接保障承租人的利益。这种间接供给的方式在于国家积极提供制度环境，促进民间自律、自我保障而避免国家权力过大形成专制。从日本宪法形成的初期，到明治宪法，由国家提供的社会保障，并不是国民基于某种权利的请求权，而是国家处于整体需要，保证大局稳定对低收入者实施的恩惠性救助。这个时期日本的法学家也在探讨社会权问题，比如穗积陈重认为，"个人要在社会的有机体中生存，应当赋予个人一种基本的生存请求权利"。福田德三提出生存权理论，认为社会是"个人的自立和积极国家的两立"。追求"个人权利的实现不能仅仅依靠国家的消极不干预，还要依赖于国家提供积极的政策来给付"。[1]

早期公营住宅开发的时候，鉴于地方财政的压力，政府开始鼓励民间资金的介入以增进政府和民间社团的联合，鼓励民间借贷在住宅上的发放和繁荣，必要时政府发行住宅债券，以盘活民间资本。一般认为承租人和公团存在民事上的租赁关系，如果发生了纠纷，从诉讼的过程及现有的处理方式来看，主要以民事的租赁或买卖契约来处理。就住宅保障领域受给权的讨论仅局限在一般的行政单方面受益行为上是远远不够的。补助金的问题、契约的问题等复杂的公私法交错及非权力行政等问题使得对住房保障法律制度的分析远远不像理论中诸如对某个行政给付行为进行分析那么简单。

日本《宪法》第25条生存权条款的规定，有些学者认为正如《魏玛宪法》第151条一样，不具有法规范的性质，仅仅具有宣示性作用。朝日诉讼后，纲领性规定说受到了普遍的质疑。[2]但对于法院是否可以直接依据宪法上规定的"国民享有最低限度的权利"直接进行审查存有很大争议。日本最

〔1〕 凌维慈：《公法视野下的住房保障——以日本为研究对象》，上海三联书店2010年版，第93页。

〔2〕 涉及宪法理论上的两个重要问题：第一，日本《宪法》第25条所规定的所谓国民的"生存权"是否属于在得不到保障时，国民个人也可诉之法院并请求救济的具体的权利？即日本《宪法》第25条的规定是直接保障国民个别的法律权利的规定，还是只不过是政策的训示性的规定，国民个别的法律上的权利是否还需要通过制定具体的法律才能赋予？第二，由法院判断"健康上、文化上最低限度的生活"的基准是否妥当和可能？这也是司法机关审查行政机关依据生活保障法设定保护基准等的范围和界限的问题。即所有这类行政机关的行为是否都属于司法审查的对象的问题。

高法院的多数意见认为，鉴于最低限度的模糊性表述，审查应当委任于合目的性的裁量。裁判上不承认法院可以依据日本《宪法》第 25 条审查立法机关的不作为行为，即法院没有权力要求立法和行政机关必须采取必要的措施来达到其所理解的生存权实现的标准，也不承认公民可以直接依据生存权条款要求法院判令在没有具体立法情况下对请求权予以保障。[1]

住房保障作为生存权实现的一项内容，在宪法上可以被争议的内容在于，当在已制定了立法的情况下，符合法定保障资格的公民都有法律上的权利要求国家予以保障，同时需要保障的公民也有权依据日本《宪法》第 25 条的规定，提出已有立法对保障资格的规定。如何理解最低限度的义务变得较为重要，在日本的裁判和学说上，对于健康和文明的最低限度生活概念的性质存在客观说和主观说两种不同的观点。[2]客观说认为健康和文明的最低限度生活当然受各国社会及文化的发达程度、国民经济能力、国民所得水准、国民生活感情所左右，但作为人生活的最低限度的客观的水平还是可以确定的。主观说认为上述标准本身就是模糊的，只是一个概念化的认识，要结合国民经济的水平等多数不确定的因素进行综合考虑后才能确定。司法对国家立法和行政积极行为的控制是有局限的。[3]社会权的实现在世界各国更多依靠的是立法和行政的过程本身来实现，司法审判中对立法裁量的尊重正是体现了这样的理念。

20 世纪 80 年代的日本工薪阶层劳动者的住房保障无法实现。并且土地价格高涨导致公共住宅的用地困难，建设量和供给数量缩减，新建住宅的出售价格和租赁价格被迫提高，出现大量空置住房。20 世纪 90 年代土地泡沫破灭后，政府财政压力巨大，住宅政策只能进一步放松管制，并推进市场化、减少公共住房项目的开支。2001 年小泉政府上台后，进行全方位的经济改革，当时承担公团住宅供给的都市基础整备公团被废止，住宅金融公库也被废止。日本战后建立起来的住宅政策至此崩溃终结。可以看出，任何国家在对住宅领域的干预，同一项手段中往往包含着多重政策目标，特别是住宅本身作为商品能够推动各种产业发展的情况下，国家对保障性住房的资助和供给往往又带有拉动住宅上下游产业经济发展的目标。在干预的程度上，仍然将住房

---

〔1〕 凌维慈：《公法视野下的住房保障——以日本为研究对象》，上海三联书店 2010 年版，第 90 页。

〔2〕 [日]山琦严：《救贫法制要义》，日本图书中心 2006 年版，第 196 页。

〔3〕 [日]梅若正子："关于生活保护法制定过程的考察——以第 90 回帝国议会的审议为中心"，载《明治大学大学院纪要》第 19 卷第 1 号，第 33 页。

问题归结为个人的责任，以自由的住房市场占优势。此公正的实现，首先期待于立法者，在此基础上，期待通过裁判予以充实，这可以理解为日本最高法院的基本立足点。[1]日本的公团住宅到2001年末建设总量为110万户左右，公营住宅到2001年3月为止达到217万户。根据日本国土交通省的调查，2003年日本全国住宅总户数大概在5387万户左右，以此数据计算，公团住宅在日本所占比例仅为2%左右，公营住宅也只达到4%。其背后的原因，除了战时服从军需和战后刺激经济外，很重要的一点就是住房需求仍是个人问题，无法形成议会中的多数代表，无法形成与公共设施建设那样的利益团体，而且公共住房建设没有像公共设施建设那样利润丰厚。公营住房和公团住房的住户均为低收入者，对税收贡献少，地方政府毫无兴趣。虽有少数派的呼吁，但难以形成政治合力和社会舆论的压力。战前和战后的住房基调是自由住房政策，将住房作为私有财产通过自身的努力来获得，住房由市场来供给，具体来说，个人在购房前进行储蓄，银行可以获利。个人购买住房，开发商、建筑商、不动产和中介行业可以获利；个人购买住房后，缴纳了固定资产税和城市规划税，如果再交易的话，还要缴纳个人所得税。如果房子作为遗产的话，政府又可以征收遗产税。在以自有房为主的住房政策下，政府和财界都获得了利益，在由财界为主导的日本政治中，该政策被稳固下来。

（二）新加坡模式[2]

新加坡在早期以出租式组屋为主，早期的新加坡政府也考虑将组屋出售，但鉴于居民的收入水平较低，住房消费的可支付能力不足，组屋出售很不理想。直到20世纪60年代推行居者有其屋计划之后，开始建造出售型组屋，当前新加坡80%以上的人口居住在自己的组屋里。[3]

通过组屋政策，它还要落实一些传统价值观，比如照顾老人等。可以说，组屋是这一系列社会政策的平台。没有组屋这个平台，这些政策的执行会变得非常困难。也很显然，组屋政策也是新加坡政府"亲民"政治的平台。新加坡在引入组屋之前，也是学习了欧洲的住房经验，比如政府早期建设组屋

---

〔1〕　[日]盐野宏：《行政法》，杨建顺译，法律出版社1999年版，第193页。

〔2〕　新加坡建屋发展局官员介绍，他们每年要接待来自世界各地200多个代表团来访，其中40%以上都来自中国，而且每年都在增加。中国官员们最喜欢问的是新加坡的住房政策，以及物业管理问题。

〔3〕　王宁楠："新加坡的公共住宅政策及其借鉴"，载《南洋问题研究》2001年第2期。

的目的就是为了出租给住房比较困难的人。但华人的传统价值观念则是以"家"为中心，家文化的存在现实让新加坡政府开始考虑应当改变组屋的出租方略，应由出租转为出售。这种改变一方面有效地避免了组屋早期出现的社会问题，像美国早期的公共住房后来就变成贫民窟了。新加坡的组屋政策一直到现在，仍然在影响和制约着其他社会政策的制定，诸如教育、医疗、社区文化等制度，均是以组屋为中心进行设计和推行的。此种经验表明中国应根据自己的国情来设计一条适合自己的道路。纵观世界发达国家经验，让居者有其屋，让低收入群体共享经济和社会发展成果是各个福利国家、经济发达国家的重要社会保障政策。

第二节　域内立法

如狄骥所言，大多数立法均为公共服务和生活而立法，立法应首先保障公民的社会生活权利。[1]虽然保障房制度的推行具有一定的地方特点，但在各地方先后试水累积经验之后，住建部作出统一立法尝试，对于地方立法有指导意义。虽然在效力上讲，部门规章与地方规章的效力相同，但是该部门规章具有较多的合理因素，各地与中央的规范条文规定应当保持基本一致，而地方与地方之间的规范文本在允许一定地方特色的前提下也应当保持基本的一致，才能实现保障房制度在整体层面上的完整性。

一、中央层面

国务院对保障性住房的认识也一直处于探索状态。1994 年国务院《关于深化城镇住房制度改革的决定》（国发［1994］43 号）提出建立与社会主义市场经济体制相适应的新的城镇住房制度，实现住房商品化、社会化。[2]保障房从廉租房的无产权开始向经济适用房的有限产权过渡，后期定位的政策性住房或保障性商品住房均没有改变保障房向产权设计的思路发展。2003 年至 2013 年

---

〔1〕〔法〕狄骥：《公法的变迁》，郑戈译，中国法制出版社 2010 年版，第 47 页。

〔2〕1998 年国务院《关于进一步深化城镇住房制度改革加快住房建设的通知》（国发［1998］23 号）确定自 1998 年下半年开始停止住房实物分配，逐步实行住房分配货币化，停止住房实物分配后，新建经济适用住房原则上只售不租。

的十多年来中国房地产调控的政策最能说明保障性住房制度的变迁历程。[1]

表 3-1　2003-2013 年中国房地产调控政策

序号	年份	文件名称	文件内容	行文单位	行文时间
1	2003 年	关于促进房地产市场持续健康发展的通知	把房地产产业作为国民经济的支柱产业来定位	国务院	8 月
2	2004 年	关于继续开展经营性土地使用权招标拍卖挂牌出让情况执法监察工作的通知	禁止协议出让土地	国土资源部、监察部	3 月
		关于调整金融机构存、贷款利率的通知	上调存贷款利率	中国人民银行	10 月
3	2005 年	关于调整商业银行住房信贷政策和超额准备金存款利率的通知	房贷首付比例从 20% 上调到 30%	中国人民银行	3 月
		关于切实稳定住房价格的通知（简称"国八条"）	建立房价政府负责制；调整住房供应结构；增加经济适用住房和廉租房建设	国务院	3 月 26 日
		关于加强信托投资公司部分业务风险提示的通知	收紧房产信托管制	银监会	9 月
		关于实施房地产税收一体化管理若干具体问题的通知	买卖二手房，须缴纳个税	税务总局	10 月 11 日
4	2006 年	中国人民银行上调金融机构贷款基准利率决定	上调房贷利率	中国人民银行	4 月 27 日
		促进房地产健康发展六条政策（简称"国六条"）	调整住房供应结构发挥土地和金融政策的作用；廉租房加快建设，规范经济适用房；加强信息监管与公示制度	国务院	5 月 24 日

---

[1]　在将房地产定位为"国民经济支柱产业"时，实行的是货币化政策，把住房当作商品，多用金融、财税等手段来进行调控，比如上调存贷款基准利率，提高首套房的付款比例等。金融危机之后开始扭转思路，重视住房的社会属性并强调保障性住房建设。比如实现限贷限价等多种措施抑制房价，建立房价稳定工作问责机制；严格限购政策，抑制投机和投资性购房；增加普通商品房的用地供应；加快保障性安居工程建设；加强商品房预售管理等。

续表

序号	年份	文件名称	文件内容	行文单位	行文时间
4	2006 年	关于调整住房供应结构稳定住房价格的意见	限制套型 90/70 政策；对首付比例作出量化规定	国务院	5 月 29 日
		关于加强住房营业税征收管理有关问题的通知	对二手房征收营业税；转让不足 5 年的，征收全额营业税	税务总局	5 月 31 日
		关于规范房地产市场外资准入和管理的意见	外资限炒令	建设部等	7 月 11 日
		关于个人住房转让所得征收个人所得税有关问题的通知	征收二手房转让个人所得税	税务总局	7 月 26 日
		城镇廉租房工作规范化管理实施办法	调整存贷款基准利率	建设部	8 月 19 日
5	2007 年	关于网上签约、标准买卖合同、引导二手房交易的通知	网上签约、标准买卖合同引导二手房交易	建设部	1 月
		中国人民银行上调存贷款基准利率的决定	上调存贷款基准利率	中国人民银行	3 月 18 日
		关于调整金融机构人民币存贷款基准利率的通知	加息，上调贷款利率和个人住房公积金贷款利率	中国人民银行	5 月 19 日
		加息、上调活期存款利率的决定	加息，上调活期存款利率	中国人民银行	7 月 20 日
		上调存贷款基准利率的决定	上调存贷款基准利率	中国人民银行	8 月
		关于加强商业性房地产信贷管理的通知	二套房首付比例不低于 50%	中国人民银行	9 月 27 日

序号	年份	文件名称	文件内容	行文单位	行文时间
6	2008 年（金融危机爆发）	关于廉租房、经济适用住房和住房租赁有关税收政策的通知	限定经济适用房面积上调存款准备金率	财政部、税务总局	3 月
		中国人民银行上调存款准备金率的决定	上调存款准备金率	中国人民银行	4 月
		中国人民银行上调存款准备金率的决定	上调存款准备金率	中国人民银行	5 月
		关于企业为个人购买房屋或其他财产征收个人所得税问题的批复	企业为个人购买房产的，需征个人所得税	财政部、税务总局	6 月 10 日
		关于进一步加快宅基地使用权登记发证工作的通知	小产权房不给宅基地证	国土资源部	7 月 14 日
		房屋登记办法	规定商品房应当标明能源消耗指标，交房时必须向购房人提供《住房保修书》和《住宅产品说明书》。新增廉租房，在集体土地上建房，不得发放贷款	建设部	8 月
		中国人民银行下调存款准备金率的决定	受金融危机影响，下调存款准备金率	中国人民银行	9 月
		关于扩大商业性个人住房贷款利率下浮幅度等有关问题的通知	土地或可转让抵押继承，下调契税；鼓励自住房建设；下调存贷款利率	中国人民银行	10 月
7	2009 年	土地增值税清算管理规程	针对开发商制定土地增值税、物业税政策	税务总局	5 月
		12 月 14 日国务院常务会议精神（简称"国四条"）	延长营业税征税时限；打击投资和投机性买房；加大监管力度；加快保障房建设速度	国务院	12 月

续表

序号	年份	文件名称	文件内容	行文单位	行文时间
8	2010 年	关于促进房地产市场平稳健康发展的通知（简称"国十一条"）	主要内容有：增加保障房建设用地，严控二套房首付比例；防止境外热钱投资或投机住房市场；加大市场监管力度；对网上预售实施监管；首次提出加大农村住房的改造力度，包括林区和棚户区；加大对保障性安居工程的支持力度	国务院	1 月 10 日
		关于加强房地产用地供应和监管有关问题的通知	主要有三项内容：让中央企业退出房地产开发；控制大户型和大面积住房，确保保障房建设；严禁囤积土地	国土资源部、国资委	3 月
		关于坚决遏制部分城市房价过快上涨的通知（简称"新国十条"）	基本内容可以概括为三点：第一，严控购房套数；第二，加快保障房和普通商品房建设；第三，加大市场监管力度	国务院	4 月 17 日
		关于促进房地产市场平稳健康发展的通知（简称"国五条"）	第一，限定购房套数；第二，对三套房以上者拒绝发放贷款；第三，调整个人所得税政策；第四，保障普通商品房和保障房的土地供应；第五，加大监管力度	国务院	9 月 29 日
9	2011 年	关于进一步做好房地产市场调控工作有关问题的通知（简称"新国八条"）	第一，房价控制目标要公布；第二，加大保障性住房建设速度；第三，加强房地产转让税费控制；第四，规定二套房贷比例；第五，对闲置土地加大处罚；第六，对二套房的个人和家庭限售；第七，落实问责制；第八，引导住房合理消费	国务院	1 月 26 日

序号	年份	文件名称	文件内容	行文单位	行文时间
		保障性安居工程建设目标责任书	住房与城乡建设部与各级地方政府签订保障房责任书	住建部	2月18日
		关于楼市调控方向不动摇、力度不放松的会议精神	规范房屋租赁管理;确保普通商品房和保障房的用地;严格控制房价目标	国务院	7月12日
10	2012年	住建部负责人"两会"发言	将个人住房信息实现全国联网;对首套房首付比例仍然不少于30%	住建部	3月
11	2013年	关于继续做好房地产调控工作的通知(简称"新国五条")	共五个方面的内容:建立房价稳定工作问责机制;严格限购政策,抑制投机和投资性购房;增加普通商品房的用地供应;加快保障性安居工程建设;加强商品房预售管理	国务院	2月20日
		关于公共租赁住房和廉租房并轨运行的通知	自2014年开始,廉租房和公租房进行并轨,并轨后统一称之为公共租赁住房。自此,廉租房的历史终结	住建部、财政部、发改委	12月2日

＊本表中行文单位以发文时名称为准。

上述表格内容反映出中央层面的立法具有以下特点:

第一,调控力度大。围绕控制房价,打击投资和投机性购房,保障中低收入群体住房供应的主题,近十年来国务院发布了八条调控措施:2003年7月30日是第一次,其后是2005年4月27日、2006年5月17日、2008年12月17日、2009年12月14日、2010年4月14日、2011年1月26日、2011年7月12日。几乎每次调控都是针对部分城市房地产价格上涨过快及住房供应结构不合理问题。

第二,住房政策的调整多服务于经济发展和金融安全,缺乏商品房和保障房的分类调控。

第三,从法律位阶上看,层次相对较低。以上"通知"是国务院办公厅或者各部委以联合通知的方式行文公布,从《行政法规制定程序条例》的规

定看，这些"通知"不属于行政法规。

第四，政策的出台多是行业行政主管部门根据管理经验和治理上的便利进行立法或者决策。[1]

第五，从治理理念上看，既是立法就应当综合多元化利益，平衡各方利益以达成交涉性合意。[2]

第六，政策间缺乏衔接。律令的制定部门包含了国土、住房、规划、发改委、银行、财政等部门，涉及土地政策、产业政策、财政政策、金融政策与改善民生的公共政策。2010 年《关于加快发展公共租赁住房的指导意见》明确规定，"所建住房只能租赁，不得出售"。[3]此规定的重点在于要建设租赁型保障房以替代备受诟病的产权型保障房。学者往往与住房是否设定产权过意不去，认为我国住房保障不到位的原因是因为早期的经适房设定了产权，变成了权力寻租的工具，这一推论明显不能成立。在我国发展经济适用房之前，国家已经借鉴域外经验，以发展廉租房这种无产权住房来满足低收入群体的需要。保障房能否实现保障功能，不是看其是否设定了产权，制度如果实施到位，无产权也能有效地保障，比如德国，租赁型住房仍占相当多的比例。反之，有产权的保障房也不一定实施得很好，比如，我国的经济适用性住房。不只是地方将公共租赁住房设定为产权型住房，住建部也赞同地方以租赁型住房来探索共有产权。[4]部分地方立法规定，公共租赁住房也可以探索共有产权，由承租者租赁期满（一般为 5 年）后，可以考虑购买该公租房，此规定看来应当与《经济适用住房管理办法》中的规定无异。[5]稍有差异的

---

〔1〕 当前，行政立法机关还没有充分开放参与行政立法（包括起草、审查、审议审批和做出法律解释）程序，公众对行政立法参与权的享有和行使尚存在一些不足。参见方世荣："论行政立法参与权的权能"，载《中国法学》2014 年第 3 期。

〔2〕 ［德］彼得·巴杜拉："自由主义法治国与社会法治国中的行政法"，陈新民译，载陈新民：《公法学札记》，三民书局 1995 年版，第 115 页。

〔3〕 参见《关于加快发展公共租赁住房的指导意见》之第五部分第 1 项。

〔4〕 张璐："住建部试水共有产权保障房　山东：付 60% 房款购 80% 产权"，载《齐鲁晚报》2013 年 12 月 13 日。

〔5〕 《经济适用住房管理办法》第 30 条第 1、2、3 款规定：经济适用住房购房人拥有有限产权。购买经济适用住房不满 5 年，不得直接上市交易，购房人因特殊原因确需转让经济适用住房的，由政府按照原价格并考虑折旧和物价水平等因素进行回购。购买经济适用住房满 5 年，购房人上市转让经济适用住房的，应按照届时同地段普通商品住房与经济适用住房差价的一定比例向政府交纳土地收益等相关价款，具体交纳比例由市、县人民政府确定，政府可优先回购；购房人也可以按照政府所定的标准向政府交纳土地收益等相关价款后，取得完全产权。

是，各地在退出上有所不同，比如重庆市规定保障房即便是上市交易也只能出售给公租房管理局，保障房只能实现在体制内的流转，更多的地方是参照了经济适用住房的规定。这也可以说，尽管我国保障性住房类型多样，但就其上市和产权设置机制，仍然没有多少创新。当前共有产权机制的探索，在相当大的程度上借鉴了新加坡的居者有其屋计划，探索政府或者投资人、承租人或购买人共同拥有住房的产权比例。[1]

二、地方层面

我国宪法有关于中央和地方国家职权的划分，《宪法》第3条规定了两个原则：一是遵循中央的统一领导，二是发挥地方的积极性和主动性。虽然是否试错的主动权在中央，但试错的行动权却永远掌握在地方实践者手中。[2] 囿于国家结构形式、经济体制、文化和历史传统因素的制约，在保障性住房的地方立法上，因缺乏激励机制，中央以责任状的形式对地方形成高压，导致地方缺乏对保障性住房制度的宏观考量。

通过分析各地立法文本发现地方立法体现出以下三个方面的特点：

第一，各地保障性住房的推进程度取决于各地的财政收支状况。总体而言，东部实施的情况要比西部好；沿海实施的情况要比内陆好。

第二，同为保障性住房，各地认识不一。有些省份已经停建了经济适用房，比如河南省。有些省、直辖市已经将公共租赁住房和廉租房合为一体，取消了廉租房的建设，比如重庆市。有些省份仍然将经济适用住房，限价房和公共租赁住房作为保障性住房的主体进行推进，比如北京市。

第三，各地在保障性住房的推进中，地方决策和立法发挥了重要作用，

---

〔1〕 "如果全国的廉租房都这样拿来出售，这与商品房有何不同？最多只是价格低一点。"中国房地产学会副会长、北京大学教授陈国强认为，国家明文规定廉租房不能出售，而现在居然可以出售，是明显的政策执行走样。参见杨仕省："'廉租房'，变'廉售房'多地试水先租后售以缓解资金压力"，载《华夏时报》2013年5月18日。

〔2〕 近年来，全国一些省（自治区、直辖市）先后发布了关于地方法治建设的"决定""规划""纲要"或"意见"。"法治江苏"（2004年）、"法治浙江"（2006年）、"法治云南"（2006年）、"法治湖北"（2009年）、"法治山西"（2010年）、"法治湖南"（2011年）、"法治吉林"（2011年）、"法治安徽"（2011年）、"法治广东"（2011年）、"法治天津"（2012年）等决议相继出台，内蒙古、陕西、四川、重庆等地也正在研究发布相关文件。参见周尚君："地方法治试验的动力机制与制度前景"，载《中国法学》2014年第2期。

但各地立法规定不一、实践各异。在保障性住房这一庞大的社会实践中，没有一部统一的中央立法，但中国的事情并不是有法才开始做起，这是"摸着石头过河"的中国特色。[1]地方在保障性住房的立法中存在法律位阶过低、形式合法性缺失、不同文本相互冲突等突出问题。

第三节　现实与理想：先地方后中央的立法模式评析

国外越来越少地采用实物配租的方式提供公共住房，对公共住房存在的诸多问题正在进行改革和调整。国内各地也在积极探索保障房的有效供给模式，在借鉴和考察西方模式时，多结合地方经济发展和保障对象做出调整和安排。有些地方也突破了现行立法的规制，在保障城镇低收入居民有房住的情况下，还在改善着农村村民的居住条件。比如深圳市和苏州市的经验是，让越来越多的集体成员共享保障房实惠，支持农村集体经济建设公租房或共有产权房。[2]以土地入股，既是对农村土地产权制度的突破，也是土地作为生产要素让集体成员获益的积极探索。

一、地方立法合法性分析

1979 年的《地方各级人民代表大会和地方各级人民政府组织法》规定了地方的立法权限。这是我们国家第一次以法律赋予地方立法的职权，我国的立法体制也从此进入中央和地方二级多层次立法的时期。1982 年《宪法》肯

---

〔1〕　参见胡锦涛：《坚定不移沿着中国特色社会主义道路前进　为全面建成小康社会而奋斗——在中国共产党第十八次全国代表大会上的报告》，人民出版社 2012 年版，第 19 页。《中共中央关于全面深化改革若干重大问题的决定》，人民出版社 2013 年版，第 7、19、21、32、60 页。党的十八大要求，"鼓励有条件的地方在现代化建设中继续走在前列，为全国改革发展作出更大贡献"。党的十八届三中全会提出，"加强顶层设计和摸着石头过河相结合""发挥中央和地方两个积极性""理顺中央和地方收入划分""逐步增加有地方立法权的较大的市数量""鼓励地方、基层和群众大胆探索，加强重大改革试点工作"。

〔2〕　农村集体经济组织参与保障房的供给或者分配，一方面，可以促进城镇化建设；另一方面，也使得集体经济成员收益。最重要的就是，要明确共有产权的关系和这部分房产升值以后，增值部分各方面的利益的合理分配。大城市的房价比较高，部分的中等上下的收入群体想拥有产权房，但是又没有能力去全资购买商品房，给他们一定的股份其实就是在降低购房门槛，让部分人可以拥有部分产权，因为毕竟很多人还是希望有自己的私有产权房；第二，它可以缓解政府融资难，我们在保障房方面融资一直比较困难，这种房子出售部分的产权等于是政府可以回笼部分资金，融资方面能够滚动地进行建设和发展。

定了 1979 年确立的地方立法制度。宪法和法律关于制定地方性法规和自治条例、单行条例的规定，没有直接使用"地方立法"这一概念，但对地方立法的主体、职权范围、应当遵循的原则和报批备案问题都作了比较明确的规定。[1]在保障房制度的立法和推进上，在立法主体上既有各地的人大常委会参与，也有政府主管部门的参与。本书并没有从严格意义上来区分规章和法规，因为保障房不仅是制度的架构，更是基于土地、财政、金融等多部门特别是行政主管部门的参与，分析政府规章是否属于地方立法既没有必要，也无益于当前的保障房建设。毕竟核心是保障房制度的立法要反映现实理性，不变的理性才能使我们制定的法律（或者我们制定的法律只能解释当下的现实）更能反映保障性住房制度的规律。[2]因为从《立法法》第 73 条的规定可知，地方人民政府可以根据法律、法规及地方性法规制定规章，用以执行上述法律法规规定需要制定规章和具体行政管理之事项。[3]经验性的做法是，多部门联合出台意见或者文件进行试行，待积累了一定经验后再通过人大立法的形式按照程序进行报批，这是当下立法制度积累所必需的历程。[4]本部分要论述的是地方立法（主要是规章）越权及与法律法规相抵触的情况。保障房在地方立法过程中，部分地方政府规章在制定和报备的过程中存在以下问题：

　　一是超越权限。依据《行政处罚法》的规定，设立处罚必须是有立法权的地方人大来设定，但现实是保障性住房多是以规章的形式出现，地方人大并没有对罚款作出相应规定。对骗租骗购保障房的处罚，往往是房产管理部门依据地方规章对骗租骗购者作出处罚后，被处罚人以处罚违反《行政处罚法》为由拒不缴纳罚款。由于行政主管部门依据的文本多是地方政府制定的规章，即便是走到诉讼程序，司法机关也无法有效处理，这也是当前保障性住房诉讼案例比较少的原因之一。如前所述，地方政府对廉租房产权的规定，

---

　　〔1〕　唐孝葵等主编：《地方立法比较研究》，中国民主法制出版社 1992 年版，第 7 页。

　　〔2〕　［英］威廉·葛德文：《政治正义论》，何慕李译，商务印书馆 1980 年版，第 150 页。葛德文认为，"立法不像通常理解的那样，是人力所能做到的事情。不变的理性才是真正的立法者，理性的指示才是我们应该研究的。社会的职能不能扩展到制定法律而只能解释法律，它不能判定，它只能宣布事物的本质所已经判定了的事情，而这种事情的正确是从当时的情况中自然产生的"。

　　〔3〕　《立法法》第 73 条对地方政府制定规章作了限制，虽然在立法条文表述上为"地方性法规可以就下列事项作出规定"，但其实是在限制地方政府非本行政区域的具体行政管理事项，非执行法律、行政法规、地方性法规规定事项不得制定规章。

　　〔4〕　周旺生：《立法学》，法律出版社 2009 年版，第 343 页。

在承租人购买时，承诺居住满规定年限可以取得产权。然而真正在廉租房被强拆后，当承租人以产权人主体主张权利时却以"廉租房不能设立产权，地方设定产权是有违国家规定"的托词来推卸政府责任。地方乱设产权的做法其实是用行政命令或规章的形式来设定物权等基本权利规则，显然有违上位法之强制性规定。

二是规章规定有违宪法对基本权利的规定。比如，对骗租公租房的情形，经调查核实后取消其申请资格，5年内不允许其申请住房保障。对住房困难人群而言，基本的居住是生活所需为公民居住提供条件是国家之责任。即便是骗租行为，还要细分有房骗租和无房骗租，对隐瞒户籍行为和虚报收入行为处罚的力度应当有所不同。而不能出现骗租行为后，一概以5年限禁来进行惩处，此规定有违当前法治精神。尽管我国宪法未有住房权是公民基本权利的表述，但可以从宪法的相关规定中看出，基于居住相关的利益与公民的基本权利高度相关。当前的规章备案审查中也发现保障性住房立法中，部分地方政府规章规定的内容存在与上位法相抵触的现象，这在一定程度上影响了上位法的权威性，有损国家法制的统一。以公租房而言，各地均规定了承租人在租赁5年期满后，可选择申请购买居住的公租房。这一规定在全国地方立法中具有普遍性，但诸如重庆市"购买的公共租赁住房不得进行出租、转让、赠予等市场交易，可以继承、抵押；公共租赁住房购买后抵押，抵押值不得超过房屋购买原值的70%"的规定，则限制了购买者的处分权，具有随意性，并且"抵押值不得超过房屋购买原值的70%"有何立法依据，也亟须相关权力机关通过立法听证、座谈会等方式征求公众意见，以提高立法的科学化和民主性。

三是上下立法相互矛盾。中央关于公租房的指导意见是公租房只租不卖。各地规定，承租人租住公租房5年后，可以在缴纳土地等相关税费后进行购买，购买后可以发给权属证书，在证书上注明"公共租赁住房"字样，随后还可以上市交易，这一点规定与经济适用房相同，导致中央立法给各地立法带来了一些负面效应。不仅如此，地方相关规章之间也会自相矛盾，比如省级政府规章规定，限价房的面积不能超过80平方米，而省辖市级政府规定的限价房面积明显超过省级政府的规定。

二、地方立法合理性分析

地方在保障性住房立法上尚存在诸多问题，这与当前认识理性有限相关，毕竟我们生活在这个时代，难以超越基于客观环境之"牢笼"局限，但地方试错性的尝试正在让我们更清晰地接近一个目标，我们如何构建自己的保障性住房制度。"制度是否能够有效实施是制度的生命。"〔1〕住房政策到底应该归属于中央还是地方的问题，在欧洲国家也存有争议。在德国住房补贴政策究竟应当由国家还是各个州来制定，国家和州之间有歧义，各个州之间也没有达成一致意见，后来妥协的结果是，在不违背国家立法的情形下，各州根据自己的实际自行制定。在住房补贴项目的运作过程中，州政府等地方政府均付出了巨大努力。这较之于我国之单一制国家形式而言，具有很大的借鉴意义。就中央和地方的立法权限划分，当前我国学者也有诸多看法，比较集中的观点是，在不违背中央立法的前提下，应当修改立法法，赋予地方更多的自治权，尤其是涉及社会生活方面的权力，可让地方更多地发挥自主权。从根本上改变中央和地方立法工作中出现的混乱和无序等现象。

如前所言，地方的自主性法规和实施性法规有利于调动地方积极性，就保障房地方立法而言，既有自主性又有实施性。并非所有地方法规甚或规章的规定都需要中央的授权，"法律原则性的缺陷需要地方立法来细化和弥补"。〔2〕正如法学家凯尔逊所指出的，"在国家和地方之间，没有完全的集权也没有完全的分权，国家只有在集权和分权之间保持一定的限度才不至于瓦解"。〔3〕保障性住房应当提供给中低收入群体，这是当下社会的共识，但现实中也运行着这样一个规则，将公租房作为吸引高层次人才的砝码，用于招揽人才，调研中发现诸如深圳和苏州等城市存在这样的情况。

要保障房地产的繁荣，不只是经济方面的考虑，还有政治和社会因素的考量。即便在发达国家，住房的权益资本也在支撑着国家的经济〔4〕。地方出

〔1〕 季卫东："法治与选择"，载《中外法学》1993年第4期。
〔2〕 朱振进："地方立法权限之再审视"，载《观察与思考》2013年第5期。
〔3〕 ［奥］凯尔逊：《法律与国家》，雷崧松译，正中书局1974年版，第378页。
〔4〕 ［美］阿列克斯·施瓦兹：《美国住房政策》，黄瑛译，中信出版社2008年版，第4页。

于土地财政的考虑，[1]纷纷进行地方立法，在土地出让模式、税收减免、配建和产权归属上各显神通。"利益是法律创设之前提。"[2]利益的分配创设了多种法律关系，所以法律关系乃是利益在立法和司法上的折射。[3]我国当前立法仍是在宪法总框架下，根据转型期的要求和市场经济所需制定，具有短暂适应性，能够在一定时期理顺社会秩序，有效助推地域经济和行业产业的发展，具有很强的适时性和过渡性。这种过渡型立法的方式多是先总结地方经验，当地方试验比较成功并能够在全国范围推开时，国家开始考虑制定全国统一的立法。可以预见，未来我国在保障房上的中央统一立法也必然会借鉴地方立法的经验和成功模式。

苏州市工业园区在探索保障性住房的立法中一直走在全国前列。对中低收入人群的分类保障上，其规则设计和保障成效经验丰富，园区注重对科技和创新人才的引进和利用。领军人才项目除享有项目启动资金外，同时享受园区重点支持。无独有偶，青岛市为深入实施人才强市战略，发挥住房在吸引集聚人才方面的作用，加强人才公寓建设和使用管理，制定了《青岛市人才公寓建设和使用管理规定（试行）》。其中第2条规定，所称人才公寓是指限定建设标准、租金标准、销售价格，面向各类人才供应的住房。人才公寓分为产权型和租赁型两种类型，以租赁型为主。采取租赁和出售两种方式，逐步解决各类人才的住房问题。以限定价格购买的面积，按照不同层次人才应享受的住房建筑面积标准核定，超出部分按照同区域商品住房价格购买。超出限定价格销售部分面积的价款，由开发建设单位按政府非税收入收缴的有关规定上缴同级财政，专项用于人才公寓建设。目前，各地在工业园区建设公租房是一种主要的方式。工业园区内集中建设或企业自建房所用土地类型为工业用地，根据《工业项目建设用地控制指标》，企业在园区内是不能建

---

〔1〕 在房地产市场的供应端——土地市场，各个地方政府独家垄断着各地的土地资源，采用"招拍挂"的方式拍卖土地。土地出让金是地方财政收入的主要来源，2010年达76.6%、2011年则达到了60.1%。为了获得更多财政收入，地方政府有意控制土地的供应数量。载 http://business.sohu.com/s2013/guowutiao/，访问日期：2013年8月8日。

〔2〕 ［德］马克斯·韦伯：《论经济与社会中的法律》，张乃根译，中国大百科全书出版社1998年版，第33页。

〔3〕 付子堂：《法律功能论》，中国政法大学出版社1999年版，第89页。

成套住宅的。[1]但各地为了满足外来务工人员的居住需求，为了提高对高层次人才的引进力度，不得不通过变更土地性质等一系列措施以取得法律和政策层面上的突破。

上述两个城市的规定，将保障性住房称之为优租房、人才公寓，现实中各省还有很多诸如"配套房""定向房"等，其实这都是经济适用房的翻版，我们在保障性住房制度上并没有多少新的突破。以青岛市为例，其对人才公寓无论是租赁型还是产权型，都没有脱离《经济适用住房管理办法》第30条规定的宗旨。[2]但要警惕各地借保障房之名，随意变更土地性质，把保障房用地变更为商品房建设用地，以攫取本来就有限的保障房资源。[3]

---

〔1〕《工业项目建设用地控制指标》（〔2008〕24号文）规定，指标由投资强度、容积率、建筑系数、行政办公及生活服务设施用地所占比重、绿地率五项指标构成。工业项目建设用地必须同时符合以下五项指标：（一）工业项目投资强度控制指标应符合规定；（二）容积率控制指标应符合规定；（三）工业项目的建筑系数应不低于30%；（四）工业项目所需行政办公及生活服务设施用地面积不得超过工业项目总用地面积的7%。严禁在工业项目用地范围内建造成套住宅、专家楼、宾馆、招待所和培训中心等非生产性配套设施；（五）工业企业内部一般不得安排绿地。但因生产工艺等特殊要求需要安排一定比例绿地的，绿地率不得超过20%。

〔2〕即经济适用住房购房人拥有有限产权。

〔3〕时寒冰："保障性住房正被地方篡改和歪曲"，载《经济观察》2008年12月12日。

第四章
保障性住房地方实践研究

基于地方治理思路和对保障房的认识不一，保障性住房实施的客观状况差异较大。保障房必须纳入国家治理体系的范围中来。[1]有些地方，地方政府迫于中央政府的压力，不得不建设保障性住房；有些地方，商品房建设过剩，存量房过多，地方正在积极地拓展保障房房源或者直接将商品房转化为保障房。问题逐渐由"一房难求"转变到了"以房找人"。商品房过剩自有其逐利等原因，但以政府为主导的保障性住房出现大量闲置则应当引起深思。[2]比如2011年7月，全国占地最大面积的青岛市白沙湾片区保障房开工建成后，截止到2015年1月，10 050套保障房仍然闲置，无人问津。[3]上述闲置使得保障房供给与中低收入群体的需求出现了结构性矛盾，为何这一民心工程并没有发挥最大的效用，各地实践存在的问题值得我们反思和改进。

第一节　地方实践模式

我国保障性住房的建设中，明显存在三个差距，即东西部差距、沿海和内地的差距、发达省份和欠发达省份的差距。在保障性住房推进的实践中，

---

〔1〕　应松年："加快法治建设促进国家治理体系和治理能力现代化"，载《中国法学》2014年第6期。就国家治理而言，回顾中华人民共和国成立以来的历程，可以分为三个阶段，每一阶段均可以用一个关键词来揭示其时代性和代表性：最初是"统治"。以改革开放之前为起点。这一阶段整体上强调、突出和贯彻的是统治阶级意志论，比如认为"法是统治阶级意志的体现"等，常用"统治"一词表达治国理政之意。其后是"管理"。以改革开放为起点。打开国门，推进改革，使国家更具活力，政府更崇尚科学行政，"管理"一词进入执政视野。《宪法》的有关规定即是最好明证。《宪法》第2条第3款规定："人民依照法律规定，通过各种途径和形式，管理国家事务，管理经济和文化事业，管理社会事务。"现今是"治理"。以十八届三中全会《中共中央关于全面深化改革若干重大问题的决定》通过之日为"起点"。强调全面深化改革的总目标是完善和发展中国特色社会主义制度，推进国家治理体系和治理能力现代化。"治理"一词正式进入执政视野，成为治国理政的主旋律。
〔2〕　张伟："4省空置5万套　保障房频现'空城计'"，载《新京报》2013年8月8日。
〔3〕　伍鲲鹏："太偏僻青岛一保障房社区成'空城'"，载《京华时报》2015年1月21日。

笔者归纳了三种模式：政府主导型的重庆模式、市场主导型的珠三角模式、政府和市场结合型的苏南模式，三种模式均结合地方发展和保障实际，有效地推动了保障房的地方实践。

一、重庆模式——政府主导型

重庆模式的主要特点就是政府全面主导保障房建设，该市主要以公共租赁住房为主。重庆市确定建设主体是市级和区县政府，产权实现国有——重庆市地产集团和国有投资公司。[1]在对重庆市公共租赁房管理局（以下简称：公租房管理局）进行访谈的过程中，笔者提出公租房的建设和管理的资金承担问题时，负责人的解释是："目前，只能说重庆的模式，在建设阶段由建委牵头，选择特定的几个国企进行承建，建成后再交付给我们。重庆市政府对公租房的质量要求比较高，因为担心会使监管难度加大，虽然很多民营企业都积极地想参与公租房建设工程，其一是由于企业自身的公益心，其二是宣传效果，其三也肯定有企业盈利的考虑，毕竟现在的楼市并不景气，商品房卖不动，而承包政府的公租房项目，那是稳赚不赔的事。另外就是在管理环节，我们对物业公司的选择是采取选聘方式，还是认可市场化运作的，从去年至今的情况来看，物业费的收取情况非常理想，公租房住户对物业服务的满意度也相当高。"[2]由此可以看出重庆模式的公租房制度表达与运行更强调政府主导。政府提供政策上的支持是各地都在推行的，至于投资方和出资方是否均应当是国有机构，学界也在探索，但不可否认的是，以政府为主导强力推行的保障房，从实施效果上来看，重庆模式的确一度成为公租房建设的样本。[3]

（一）管理体制及管理主体的职责

重庆市在大规模建设公租房前也进行过多次的实证调研，根据对重庆市公租房管理局的调研和访谈资料得知，为推动公租房的建设和运用，重庆市成立专门机构负责公租房的管理和分配工作。从重庆市到各个区均有专门的负责机构负责公租房事宜，相关辖区人民政府、开发区管委会按照属地原则

---

〔1〕　罗应光等编著：《住有所居——中国保障性住房建设的理论与实践》，中共中央党校出版社2011年版，第317页。

〔2〕　该内容来自于笔者对重庆市公租房管理局的访谈记录。

〔3〕　参见《重庆市公共租赁住房管理暂行办法》第3条和《北京市公共租赁住房管理办法（试行）》第2条的规定。

负责入住后公租房片区的市政管理、交通治安及其他社会事务与公共服务管理。市级各部门按照职能职责，牵头协调解决与公租房有关的共性问题，其他部门配合落实。

重庆市主城区公租房产权归属于由市政府指定的重庆市公共租赁住房开发建设投资有限公司和重庆市城投公租房建设有限公司。[1]商业设施部分由产权人自行招租并签订合同；住宅部分的分配管理由市公租房管理局统一负责，《重庆市公共租赁住房租赁合同》由产权人与承租人签订，是平等民事主体之间签订的民事合同。该合同第13条第4项约定，公租房产权人委托重庆市公租房管理局对该房屋进行管理，代为履行其在该合同项下的权利和义务。

根据重庆市制定的相关规章和规范性文件规定，[2]市公租房管理局的行政管理行为主要有以下五方面：一是资格审查。市公租屋管理局对公租房申请人的租住资格进行审查认定，经过复审、公示、核查三个环节确认申请人的租住资格后建立轮候库，同时在承租期间有权进行抽查复核，经抽查不符合条件的，取消租住资格。二是信息公开。配租房源户型、数量、地点、申请时间段等相关信息要通过政务网和媒体适时公布。三是摇号配租。市公租房管理局按照申请时间进行配租，并向获得配租的申请人发放配租确认通知书。四是责令改正。市公租房管理局对承租人履行租赁合同约定的情况进行监督检查，对违法违规行为予以制止并责令改正。五是责令腾房。承租人应当退回公共租赁住房，拒不退回的，市公租房管理局有权责令其限期退回，逾期不退回的可依法申请法院强制执行。

（二）重庆模式的特色

1. 找准角色定位，理顺制度设计

《公共租赁住房管理办法》将公租房租赁合同认定为民事合同，租赁合同纠纷留待民事主体通过司法途径自行解决，在公租房运营管理中的行政干预色彩并不浓厚。横向比较其他各省市的公租房管理办法，各地管理做法不一。有的省市赋予了住房保障主管部门较大的行政权力，如《江苏省公共租赁住房管理办法》第45条规定承租人出现连续拖欠租金3个月以上等应当退回公

---

[1] 《重庆市公共租赁住房管理暂行办法》第9条规定，公共租赁住房"房屋产权由政府指定的机构拥有"。

[2] 包括《公共租赁住房管理办法》《重庆市公共租赁住房管理暂行办法》《重庆市公共租赁住房管理实施细则》。

租房的情况时，责令其退出或者退回，或依法申请人民法院强制执行；有的省市如天津市、北京市等地的公租房管理办法，则将公租房租赁合同定性为民事合同，出现纠纷时由合同双方通过民事诉讼途径解决，如《天津市公共租赁住房管理办法（试行）》第26条规定，当承租人逾期不退出时，经营单位可提起民事诉讼要求承租人限期退出并缴纳逾期租赁费用。

从相关法律规定和实践操作的表象来看，重庆市公租房管理局在公租房管理中的角色定位不够清晰：市公租房管理局既以行政管理者的身份作出大量行政行为，又以产权代理人的身份实际参与公租房租赁运营管理。无论是作为产权人委托的运营单位，还是作为行政管理机关，市公租房管理局都比产权人更为实际和频繁地参与公租房租赁管理过程。同时由于市公租房管理局担负着公租房租金收缴国库的重要任务，市公租房管理局也往往比产权人更为关切和担忧公租房租赁运营情况。对此，应当在制度设计上找准市公租房管理局在公租房管理中的角色定位，是以民事主体还是以行政管理者的身份参与公租房管理，抑或以哪种身份为主以及相关适用情形都应当明晰清楚地进行界定。

在确定公租房管理局角色定位时不能太拘泥于住建部规章，该规章只是粗略制定了全国公租房管理的相关制度，在大的制度框架下尊重各地在公租房建设上的自主性，各省市的公租房管理需要从本地实际情况出发因地制宜。重庆市公租房建设相较全国其他地方，独特之处在于坚持"公有、公建、公营、公益"，土地全部以划拨方式提供，重庆市地产集团、重庆市城市建设投资公司等具有政府背景的国有企业是重庆市公租房的建设主体，同时也是产权所有者，在退出方式上实行体制内循环；同时，根据重庆市计划，大规模的公租房建设会在未来几年内结束，此后公租房管理主要是运营工作，建设单位或许会因为建设工程的结束而解散，市公租房管理局就不可避免地要大量参与公租房的实际运营。可以说，重庆市公租房管理运营的趋向是行政化，政府在作为国有资产的公租房管理运营中不仅不可缺位更应积极到位，这符合重庆市公租房管理建设模式的实践现状。因此在角色定位上应当确立重庆市公租房管理局的行政管理者身份并在相关制度设计中体现这一界定，明晰管理职责、理顺管理模式，让市公租房管理局有理有据地参与到公租房的实际运营管理中来。

2. 加强立法工作，细化行政职能

（1）加强立法工作。纵观各地的公租房管理办法，多数是以政府令形式颁发，其效力层级为地方政府规章。而《重庆市公共租赁住房管理暂行办法》《重庆市公共租赁住房管理实施细则》皆为规章以下规范性文件，层级较低，行政机关依照相关文件进行行政管理时"理直气不壮"，法院在对案件进行司法审查时同样缺乏相应法律依据，这极大地影响了公租房事业的良性发展。并且自该暂行办法和实施细则公布实施以来，公租房建设管理运营涌现了大量法律问题。对于新兴的公租房建设管理而言，立法者无法预估实践中出现的所有情况，相关规范性文件不可避免地存在疏漏和空白。为保障公租房事业的顺利发展，立法工作要建立起科学修正机制，在推进过程中适当调整完善现有规定是必需的。因此，相关立法工作需要针对公租房管理运营中存在的实际问题进行深入调研，以地方政府规章或者地方性法规的形式出台公租房管理办法，提高法律层级，填补法律空白，完善法律条款。让行政机关在执法过程中有法可依，法院在案件审理中也能找寻到相关法律依据进行审查，有利于执法和司法工作的顺利展开，有利于保障房建设管理的顺利推进。

（2）细化行政职能。根据《重庆市公共租赁住房管理暂行办法》第5条的规定，市公租房管理局负责公租房的管理。《重庆市公共租赁住房管理实施细则》在资格审查、信息公开、摇号配租、责令改正、责令腾房等五方面对市公租房管理局的行政职能予以了相对细化的规定，但仍有进一步阐释的空间。而租金收取、交易审核以及住房出售、回购管理等内容规定则过于笼统，市公租房管理局在很多情况下并非都是组织者更要直接参与实施，职权不明不利于其顺利开展工作。此外，市公租房管理局是事业单位，其从事公租房行政管理工作，急需相关法律法规的行政授权。完善市公租房管理局的行政授权，进一步厘清市公租房管理局的行政职能，在权限范围、执法程序、管理方式、法律责任、救济途径等方面予以细化，确保行政机关在公租房管理中不失职、不越权。

（3）完善退出机制。在公租房管理中，要加强"后门"的退出管理，严防利益输送，严禁违规占房。重庆市特别规定公租房不得进入二手商品房市场交易，购买人需要转让的，由政府回购，如此制度设计抓住了堵住"后门"的关键，管住了公租房上市交易的闸门，斩断了利益输送的通道，能够从根本上防止公租房出现利益"黑洞"。[1]从重庆市公租房运营管理现状来看，当前的立法工作需要特别关注的是，增强具有惩罚性的强制退出机制的可操作性。着眼公租房运营实践，笔者发现，当前公租房退出机制中主要存在的难题是市公租房管理局囿于相关规范不够完善而难以作为。笔者建议在立法规范中做到"四明"：明示公租房强制退出的适用条件，明确市公租房管理局在公租房退出管理中的行政职权，明晰公租房退出管理的程序环节，明了公租房退出管理的执行主体。只有建立起科学完善的公租房退出机制，才能真正让公租房成为服务中低收入群体的"民心工程"，才能保障公租房事业健康持续发展。

3. 完善租赁合同，消弭实践障碍

现阶段重庆市公租房租赁合同出租方为公租房产权人，产权人授权市公租房管理局代为履行其在该租赁合同项下的权利和义务。此种合同设计在实践中存在以下法律障碍：一是委托关系效力待定，租赁合同上没有市公租房管理局的签章，只有产权人的单方委托，体现不出市公租房管理局的意思表示，委托关系是否成立有待考量；二是"代理人"权能受限，根据合同相对性原则，代理人并非真正意义上的合同相对方，其权能范围不完全等同于委托人，不能全面替代委托人救济权利；三是"双重身份"引发混淆，市公租房管理局既要作出大量行政决定，又从运营者角度参与民事法律关系，社会效果不好；四是合同部分条款需要修正。[2]鉴于此，需要从以下三个方面进行变更：

（1）更新合同主体。重庆市公租房姓"公"，无论从保护国有资产的角

---

〔1〕　比较成功的是，重庆形成了公租房体内循环的有效机制。在建设和运营环节保持一定形式的封闭性，可以有效避免利益输送，也有利于承贷主体责任明确。开建以来，重庆公租房坚持"封闭运转"，努力实现在保障房体系内的良性循环：一是由政府专门组建的公租房建设企业作为承建主体并拥有产权，有效控制开发建设成本。建成后，由公租房管理局专司管理、配租和服务。二是凡购买公租房有限产权者，不得将公租房进入商品房市场交易，只能以购房价加同期银行利息由公租房管理局回购，再作为公租房流转使用，防止了灰色交易和无底洞。三是对不再符合租住条件的承租人，启动必要的退出程序，由公租房管理局收回，再转租给其他符合条件的对象，避免了资源沉淀和低效率。参见黄奇帆："政府如何平衡公租房的建设资金"，载《求是》2011年第24期。

〔2〕　现有《租赁合同》第13条第1项约定"乙方拖欠租金和其他费用的，可以通报其所在单位，从其工资收入中直接扣缴；也可以通报市住房公积金管理中心，从乙方或其共同申请人的住房公积金账户中直接划扣"，《行政强制法》规定冻结、划拨存款、汇款等由法律予以规定，该合同条款的法律依据《重庆市公共租赁住房管理实施细则》第5条第2项第4点与《行政强制法》有所冲突。

度，还是从实际运营需要的角度出发，市公租房管理局都应当站在第一线，让市公租房管理局成为出租方，其对公租房的管理将更加得心应手。其他省市就有类似做法，比如乌鲁木齐市。因此，建议更新公租房租赁合同签订主体，产权人通过合同将房屋所有权部分权能让渡于市公租房管理局，或者由市公租房管理局直接成为公租房产权人，新签或续签的公租房租赁合同由市公租房管理局与承租人签订。

（2）转变合同性质。在更新合同主体的基础上，还需进一步转变合同性质，由民事合同转变为行政合同。[1]首先，这与市公租房管理局行政机关的身份相符合，有利于保持所作行为的一致性。其次，这也与社会公众的认知相符合，实际上无论市公租房管理局是依据行政职权做行政行为还是民事行为，社会公众都会将之全部视为政府行为。最后，行政合同的特性更能适应公租房实践运营的需要。公租房作为民生事业，需要行政机关强有力的保障。行政合同能够赋予行政机关超越一般合同相对人的行政优益权，市公租房管理局在出于公共利益需要时可以单方面解除合同，在合同履行过程中有权对合同相对人进行监督检查，在保障公租房退出机制的贯彻落实上也更有作为空间。相关合同条款的拟定可充分体现行政合同的特性。

（3）修正合同条款。现有公租房租赁合同依据的《重庆市公共租赁住房管理实施细则》第5条第2项第4点违背了《行政强制法》关于冻结、划拨存款、汇款等由法律予以规定的条款，在相关地方立法修正之后，公租房租赁合同也需要进行调整。

（三）涉讼案件的解决途径

目前公租房诉讼案件主要集中在租金拖欠、房屋空置等方面，重庆市已有3起案件在渝北区人民法院审理，此外还有大量法律纠纷正在进入司法程

---

〔1〕 有学者认为公租房申请审核与租赁中存在行政许可和民事合同两个阶段，应当根据双阶理论来界定公租房合同的性质。双阶理论乃德国学者易普森于20世纪50年代为了应对公行政之补助行为所面临的法律困境而构建的使公行政之私法活动仍受公法拘束的理论。2004年最高人民法院发布的《关于规范行政案件案由的通知》虽然将行政合同列入可进行司法审查的行政行为范围之内，但在行政合同审判实践中却存在一系列重大问题：现行行政诉讼的单向性诉讼结构（只允许相对人提起诉讼、审判中只审查行政主体的具体行政行为、裁判结果也只针对行政主体作出）、举证责任分配规则、调解禁止原则乃至判决形式均不适合行政合同的司法审判。因此，一旦某一合同被界定为行政合同，将面临法律适用与救济上的尴尬。参见方颉琳："行政私法中的公私分立——公租房申请审核与租赁领域的规范分析"，载《海南大学学报（人文社会科学版）》2014年第1期。

序。根据重庆市公租房相关规定，[1]涉公租房纠纷可按下述法律救济途径予以解决：

（1）租金拖欠类案件。租金纠纷归属于传统民事房屋租赁合同纠纷的范畴。住建部《公共租赁住房管理办法》第29条即依循了这一原则，[2]由于现阶段重庆市公租房租赁合同的性质为平等民事主体之间签订的协议，租金纠纷应通过民事诉讼解决。以6个月为界，租金拖欠未到6个月公租房产权人或市公租房管理局可起诉至法院提起民事诉讼，要求承租人缴纳租金，承租人拒不缴纳租金，产权人或市公租房管理局可持生效法律文书申请法院强制执行。拖欠租金累计6个月以上的，承租人应当腾退所承租的公租房，拒不腾退或缴纳租金的，公租房产权人或者市公租房管理局可以向法院提起民事诉讼，要求承租人腾退公共租赁住房并缴纳拖欠租金，拒不履行裁判的，产权人或市公租房管理局可持生效法律文书申请法院强制执行。市公租房管理局在监督检查过程中发现承租人存在拖欠租金等违法违规行为可责令改正，但该责令改正不具有强制执行内容，不能申请法院强制执行。

（2）房屋空置类案件。房屋空置类纠纷的解决包含公租房的收回与租金追缴两方面。关于公租房的收回，住建部《公共租赁住房管理办法》以及《重庆市公共租赁住房管理实施细则》均规定无正当理由闲置保障房的处理措施。[3]据此，对无正当理由连续6个月以上空置房屋的，市公租房管理局可以作出责令退回公租房的行政处理决定，当事人在法定期限内可提起行政诉讼或者申请行政复议，不履行决定又放弃诉讼和申请行为的，市公租房管理局可以自期限届满之日起3个月内申请法院强制执行；无正当理由空置房屋未到6个月，市公租房管理局可责令改正，但该责令改正不具有强制执行内容。关于因无正当理由空置房屋所拖欠租金的追缴问题，可按照租金拖欠纠纷的处理方式予以解决。除上述方法之外，房屋空置类案件同样可以依据租

---

〔1〕《公共租赁住房管理办法》《重庆市公共租赁住房管理暂行办法》以及《重庆市公共租赁住房管理实施细则》。

〔2〕该条规定："承租人累计6个月以上拖欠租金的，应当腾退；拒不腾退的，所有权人或者委托的运营单位可以向人民法院提起诉讼，要求承租人腾退。"

〔3〕无正当理由连续6个月以上闲置公共租赁住房的，承租人应当退回，拒不退回的，市、县级人民政府住房保障主管部门应当责令其限期退回；逾期不退回的，市、县级人民政府住房保障主管部门可以申请人民法院强制执行。

赁合同提起民事诉讼，要求承租人退房并缴纳租金，拒不腾退或缴纳租金的，可以申请法院强制执行。从司法实践来看，房屋空置类纠纷若通过民事诉讼途径解决，可以实现退房与缴租的两个诉请在一个诉讼案件中统一解决，效率更高、效果更佳。若将退房与缴租分开来，退房走行政途径，缴租走民事途径，那么行政机关必须做好两手准备，且"无正当理由空置房屋"取证较难、事实固定不易，加上当事人抗辩理由较多、提起行政诉讼的概率很大，这必将行政机关拖入疲于应诉的泥潭，这样反而将问题复杂化了，不利于矛盾的化解，不能实现快速收回公租房和追缴拖欠租金的目的。因此房屋空置类案件可以参照租金拖欠类案件通过民事诉讼一并解决房屋收回和租金追缴两个问题。

（3）承租人不符合租住条件类案件。《重庆市公共租赁住房管理实施细则》第6条"退出管理"中规定，[1]在承租人不符合租住条件时应当解除租赁合同，收回其承租公租房，必要时申请法院强制执行。鉴于重庆市公租房管理运营的特点，针对承租人不符合租住条件类案件，法院应优先适用重庆市公租房管理相关规定。即市公租房管理局在下述情形可以作出责令退回房屋的行政处理决定并申请法院强制执行：承租人提供虚假证明材料等欺骗方式取得公租房的。

（4）其他退回公租房类案件。除无正当理由连续6个月以上闲置公租房外，住建部《公共租赁住房管理办法》第27条还规定了另外四种承租人应当退回公共租赁住房的情形，[2]四类情形事实清楚，一般不存在租金追缴的问题，行政机关诉求单一、当事人抗辩概率不大，行政机关通过行政途径收回公租房，效率较高。因此在承租人拒不退回公共租赁住房时，市公租房管理局可作出责令限期退回房屋的行政处理决定；当事人在法定期限内不申请行

---

〔1〕 住建部《公共租赁住房管理办法》第31条规定："承租人有下列情形之一的，应当腾退公共租赁住房：（一）提出续租申请但经审核不符合续租条件的；（二）租赁期内，通过购买、受赠、继承等方式获得其他住房并不再符合公共租赁住房配租条件的；（三）租赁期内，承租或者承购其他保障性住房。承租人有前款规定情形之一的，公共租赁住房的所有权人或者其委托的运营单位应当为其安排合理的搬迁期，搬迁期内租金按照合同约定的租金数额缴纳。搬迁期满不腾退公共租赁住房，承租人确无其他住房的，应当按照市场价格缴纳租金；承租人有其他住房的，公共租赁住房的所有权人或者其委托的运营单位可以向人民法院提起诉讼，要求承租人腾退公共租赁住房。"

〔2〕 包括四个方面的内容：（一）转借、转租或者擅自调换所承租公共租赁住房的；（二）改变所承租公共租赁住房用途的；（三）破坏或者擅自装修所承租公共租赁住房，拒不恢复原状的；（四）在公共租赁住房内从事违法活动的。

政复议或者提起行政诉讼，又不履行行政决定的，市公租房管理局可自期限届满之日起 3 个月内申请法院强制执行。

（5）行政行为类案件。行政相对人对市公租房管理局在公租房管理过程中履行行政职能的具体行政行为不服，如公租房申请人资格认定、取消、责令改正、责令退回房屋决定等行政行为，通过行政诉讼途径解决。

二、珠三角模式——市场主导型

（一）在理念认识上

深圳推动保障性住房建设较早，随着流动人口和就业人群的增加，深圳市住房形势比较紧张。为发展经济、改善民生，深圳市启动了公共租赁住房项目。很难说早期启动的公共租赁住房就是以"优化住房结构和改善居住环境"为目的，住房短缺甚至影响外来就业人员的安居和社会环境的和谐，这是推动公共租赁住房的最佳政治口号。让政府拿出土地和资金建设公共租赁住房（早期只租不售），对政府而言是增加财政开支的事情。不过这也是经济发展必须承担的民生支出，或者说，这是可持续发展的要求。

在"保民生、促发展"的住房发展思路指导下，将保障性安居工程建设作为经济社会工作的重点。但住房保障工作总体处于起步阶段，由于保障性住房的建设、分配与管理存在起点不高、经验不足、认识不到位等问题，实施效果特别是保障性住房的供应效率、分配管理体制、部门协作机制等方面，距离广大居民的期望和政府切实解决低收入居民及人才住房困难的目标，尚有一定差距，仍需不断完善。

（二）在保障性住房分配与供应上

深圳市在规划期内就规定，政府是保障房资金的主要提供者，但同时也兼顾利用市场手段多渠道筹措资金，这是深圳市保障房得以快速发展的一个重要原因，因为资金投入是建设保障房的关键环节。在资金到位后，深圳市在住房保障专项规划中明确了商品房和保障房的比例，为保障房的推进设定制度保障。[1]

---

〔1〕 资料来源于《深圳市住房建设规划》（2011-2015 年）。笔者在深圳调研时，深圳市住建局提供了详细资料，并给笔者调研及写作提供了诸多便利。

表4-1 深圳市各类住房发展结构表（2011-2015年） 单位：万套、万平方米

规划期	商品住房		安居型商品房（含经济适用房）		公共租赁住房（含廉租房）		总计	
	套数	建筑面积	套数	建筑面积	套数	建筑面积	套数	建筑面积
2011	6.63	597	4.1	281	2.1	105	12.83	983
2012	6	540	3.2	222	0.8	40	10	802
2013	6	540	3.2	222	0.8	40	10	802
2014	5.7	513	3.3	229	1.2	60	10.2	802
2015	5.67	510	3.8	262	1.5	75	10.97	847
总计	30	2700	17.6	1216	6.4	320	54	4236

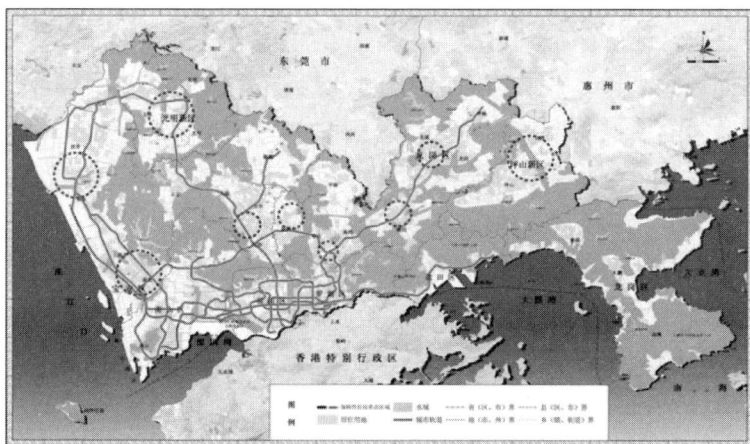

图4-1 深圳市保障性住房（含安居型商品房）供应指引图（2011-2015年）

注：资料来源于《深圳市住房建设规划》（2011-2015年）

（三）市场与调控双轨并重

政府在市场调控中应当注重深化住房供应结构调整，严格控制低密度、大户型的高档住房开发建设，增加中低价位、中小套型普通商品住房的供应，为保障性住房建设节约必要的土地资源空间；加强房地产市场监管，继续遏制不合理住房需求，努力为保障性住房的供应分配争取时间。积极贯彻落实国家差别化信贷税收政策和限购政策，注重发挥市场在土地利用和市场融资

上的优势。

三、苏南模式——政府+市场创新型

(一) 苏州工业园区保障房运作背景

苏州工业园区工委、管委会借鉴新加坡经验提出了优租房制度，既落实了中央公共租赁住房政策要求，也解决了园区部分新进人才的住房需求。苏州工业园区工委、管委会创新性地作出了建设优租房的决策，为优秀人才提供优质的住房服务和保障，2007 年 11 月成立了苏州工业园区优租房管理中心。中心为园区管委会直属事业单位，其主要职能是：负责制定和实施园区优租房规划，承担园区优租房的统筹管理工作。

(二) 运作方式

为推进公（优）共租赁住房的发展，[1]更好地推动苏州工业园区公共租赁住房相关工作，便于一系列政策的衔接。2011 年 4 月 7 日，经由苏州市机构编制委员会办公室批复同意，将苏州工业园区优租房管理中心更名为"苏州工业园区公租房管理中心"，其主要职责调整为：负责制定和实施园区公共租赁住房（优租房、廉租房、老公房等保障性住房）的规划，承担园区公共租赁住房的统筹管理工作。

1. 运作模式

新建优租房小区土地采取政府无偿划拨的形式，建设资金纳入政府财政预算管理。项目建设采取委托园区国资公司代建的模式。项目的日常管理通过物业管理招投标方式选聘专业物业管理公司负责，中心负责日常监督。公（优）租房管理中心经费纳入财政管理，采取收支两条线，房租等收入交财政，人员工资、办公等费用开支纳入财政预算。同时成立苏州工业园区优租房管理有限公司作为融资和资产管理平台。

2. 园区优租房的规划建设

一是整体收购。收购建屋集团"明日之星"项目作为优租房项目。该项目总用地面积约 4 万平方米，总建筑面积 6.8 万方米，于 2008 年 5 月下旬、2008 年 8 月下旬分两期完成改造，将"打工楼"项目改造为带独立卫生间和

---

〔1〕 2010 年 12 月 29 日，江苏省时任省委书记罗志军在视察"菁英公寓"优租房小区时，明确指示将优租房更名为公租房，其管理中心也更名为公租房管理中心，以更符合时代要求和实际工作。

简易厨房、配置家具和家电的两人房供人才居住。[1] "明日之星" 项目共计818套，可安置1636人，已经全部交付使用。

二是直接建设。"锦程之星" 项目是苏州工业园区较早的一个项目，2008年3月26日正式开工，总用地面积4.02万平方米，总建筑面积9.4万平方米、共计864套，可安置人才2000人左右，已于2010年8月交付使用764套。其次还有 "菁英公寓" 项目，该项目总用地面积12.6万平方米，规划建筑面积为28.15万平方米，全部为小高层和高层建筑，共2559套，该项目第一期建筑面积约18.71万平方米，为1625套，已于2008年4月2日正式开工，已于2010年12月投入使用，目前已基本满租。"菁英公寓" 第二期总建筑面积9.44万多平方米、934套已于2010年6月正式开工，2012年下半年已交付使用。

三是构筑优租房平台。2008年8月园区公（优）租房管理中心充分利用社会资源，与企业进行合作建造优租房。2014年12月，已形成近75万平方米，约7500套，可安置约19 000人的优租房规模。

3. 园区优租房的政策

园区优租房租金标准实行政府指导价，租金为市场价租金的70%左右。"明日之星" 现行房租为700元/间/月（含物业费）。"锦程之星" 现行主要户型单身合租型卧室房租为650元/间/月（含物业费），简单家庭户房租为1300元/套/月（含物业费）。"菁英公寓" 现行主要户型单身合租型卧室房租为550元/间/月（含物业费），简单家庭户房租为1100元/套/月（含物业费）。

4. 其他做法

（1）公积金支付房租减轻人才负担。[2] 为增强新进人才的住房消费能力，保障其住房需求，园区管委会发布《关于参保员工动用公积金支付优租房租金有关事项的通知》，允许符合条件的申请者动用原公积金普通专户或住

---

〔1〕 为取得第一手调研资料，笔者在苏州工业园区调研时，曾深入到 "明日之星" 小区单元楼房间查看，介绍人说，未改造前，房间是水泥地板，屋内没有家具和生活电器，改造后，真正实现了以人为本，提包入住。

〔2〕 依据《住房公积金管理条例》第24条之规定，支付房租并不在公积金可支取范围之内，这是地方立法突破现行立法，在保障性住房制度创新上做出的有益尝试和探索。在实证调研中，越来越多的地方借鉴了此种模式。

房账户存款支付优租房租金。优租房租金每月通过公积金扣取，这一举措不仅减轻了人才的压力，同时在很大程度上降低了优租房收取租金的难度，节省了管理费用，提高了工作效率。

（2）快速构筑优租房管理平台。为提高管理水平和工作效率，园区公（优）租房管理中心从成立开始就开发了优租房管理系统并于 2008 年 5 月投入使用，使优租房管理更直观、更科学，审核流程更规范，审批责任更明确，较好地达到了优租房管理有序化、科学化、规范化的管理要求，提高了优租房的现代化管理水平。为提高效率设立了在线审核、电子合同等，使园区人才不再为租房来回奔波，可轻松无忧地入住优租房。园区企业实行在线注册、在线预订审批、在线租房审批。平均审批周期小于 1 天，平均租房周期小于 3 天。在保障性住房制度设计上，苏州工业园区模式借助先进通信工具和计算机软件技术突破了传统的申请审核模式，达到了高效便民的目的，值得各地保障房管理机构借鉴和学习。

（3）规范化、标准化、人性化管理。规范化、标准化、人性化管理是公共租赁住房制度有效运行的关键。为给园区企业和人才提供高效的服务，中心坚持以人为本、服务为民，制定了一系列配套的具体制度和实施办法。

苏州工业园区在保障房的提供上给予了全国其他地方较好的借鉴。园区作为一个新城区，大量的外来务工就业人员、广大的动迁群众是住房需求的最大群体，此外还有为数不多的低收入阶层。为了满足不同人群的住房需求，其主要做法是：第一，加大商品住房建设力度。自园区开发以来，积极吸引国资、民资、外资参与住房建设，累计建成商品住宅 1044 万平方米，人均住房面积达 45 平方米。在面积增加的同时，住房品质也有了较大的提高，一大批设施齐全、配套完善、环境优美的居民小区成为城市的标志和亮点。例如东湖大郡入选了国家康居示范工程，金湖湾花园、朗诗国际社区被评为绿色生态建筑。第二，完善了公积金制度。在借鉴新加坡经验的基础上，结合园区实际，建立了园区公积金制度，对公积金制度突破了现行制度的规定，发挥住房公积金政策性金融的作用。依据公积金"强制性和互助性"的特征多次完善公积金制度，为员工使用公积金购房、租房更为便利优惠，一揽子解决了企业员工住房、养老等社会保障问题。[1]目前共有 5.5 万名会员使用公

---

〔1〕 学者对公积金的研究认为，职工对住房公积金享有个人所有权，而且是有限制的个人所有

积金实现购房，16万人次使用专户存款用于租房。第三，集中布局建设动迁用房。园区历年累计动迁农村居民15万人，从集约利用土地资源角度出发，按照"城乡一体、合理布局"原则，将动迁房建设列入园区总体规划，建成动迁小区882万平方米，5万户动迁群众迁入新镇区，既改善了农村环境，提高了生活质量，又加快了农村城市化步伐。第四，解决低收入群体的住房困难。对城镇低保家庭实行应保尽保，累计27户享受廉租房，42户中低收入家庭以优惠价格购买了保障性住房。为了解决面广量大的"新苏州人"的居住问题，先后建设集宿房122万平方米。

（三）物业管理——以群星苑优租房物业管理服务协议为例〔1〕

苏州工业园区公租房管理中心（以下简称"甲方"）与中新苏州和乔物业服务有限公司（以下简称"乙方"）根据中华人民共和国有关法律、法规，在自愿、平等、协商一致的基础上，在乙方与苏州工业园区优租房管理中心签订《锦程之星公寓物业服务协议》后，双方就锦程之星东侧群星苑物业服务事宜达成如下协议：

第一条 甲方委托乙方实施群星苑（东、西、北侧以群星苑围墙为界，南至小高层南侧道路北道牙石）的部分物业管理服务，涉及三幢小高层住宅共158套精装房约19 685平方米和地下车库约5257平方米，总计建筑面积约24 942平方米，绿化面积4027平方米。

第二条 甲、乙双方在遵守本协议的同时，还应严格遵守国家及省、市和苏州工业园区的有关政策和法规，履行物业管理的有关规定。

（接上页）权。详言之，其限制性包括以下四个方面：第一，占有权能的限制。住房公积金在未被提取前，职工不能实际占有，而是由所在单位缴存到住房公积金管理中心在受托银行开立的专户内统一管理。第二，使用权能的限制。住房公积金应专门用于职工住房支出，包括购买、建造、翻新、大修自住住房等，不得挪作他用。只有在职工离退休、丧失劳动能力、死亡等特定情形下才允许提取，作为前述特定用途的例外。第三，收益权能的限制。住房公积金不得随个人意愿任意决定其保值增值的方法，而是必须按照国家统一规定的方法，由特定的主体运用该资金，并依法分配该资金的收益。第四，处分权能的限制。住房公积金没有可转让性，在未被所有人以现金形式提取前，所有人除可用于住房性支出外，没有其他处分权。参见曾筱清、翟彦杰："我国住房公积金的法律属性及其管理模式研究"，载《金融研究》2006年第8期。

〔1〕 在调研过程中，笔者到苏州工业园区优租房管理中心对黄学良主任进行访谈，黄主任详细介绍了工业园区保障房的思路与运作流程，在此深表感谢。

第三条　甲方的权利、义务和责任

授权乙方对物业进行全面管理，甲方就乙方的物业管理、维修计划等进行审核审查以确定年度费用，甲方协助乙方进行物业服务和管理，包括协助解决可能产生的各种纠纷。

第四条　乙方的职责和服务工作范围

1. 负责楼宇及房间接管，协助甲方进行房屋租赁、办理入住/退租手续，在保修期内代表甲方向建设单位交涉工程保修事宜，在保修期外受甲方委托负责工程维修事宜；

2. 负责房间及物品的管理维修工作；

3. 负责租户入住、退租、报修处理等日常管理工作；

4. 负责小区 3 幢小高层、地下车库及周边公共区域环境卫生；

5. 负责小区 3 幢小高层、地下车库及周边公共区域水、电、消防设备、照明、给排水以及其他公共设施的管理、维护，保证公共设施、设备处于良好的运行状态；

6. 负责对小区部分绿化养护工作进行监督和管理；

7. 负责三幢小高层、地下车库及周边公共区域的 24 小时保安巡视工作；

8. 与群星苑小区动迁房所委托的物业协调 3 幢小高层、地下车库及周边公共区域其他事宜。

第五条　乙方的基本权利

1. 制止违反本协议和小区其他管理规定的行为。对违反管理制度的入住人员，有权给予批评、教育、向甲方建议取消其住宿权利；

2. 根据需要，将本协议项下的一项或几项服务委托专营公司承担，但不得将本协议全部转让，且专项服务外包需事前经甲方同意，乙方应将外包的内容，接受外包工程的单位，资质一并报甲方审核，乙方如有违反，甲方有权解除本协议；

3. 由物业管理处委派符合资质的人员负责物业的日常管理与服务工作；

4. 双方均不得违反合同约定获取不正当利益，否则应当给予返还；

5. 根据管理需要招聘管理工作人员和技术人员。

第六条　乙方的基本义务

1. 为入住人员提供物有所值的服务，并保证提供的服务满足物业服务质量要求。服务质量标准见附件一，如乙方无法达到附件列明的服务标准，甲

方有权提出整改要求。乙方同意，由甲方根据服务标准制订考核标准（附件四），每季度由甲方对乙方的管理现状进行考核，如乙方考核分数在 90 分以上，甲方不扣除服务费用；如考核分数在 90 分以下 80 分以上，按服务费用的 90% 左右支付；如考核分数在 80 分以下 70 分以上，按服务费用的 80% 左右支付；依次类推。甲方对乙方的考核时间无须提前通知乙方，但考核时乙方项目经理应当在场；如考评不合格，乙方有权申诉。

2. 接受甲方和入住人员监督。

第七条 在管理过程中，因不可抗力或者非乙方的原因造成损失的，乙方均不负赔偿之责。

第八条 乙方为维护业主利益造成相关损失的，按照法律规定处理。

第九条 本协议委托服务期限定为七个月，自 2011 年 11 月 1 日至 2012 年 5 月 31 日。

前期物业管理介入期为五个月，自 2011 年 11 月 1 日至 2012 年 3 月 31 日。乙方按甲方书面要求配备服务人员，前期介入费用按时结算。前期介入费用结算日为 4 月 16 日前。

正常物业管理期为二个月，自 2012 年 4 月 1 日至 2012 年 5 月 31 日。甲方根据群星苑的物业管理人员配置情况向乙方支付物业管理费，乙方配置管理服务人员 10 名（客服 1 名，保洁 3 名，维修 3 名，保安 3 名）时，甲方应支付物业管理费暂定为每月人民币 72 806 元（详见附表三）。乙方收取的物业管理服务费用于以下开支：管理、服务人员的工资和按规定提取的福利费（其中人员工资及附加按附表中相应金额执行）；法定税费；不可预见费；企业管理费及利润；房屋（含出租房间）、设施、设备日常维修及保养费；公共设施设备水电费；物业管理区域绿化养护费及清洁服务费；物业共用部位、共用设施设备及公众责任险险费、办公费；物业固定资产折旧费；房屋共用部位设施设备大修、更新、改造的费用，以及与甲方有免维修约定的项目。

清洁卫生费、办公费及固定资产折旧、共用设备设施维修保养费、公共水电费、物业管理公共责任险、绿化养护费、不可预见费按实际发生额计算；管理费及佣金、法定税费按附表格式计算后执行。物业管理费结算方式为一次性结算，结算日为 6 月 15 日前。

管理过程中，乙方应甲方要求增加或减少服务人员时（甲方需提前十个工作日书面通知乙方），增加和减少的物业管理费用参照乙方报价（附表三）

计算。如遇苏州市最低工资调整或园区社保政策调整等政策因素导致服务人员薪资调整则约定之结算费用经甲方审核后同步调整。

第十条　本物业出租房间的水、电、燃气等费用由租户自理，乙方有义务提醒及督促商户和租户缴纳各项费用。

乙方须为房屋的首位租户或空租后的第一位租户代充一定的水、燃气费用，以保证租户可以随住随用，此项费用租户入住时向租户收取。

第十一条　本物业区域内公共设施设备水电费由甲方在支付物业管理费时按甲方现场代表确认的实际发生金额纳入物业管理费中一并结算，乙方须提供相应的费用发票。

乙方在对本物业区域内共用部位、共用设施设备进行维修、保养或改造时产生的费用应按甲方现场代表确认的金额纳入物业管理费中一并结算。

乙方报价时列明但实际管理中支出低于报价80%的，甲方有权在支付物业管理费时将差额部分扣除。

第十二条　房间内的各类易损件，包括灯泡、灯管、门窗拉手、龙头、卫生间洁具、五金件、橱门拉手和铰链、窗轨、门锁等，均应由使用人自行负责维修或更换，相关费用由使用人自行承担。

乙方可接受房屋使用人的委托，为其提供有偿服务。乙方对物业使用人因使用不当造成损失的维护，应当向当事人按实际发生的费用加收15%管理费。

第十三条　甲方如不能按本协议规定及时向乙方支付物业管理费，除应补交费用外，自结算期的支付截止日起每逾期一天，还应按欠费总额的0.1%支付滞纳金。

第十四条　本合同到期，如乙方无法接续本物业区域内管理的，乙方应移交物业管理权，但因甲方或新的物业管理方不配合乙方移交导致迟延移交的，乙方不承担责任。

第十五条　本协议未尽事宜可根据现行有关规定，双方通过协商订立补充协议。双方在执行本协议过程中，如发生纠纷应通过协商解决，协商不成时，任何一方可向苏州法院提起诉讼。

第十六条　本协议正本四页，附件一共＿＿页。一式贰份，甲、乙双方各执壹份，均具有同等效力。协议经双方签署盖章后生效。

苏南模式具有申请便捷、借鉴吸收市场化模式的特点，让申请者享受到更为便捷的服务。从上述协议看，甲方授权乙方对入住人员违反相关规定的行为可采取劝阻、制止、要求赔偿经济损失、报告有关行政管理部门和诉讼等方式进行处理，这是一种民事上的委托，协议规定甲乙双方发生纠纷协商不成时，任何一方可向苏州法院提起诉讼，但未明确提起何种诉讼，在对苏州工业园区的调查中，苏州工业园区负责人也表示，"此种诉讼尚未发生过，一般均通过协商解决，但如果提起诉讼的话，应当以平等主体之间的身份，处理民事争议的办法解决要好些"。[1]

除以上三种模式外，笔者认为还存在京津冀模式，即"双向互动型"模式。该模式突出政府的主导作用，但考虑到市场在保障房建设、融资、管理和运营方面的优势，在主张政府强力推动的同时，更注重制度和政策的供给。在保障房的建设融资上，充分发挥市场的作用，实现"政府主导、区县实施、尊重市场规律"的模式，该模式注重政府和市场的结合，但立法政策相对原则化，此模式发端于上述三种模式，在此不再单独论述。

第二节　地方实践的困境与突破

政府在主推着我国当前的保障房建设，当前中央政府采取分解任务的形式，将保障房制度纳入到"安居工程"，地方省级政府逐级分包并下放到各个地级市，也有地级市主管建设，但更多的地方是将任务分配到区县，保障房建设的任务主要还是重心下移。[2] 各区县财力状况，认识深度不一，尽管保障性住房制度建设纳入地方政府的目标责任制管理，保障性住房的整体推进

---

〔1〕　内容来自对苏州工业园区优租房管理中心黄学良主任的录音访谈。

〔2〕　俞可平："走向国家治理现代化——论中国改革开放后的国家、市场与社会关系"，载《当代世界》2014年第10期。俞可平认为，人类进入现代化时期后，社会从结构上开始分化为三个相互独立的领域，即以政府组织为基础、以官员为代表的国家系统；以企业组织为基础、以商人为代表的市场系统；以及以民间组织为基础、以公民为代表的公民社会系统。它们之间的相互关系，构成了现代社会的结构性基础，决定着整个现代社会的关系。善治就是公共利益最大化的治理过程，其本质特征就是国家、市场、社会的相互关系处于最佳状态，是政府、企业与公民对社会政治事务的协同治理。然而在迄今的所有权力主体中，政府无疑具有压倒一切的重要性，任何其他权力主体均不足以与政府相提并论。因此，在现代国家治理中，与市场和社会相比，政府仍然起着决定性的主导作用。

还需要明确主体上的法律责任。[1]

一、主体与客体

此处所言的主体包括制度设计的供给者和调控者——政府；制度运行的监管者——住房和与住房相关的行政主管人员；住房的申请者及关系人——物业运行的服务者等。客体主要是指保障房的房源供给，从类型上来看包括前述论及的产权型、租赁型，产权型又细分为完全产权、有限产权和共有产权三种类型。

（一）主体方面

主体是元动力，法律主体通常指由法律予以确认的法律关系当中权利义务的承担者。保障房法律主体参与制度运行全过程，由相应的法律法规予以调整规范，保障房因其法律关系的复杂多样性，与之相对应的保障房法律主体也呈现多元化，其中就包括政府、开发商、建筑工程承包单位、公民个人、物业管理企业，等等。并且在不同的法律关系当中，其所承担主体角色也不相同，如在保障房建设法律关系当中，政府承担的就是委托建设方的角色，建设单位则承担着开发承建方的角色。在保障房租赁关系当中，政府又承担着出租人的角色，而申请租赁人则是承租人的角色，在保障房不同环节当中形成了不同的法律关系，保障房法律主体也承担着不同的主体角色。

1. 主体的多元性

保障房法律关系的构成丰富多样，在保障房运行的不同阶段中存在着不同的法律关系，而不同的法律关系对应着不同的法律关系主体，因而保障房法律主体也呈现多元化的特性。在筹资建设环节、配租承租环节、物业管理环节以及租屋退出流转环节均有不同的法律关系存在，每一个法律关系对应相应的法律主体，主体种类多元特性明显。另一方面，由于保障房的运行离不开国家公权力的参与，[2]无论是其规划、投资建设还是租赁管理，政府都在其中扮演着重要的角色。在不同阶段的不同法律关系当中，政府以不同的身份参与到法律关系当中，然而，作为主体参与到法律关系当中的则是具体

---

〔1〕　何元斌："保障性住房政策的经验借鉴与我国的发展模式选择"，载《经济问题探索》2010 年第 6 期。

〔2〕　马怀德："预防化解社会矛盾的治本之策：规范公权力"，载《中国法学》2012 年第 2 期。

的行政主体，主要是一些行政机关。在行政法律关系当中，行政主体本身就具有多元化的特性。具体到保障房法律关系当中，各个环节的法律关系虽然统一由政府参与，但具体履行该职责的则是相应的行政机关或者授权委托机关，在不同的法律关系当中可能参与的行政主体就不相同，这就使保障房法律关系主体一方的政府主体也呈现多元化的特性。

2. 主体的特定性、恒定性和法定性

保障房法律关系当中的绝大多数法律关系都有政府或者其职能部门作为一方主体参与其中。如投资建设过程中，政府作为土地出让人、融资人、委托建设人参与到保障房的建设法律关系当中；在租赁环节，政府作为审查审批行政许可主体、出租人、管理人的身份参与到保障房的租赁法律关系当中。此时政府或者其职能部门作为保障房法律关系的一方主体就具有特定性、恒定性和法定性。政府当中担当保障房法律关系相应主体的部门必须是法律、法规和规章予以明确授权的行政部门，当前主体已被明确为住建部和地方政府的住房保障部门。[1]重庆市集中负责公租房申请、配租、管理、监督的部门就是重庆市公租房管理局，这些在保障房法律关系中担任一方主体的行政部门是由法律明确规定的，具有特定性和法定性，不能为其他政府部门所替代，更不能为法律未授权的政府部门以外的主体所替代，具有恒定性。

另一方面，在保障房法律关系当中与政府相对应的另一方主体同样具有法定性和特定性的特征。如在建设环节中，政府就需要对保障房建设工程进行招投标，择优选择具有建设资格的开发商承担保障房的建设工程；在租赁环节中，由于保障房是为了解决中低收入群体无住房问题，实现"住有所居"的社会主义和谐社会目标，因此承租人必须是符合法定条件才具有申请租赁资格，各省市都对保障房的申请设置了准入门槛，以确保保障房能真正为需要住房而又无房可居的居民提供住房，保证其保障房制度建立的旨趣相一致[2]；在物业管理环节中，物业管理公司也是由政府的保障房主管部门选

―――――――――

〔1〕 参见《公共租赁住房管理办法》第4条。
〔2〕 如《重庆市公共租赁住房管理实施细则》第二部分申请条件就规定："申请人应年满18周岁，在主城区有稳定工作和收入来源，具有租金支付能力，符合政府规定收入限制的无住房人员、家庭人均住房建筑面积低于13平方米的住房困难家庭、大中专院校及职校毕业后就业和进城务工及外地来主城区工作的无住房人员。但直系亲属在主城区具有住房资助能力的除外。"

定[1]。由此可见，作为与政府相对一方的保障房法律主体并不是任意的，而是具有资格限制的，具有特定性和法定性。

（二）客体方面

住房类型及设计事关保障房的制度效用。保障房法律关系客体是指保障房法律关系所指向的对象、目标，是链接主体之间具体权利义务的现实载体。在法理学中，将法律关系客体归为以下几类：①物：指具有一定物理形态，能够满足人们需要且为人类所支配、控制的各种物质；②精神产品：如一些智力成果，包括科学发明、艺术创作等；③行为：行为也可以成为法律关系的客体，如婚姻家庭关系当中父母对子女的抚养行为、子女对父母的赡养行为就可以成为家庭抚养、赡养关系的客体，在申请某项行政许可时，行政机关的行政许可也是行政许可法律关系的客体；④人身、人格：如与人身相连的肖像、名誉、隐私等，比如在侵犯名誉权的法律关系当中，名誉权就是该法律关系的客体；⑤其他能够满足人们有关物质、精神需要的事物。[2]具体到保障房法律关系当中，其客体主要表现为具体的"物"。但在各个不同的保障房法律关系当中，其客体也各不相同。如在保障房项目建设之前的资金筹集环节当中就有可能存在借贷关系和融资关系，[3]此时法律关系主体就是由政府担当的借款方、融资方和由银行或者其他资本持有者担当的贷款方、被融资方，该法律关系的客体就是借贷资金或是融资资金；在建设环节中，由政府委托具体的开发商开发建设，成立委托建设法律关系，其客体就是建设工程；在申请租住环节中，由政府机关对申请租赁人进行资格审查以作出行政许可或不许可的行为，此时客体就为行政许可行为；在承租环节中，由政府出租保障房给符合条件的承租人租住，成立租赁合同法律关系，其客体则为保障房的租赁使用权；在物业管理环节中，由政府选择相应符合条件的物业管理公司承担物业管理职能，在政府与物业管理公司之间形成委托关系，

---

[1] 参见《重庆市公共租赁住房管理实施细则》第五部分第（五）项的第三点。

[2] 参见张文显主编：《法理学》（第3版），高等教育出版社、北京大学出版社2007年版，第164页；付子堂主编：《法理学初阶》（第3版），法律出版社2007年版，第167~168页。

[3] 虽然现在政府投资建设保障房的资金主要来源于政府财政，但不可否认的是充分发挥民间资本，将其纳入到保障房建设这一社会公益服务项目当中，是一项有益的探索与尝试，其可以弥补财政资金的紧张短缺所引致的捉襟见肘的窘状。目前各省市保障房制度中已将银行贷款和发行债券作为资金来源的一部分，参见《重庆市公共租赁住房管理暂行办法》第11条。因此，在公租房建设环节就会出现借贷、融资关系。

其法律关系客体即为物业管理权限，与此同时在承租人和物业管理公司之间又成立了物业管理关系，其客体为物业管理服务；在流转购买环节中，又可以在政府和承租人之间形成买卖关系，其客体则为保障房的产权，这种情形仅见诸各省市的保障房实践中，并且这种产权是受到限制的，不可转让、出租、赠予，抵押也仅能抵押购买原值的 70%。[1]从中可以看出保障房法律关系客体有的是物，如资金；有的是行为，如许可行为、服务行为；有的是权利，下表能够较好地反映主客体这一关系。

表 4-2　保障房的主客体法律关系

环节	法律关系	法律关系主体	法律关系客体
筹资环节	借贷法律关系	贷款方与借款方	借贷资金
	融资法律关系	融资方与被融资方	融资资金
建设环节	委托建设法律关系	委托建设方与开发承建方	建设工程
配租环节	行政许可法律关系	申请人与许可人	行政许可行为
承租环节	租赁合同法律关系	出租人与租赁人	公租房的租赁使用权
物业管理环节	物业管理委托关系	开发者与物业管理者	物业管理服务权限
	物业管理关系	承租人与物业管理者	物业管理服务
流转环节	房屋买卖关系	出卖人与买受人	公租房有限产权

二、审核与轮候

制度设计要考虑关联性。"社会的运行规则和系统之间具有高度依存和关联性"。[2]住房问题不是一个孤立的问题，或许大多数的住房问题实际上是失业、贫困和不平等的问题。[3]保障房制度是系列制度的科学设计和系统规划，

---

〔1〕　参见《重庆市公共租赁住房管理暂行办法》第 40~46 条。
〔2〕　[日] 青木昌彦：《比较制度分析》，周黎安译，上海远东出版社 2001 年版，第 91 页。书中谈到市场治理机制中各种制度的互补性。对制度变迁和产权理论进行研究的要数道格拉斯·G. 诺思了，参见 [美] 道格拉斯·G. 诺思：《制度、制度变迁与经济绩效》，杭行译，格致出版社、上海三联书店、上海人民出版社 2008 年版。该书对制度环境和制度安排进行了较为详尽的论述。
〔3〕　Donnison & David Vernon, *Housing Policy*, Penguin Books Ltd, 1982, p.287.

制度的缺失也是保障房制度认识难以深化的原因。在审核与轮候方面，关联性制度也比较多，时下不合理或缺失的就业制度、收入分配制度、个人税收制度、信用制度和财产登记申报监管制度阻碍了保障性住房制度的建立完善和顺利实施。

（一）审核

保障房的审核目前存在以下问题：

第一，基层审核的公信力不够，公众存有合理怀疑而审核部门又不能给出有力的解释。第二，受我国社会结构的影响，我国的官民之间还存在一种上下式的管制关系，中间社会阶层力量不够壮大，官僚阶层和普通民众之间没有一个很好的中立阶层进行衔接。[1]第三，受技术限制，基层审核的材料不能进行有效地复核和审查，涉及个人财产状况的调查，即便是上门调查也未必就能查出客观真实的资料。客观的审查结果有待于不动产统一登记制度的建立和个人财产公示制度的完善。尤其是对公职人员财产公示的建立和完善，这也是斩断保障房权力寻租和利益输送的技术防范手段。第四，基层社区是一个相对固定的单元网络，受熟人社会的影响，即便基层审核人员能够严守职业纪律，但人情和关系的错综复杂程度恐基层审核人员难以承受。第五，目前的三级审核机制中，二级和三级审核是书面审理和公示阶段，除非有人进行检举和揭发，否则即便是骗租和骗购行为也很难在第二和第三级审核中被查出。因此，改善现有审核模式和方式是很有必要的。不仅如此，通过此种方式得出的初查意见送至区级住房保障部门审核，区级部门仍要通过民政、社保等部门进行资料核实，如果初查的结果准确度不能得到保证，将会造成复查工作资源的浪费。为解决上述问题，以下两个方面的努力是必需的：

第一，技术监控手段的应用。多地在保障性住房的推动中，均成立了保障房管理机构，负责保障房的申请、审核和配租配售。2014 年 7 月 31 日，《不动产登记暂行条例（征求意见稿）》开始向社会公开征求意见，2014 年

---

[1] 社会基层组织必须承担两种功能：第一，在基层执行必不可少的社会管理，如调处纠纷，进行部分调节、救济、治安和文化教育活动；第二，基层组织必须和国家政府衔接，承办自上而下交给的任务。参见金观涛、刘青峰：《开放中的变迁——再论中国社会超稳定结构》，法律出版社 2010 年版，第 32 页。

12 月 22 日《不动产登记暂行条例》公布，并于 2015 年 3 月 1 日起施行。[1] 专门审核机构的建立，有利于主体明确职责，而有关不动产和财产登记制度的出台，则是为保障房的公平公正分配提供了法律保障和技术支撑平台。技术手段的应用，让"房姐"骗购或骗租多套保障房成为不可能。在社会流动性较强的今天，对流动人口财产、纳税、收入等审核也是当下的一个难题，关系着保障房分配的公平和公正。建立一个保障房流动的公开公正的平台至关重要，所以，在保障房制度的推进上，既要有理念层面的理论支持，还要有技术手段的支撑。[2] 未来的户籍制度改革，如果能够统一城乡户籍登记，实现全国人口信息库共享的话，对保障房制度也是一个有力的技术支持。

第二，建立部门联动机制。[3] 保障房准入机制中对申请人资格的审查面临涉及问题广、关联机构多的工作特点，需要相关部门的配合才能实现高效管理。

（二）轮候

申请、审核程序是对申请人承租资格的确认，在主体资格确认之后，即进入保障房实物分配阶段。目前北京等 12 省市对确定选房顺序主要有公开摇号、以住房和收入困难程度为依据、以申请和登记顺序为标准这三种方式。但公开摇号配租是被认为操作性强的较为公平的方式。因为住房和收入困难程度难以确定统一标准予以衡量，如果申请资料存在虚假，审核环节又没有查出，以困难标准分配住房后发现不实情况，再告知退租并进行惩罚则会导

---

〔1〕 作为统一负责不动产登记工作的部门，原国土资源部已有方案筹备设立"不动产登记管理局"，设立该局之后，由住建部、原农业部、原国家林业局、原国家海洋局分别登记的房屋产权、国有林地使用权、草原草场承包权、农村承包地、国有林地承包权、海域使用权等，均将陆续整合到不动产登记管理局登记。作为一个国家的社会经济基础数据，住房信息直接关系到政府对房地产市场的判断是否精准，住房调控政策是否科学，也直接关系到实施房地产税的时间表，"过去十年中国房地产调控之所以失败，就是因为没有精确的数据支撑，主管部门连自己的家底都不清楚"。参见张育群："不动产统一登记：贪腐者的噩梦"，载《南方周末》2013 年 12 月 5 日。

〔2〕 苏州市通过建立"中低收入家庭数据集中查询库"和台账制度，对月缴存基数低于劳动和社会保障部门公布的最低月工资标准的职工单独分类，更准确地掌握低收入者的财产状况，同时，对已经获得保障房的，及时整理和更新贷款户的基本信息，掌握还贷户的还贷情况。

〔3〕《关于进一步推进户籍制度改革的意见》规定，未来要通过推进户籍制度改革，统一城乡的户口登记制度，全面实施居住证制度，基本建立以合法稳定住所和合法稳定就业为基本条件，以经常居住地登记为基本形式的户口迁移登记制度，建成国家人口基础信息库，实现跨部门、跨地区的信息整合和共享。

致增加行政成本的同时有碍公平正义的实现。另外，以申请和登记顺序确定选房顺序也不够科学，因为该过程难免发生同时进行的情况，在法律规范文件未对同时申请和同时登记情况进行处理之前，不宜采取此种标准。而公开摇号方式邀请第三方参与监督，必要时公证部门可以出具公证证明，这就在最大程度上保证了配租环节的公开透明。因此，摇号配租是目前较为可取的确定选房顺序的方式。

摇号配租程序确定了一部分可进行选房的申请人，相关行政机构需对这部分申请人的住房、收入等条件进行再次复审，条件真实且符合标准的则进行确认登记，并签订租赁合同，办理入住手续。复审过程中发现申请资料存在虚假或不符合条件的情况，则不给予选房机会，并计入诚信档案。同时，在此轮摇号配租过程中未被选中的申请人，则进入轮候库，等待房源充足时再次进行摇号配租。

三、准入与退出

（一）准入

一项制度要良好运行并顺利实现预设目标，不仅需要完备合理的实体规定，还需要规范的程序安排。政府的政策倾斜配之公开透明的操作程序是保障房制度得以顺利推进的前提，在政策倾斜方面，重庆保障房制度运行效果就较好。据了解，重庆市自 2011 年 3 月 2 日首次摇号配租至 2012 年 9 月，共进行了 6 次摇号配租，累计分配达 15.5 万余套住房，使 40 余万中低收入者住有所居。从摇号配租户的情况来看，重庆主城区户籍人员占 37.7%、大中专院校及职校毕业生占 9.4%、本市进城务工人员占 38.4%、市外来主城工作人员占 14.5%，入住者基本覆盖保障对象范围。[1]居民收入难以量化客观上给保障房准入资格认定带来了困难。

（二）退出

保障性住房的生命在于其具有流动性。[2]住房的流动性是随着申请人和承租人的经济条件变化而不断变化。当前退出主要包括以下三种情形：第一，

---

〔1〕　重庆用制度确保公租房公开公平公正的"阳光分配"，载 http://www.cqgzfglj. gov. cn/gzdt/201210/t20121009_ 192225. html，访问日期：2012 年 10 月 8 日。

〔2〕　王学辉、李会勋："追问公租房制度的基本精神"，载《理论探讨》2012 年第 3 期。

期满退出也称为主动退出。各地根据地方实际，划定退出的时间界限。[1]第二，违约退出。违约退出是被动退出，对违反约定或者法定条件的，由产权部门或者主管部门要求被承租人或被购买人退出，逾期不退的，地方法规或者规章中还规定了有权部门可申请法院强制执行。第三，由租转买。在实行租售并举的地方，立法规定如果承租人在居住达到一定年限后，享有优先购买权，在缴纳一定价款后就可以获得房屋的产权。[2]也有地方规定了竞买禁止，[3]以达到让保障房不流向市场，在体制内循环的目的。

四、纠纷与惩戒：以渝北法民初字第 07396 号等三起撤诉案为例

保障性住房自实施十几年来，一直鲜有司法实践案例，这也是保障房管制带有高度行政化色彩的一个注释。在行政主导和市场结合渐趋成熟的保障房制度演进中，法治化的住房保障制度势在必行。笔者在对深圳、苏州、上海、青岛等地调研的过程中，在问及有无诉讼案例时，较多的回答是很多纠纷都通过住建部门或者司法行政部门通过协商和调节手段进行了解决。似乎在司法诉讼中，争议主体双方难以在诉讼文书中援引相关律令进行维权诉讼。文章选用下述案例进行分析，意在实证当下保障房制度司法实践中存在的问题与走向。[4]2012 年 5 月 20 日，原告重庆市公租房管理局分别起诉了被告胡某（案号：[2012] 渝北法民出字第 07396 号），被告李某（案号：[2012] 渝北法民出字第 07396 号），被告欧某（案号：[2012] 渝北法民初字第 07398 号），三个案件的事实基本相同，法律适用并无差别，经过审理，最终三案均以撤诉结案。

---

〔1〕 参见《北京市公共租赁住房申请、审核及配租管理办法》第 20、23 条，《重庆市公共租赁住房管理暂行办法》第 10、36 条，《上海发展公共租赁住房的实施意见》中租赁管理机制部分，《天津市公共租赁住房管理办法（试行）》第 15、20 条，《江苏省公共租赁住房管理办法》第 38、41 条，《杭州市公共租赁住房建设租赁管理暂行办法》第 24 条，《深圳市公共租赁住房置换管理办法》第 34、46 条，《山西省公共租赁住房管理暂行办法》第 23 条，《甘肃省公共租赁住房管理办法》第 27、32 条，《郑州市公共租赁住房暂行管理办法》第 36 条，《贵阳市公共租赁住房管理暂行办法》第 30 条，《昆明市公共租赁住房建设管理办法》第 43 条。

〔2〕 参见《重庆市公共租赁住房管理暂行办法》第 40 条。

〔3〕 参见《重庆市公共租赁住房管理暂行办法》第 41 条、第 42 条、第 44 条。

〔4〕 案例选取了重庆市某法院受理的公租房案件，针对该案例笔者多次同李桂红法官进行探讨，感谢李法官对笔者的启发与帮助。

（一）案件（胡某案）的由来和审理经过

原告重庆市公租房管理局为与被告胡某房屋租赁合同纠纷一案，于2012年4月24日向法院起诉。法院受理后，由审判员叶某适用简易程序于2012年6月14日公开开庭进行了审理，后因案情复杂且系新类型案件，经批准适用普通程序，依法组成由审判员叶某担任审判长和代理审判员黄某、人民陪审员赖某参加的合议庭后，于2012年9月18日再次公开开庭审理了本案。原告重庆市公租房管理局的委托代理人杨某、唐某，被告胡某的委托代理人何某、赵某等到庭参加了诉讼。

（二）当事人和其他诉讼参与人的基本情况[1]

原告重庆市公租房管理局，住所地重庆市北部新区经开园龙晴路2号，组织机构代码5634××××-0。

法定代表人郭某，局长。

委托代理人杨某，重庆某律师事务所律师。

委托代理人唐某，男，1976年某月某日出生，汉族，住重庆市渝中区某处。

被告胡某，男，1979年某月某日出生，汉族，住重庆市江北区某处。

委托代理人何某，重庆某律师事务所律师。

委托代理人赵某，女，1974年某月某日出生，住重庆市江津区某处。

（三）当事人的诉讼请求、争议的事实及其理由

原告重庆市公租房管理局诉称：被告胡某于2011年向原告申请租住公租房，经审核配租，于2011年4月25日签订《重庆市公共租赁住房租赁合同》，并于2011年5月1日通知入住渝北区民心路555号民心佳园13栋××-××号公租房，租期一年。经反映房屋稍有瑕疵，原告方于2011年7月6日修缮完毕。但被告长期空置房屋并拒付租金。根据合同约定，原告于2012年2月14日向被告发出了《重庆市公租房解约通知书》，被告于次日签收。但被告至今拒付租金并拒不腾退房屋，造成公共资源浪费。为此，原告向本院起诉要求：（1）判令被告支付2011年7月1日至2012年2月14日间的房屋租金7050.30元、违约金591.38元；（2）确认于2012年2月15日解除房屋租赁合同；（3）判令被告立即腾退房屋；（4）判决被告支付从2012年2月15

---

[1] 为保护个人隐私，对当事人信息作了部分处理。

日起至实际腾退房屋之日止的房屋占用损失（按合同约定租金标准计算）。

被告胡某辩称：原告不具备主体资格，因为租赁合同的出租人为重庆市公共住房开发建设投资有限公司，根据合同相对性原则，原告不是该合同权利义务主体。其次，出租人存在严重违约。出租人本应按合同约定于2011年4月30日前将能正常使用的房屋交付，然而厨房未安装水阀、墙面渗水发霉等问题直到2011年7月6日才修缮完毕；且厕所屋顶漏水，楼上生活污水渗透、滴漏到房屋墙面和地板上，伴有刺鼻臭味，严重影响居住，经被告多次多渠道反映，直到2012年3月14日才得以解决；水、电表自转，影响正常使用。被告本未入住，却每月收到催缴费通知单。故由于出租人原因，导致房屋不能正常使用，被告依法行使抗辩权，未入住房屋和缴纳租金，请求驳回原告诉讼请求。

（四）证据的分析与事实的认定

2011年，被告胡某向公租房申请点申请租住公租房。经重庆市公租房管理局审核配租、摇号，2011年4月25日胡某作为乙方（承租人）与甲方（出租人）重庆市公共住房开发建设投资有限公司按照集体签约方式签订了《重庆市公共租赁住房租赁合同》。赵某作为胡某委托代理人在该合同上签名。合同约定：甲方将渝北区民心路555号民心佳园13栋××-××号公租房（建筑面积81.04平方米）出租给乙方及共同承租人居住。同时，合同也约定：甲方应于2011年4月30日前将房屋交付给乙方（即被告）。房屋租赁期限为一年，从2011年5月1日起至2012年5月1日止。房屋租金按建筑面积计算，标准为每月11元/平方米，月租金为891.44元。合同签订后，被告方缴纳了履约保证金2674元，并向物业公司缴纳了一个季度的物管费。胡某领取了民心佳园13栋××-××号公租房钥匙后，发现房屋存在电线裸露、厨房未安装水阀不能正常用水、墙面渗水发霉、厕所漏水等质量问题，遂向民心佳园管理中心报修，并多次向原告等单位反映、要求整改。工程维修人员杨某、杨某某、张某先后给予维修，并附有载明厕所漏水等问题的情况说明。民心佳园房屋管理中心工程部负责人吴某于2011年7月13日前往该公租房查看，发现厨房灶台胶脱落、厕所有漏水痕迹。同年9月，吴某接到漏水反映，即派人查看未发现漏水。

2011年8月14日，胡某向中国铁通申请了宽带安装业务，但仍以房屋存在质量问题影响居住为由未入住并拒付租金，直到2012年6月实际入住该公租房。双方均认可被告胡某没有其他住房。

2012 年 2 月 14 日，重庆市公租房管理局民心佳园房管中心、重庆洪泉物业民心佳园管理处作出《重庆市公租房解约通知书》。该通知书载明：民心佳园 13 栋××-××号公租房厨房未安装水阀不能正常用水、厨房内电线裸露、墙面渗水发霉、卧室门不能正常关闭四个问题，于 2011 年 7 月 6 日整改完毕，经被告本人申请、房管、物管、建设施工单位现场确认并报经市公租房局批准，对该户从 2011 年 7 月 1 日起计租；因连续空置 6 个月以上或欠租金累计 6 个月以上，决定对承租的公租房进行解约，实施强制收回。被告胡某表示未收到该通知书。原告重庆市公租房管理局也没有提交证据证明被告胡某收到该通知书。

2012 年 3 月 15 日，胡某向重庆市公共住房开发建设投资有限公司寄送"欠租情况说明书"，载明：民心佳园 13 栋××-××号公租房租赁过程、房屋质量问题，以及出租人未按合同约定按期交付能正常使用的房屋。

另查明，2010 年 7 月 26 日，重庆市国土资源和房屋管理局作出 112 房地证 2010 字第 013675 号房屋产权证书，载明：权利人为重庆市公共住房开发建设投资有限公司，房屋坐落北部新区金山组团 C18-1 号地块。民心佳园 13 栋××-××号公租房即坐落于该地块。同时，重庆市公共住房开发建设投资有限公司作为甲方，与乙方重庆市公租房管理局签订协议书，约定：甲方将其名下位于重庆市主城区的重庆市公租房的管理权利义务和基于管理而涉及诉讼方面的权利义务转让给乙方，乙方享有管理和基于管理提起诉讼的相应权利并承担相应义务。此外，重庆市公租房管理局与渝中区房屋管理局签订委托协议，约定委托渝中区房屋管理局组建"民心佳园房屋管理中心"，代表重庆市公租房管理局行使公租房小区日常管理，定期向其汇报执行情况，负责办理签订租赁合同、收取履约保证金、租金、退租、续租等事宜。

上述事实，有重庆市公共租赁住房租赁合同、房屋产权证书、协议书、报修记录和维修情况汇总表、催租通知单、公租房解约通知书、宽带业务受理单及发票、情况说明、照片、缴费通知单，以及双方当事人的陈述等在案为证，经庭审质证，足以认定。

（五）需要说明的问题

1. 法律适用

《重庆市公共租赁住房管理暂行办法》（渝府发〔2010〕61 号）第 3 条、

第 4 条、第 5 条、第 9 条分别规定了公租房的性质，公租房的主管部门，公租房的交易审核和租金管理，公租房的产权归属等。[1]《公共租赁住房管理办法》对公共租赁住房也有较明确的定性，对拖欠或者闲置公租房的行为进行了界定和规范。[2]

2. 案件背景

大力发展公共租赁住房是我国解决住房保障问题的一项重要政策选择。截至 2012 年 9 月，重庆市已累计开工建设公租房 3106 万平方米，分配 13.8 万套、惠及 40 余万人，入住近 7 万户、18 万人；尚有大量公租房在建并将投入使用。因此，关于公租房的房屋质量、租金收取、房屋腾退等纠纷必将大量出现并涌入法院。目前，重庆市法院已经立案受理重庆市公共租赁住房管理局诉胡某等房屋租赁合同纠纷类案件共 3 件。在此类案件审理中，法官一方面积极进行协调，力促双方和解，鉴于此类案件属新类型案件，尚无明确法律规定，各基层法院只能书面请示上级法院。[3]

3. 研究问题

原告重庆市公租房管理局是否主体适格？第一种意见，原告重庆市公租房管理局不具有诉讼主体资格，本案应裁定驳回起诉。理由是：其一，尽管重庆市公共住房开发建设投资有限公司在该租赁合同中明确委托原告对被告胡某租赁房屋进行管理，代为履行合同项下的权利义务，但重庆市公租房管

---

〔1〕《重庆市公共租赁住房管理暂行办法》（渝府发〔2010〕61 号）第 3 条规定："本办法所称公共租赁住房，是指政府投资并提供政策支持，限定套型面积和按优惠租金标准向符合条件的家庭供应的保障性住房。"第 9 条规定："公共租赁住房由市、区县（自治县）人民政府指定的机构负责建设，房屋产权由政府指定的机构拥有。"

〔2〕 2012 年 7 月 15 日起施行的住建部《公共租赁住房管理办法》第 27 条规定："承租人有下列行为之一的，应当退回公共租赁住房：……（五）无正当理由连续 6 个月以上闲置公共租赁住房的。承租人拒不退回公共租赁住房的，市、县级人民政府住房保障主管部门应当责令其限期退回；逾期不退回的，市、县级人民政府住房保障主管部门可以依法申请人民法院强制执行。"最高人民法院《关于审理城镇房屋租赁合同纠纷案件具体应用法律若干问题的解释》第 1 条第 3 款规定："当事人依照国家福利政策租赁公有住房、廉租房、经济适用住房产生的纠纷案件，不适用本解释。"

〔3〕 司法在介入保障房案件时持比较审慎的态度，最高人民法院《关于审理城镇房屋租赁合同纠纷案件具体应用法律若干问题的解释》第 1 条规定就可以证明。司法的审慎介入至少说明了以下问题：第一，保障性住房是政府主导，靠政令推行，难以适法；第二，保障房制度从源头上讲，带有公共产品、行政给付、社会保障等多重制度考量，带有更多民主性的因素，涉及多元利益的表达，社会权意义上的"私人住房保障请求权"与私法意义上的"救济权"需要区分。第三，从立法、司法和行政的关系上讲，立法缺失，行政主导，司法也难有作为。

理局作为受托人，应该以委托人即重庆市公共住房开发建设投资有限公司的名义向法院提起诉讼。其二，诉讼权利作为法定权利，依附在某种民事权利之上，一般不可以转让。[1]即使房屋所有权人重庆市公共住房开发建设投资有限公司与原告签订了协议书，概括性地转让了公共租赁住房管理及基于管理而提起诉讼的权利义务。原告作为受委托的运营单位，也应当根据《公共租赁住房管理办法》的规定与被告胡某签订书面租赁合同，这样才能以自身名义向法院提起诉讼。其三，本案租赁合同系重庆市公共住房开发建设投资有限公司与被告胡某签订。根据合同相对性原则，本案适格原告应该是重庆市公住房开发建设投资有限公司。原告重庆市公租房管理局非合同当事人，故其不具有诉讼主体资格。据此，依照《民事诉讼法》第108条之规定，只能作出"驳回原告重庆市公租房管理局起诉"的裁定。

第二种意见，原告重庆市公租房管理局是适格原告。理由是：其一，尽管形式上与被告胡某等承租人签订房屋租赁合同的是重庆市公共住房开发建设投资有限公司，但实际上具体经办公租房租赁事宜的是受原告委托组建的民心佳园房屋管理中心，该中心接受原告领导定期汇报工作。可见，本案租赁合同的实际履行主体即为原告与被告胡某。其二，重庆市公共住房开发建设投资有限公司作为房屋所有权人，在该租赁合同中明确委托原告对包括被告胡某租赁房屋在内的公租房进行管理，代为履行合同项下的权利义务。同时，重庆市公共住房开发建设投资有限公司与原告签订了协议书：将其名下重庆市公共租赁住房的管理权利义务及基于管理提起诉讼的相应权利义务转让给原告。可见，原告概括性地承继了房屋所有权人重庆市公共住房开发建设投资有限公司的相关实体权利与诉讼权利。故原告具有本案诉讼主体资格，原告的诉讼请求评述如下：

（1）关于房屋租金及违约金。《重庆市公共租赁住房租赁合同》系被告胡某与重庆市公共住房开发建设投资有限公司的真实意思表示，合同有效。原告重庆市公租房管理局基于与重庆市公共住房开发建设投资有限公司的书面协议及合同转让，已经实际取得民心佳园公租房的管理和诉讼权利，即原、

---

[1] 住建部《公共租赁住房管理办法》第16条规定："配租对象选择公共租赁住房后，公共租赁住房所有权人或者其委托的运营单位与配租对象应当签订书面租赁合同。"第29条规定："承租人累计6个月以上拖欠租金的，应当腾退所承租的公共租赁住房；拒不腾退的，公共租赁住房的所有权人或者其委托的运营单位可以向人民法院提起诉讼，要求承租人腾退公共租赁住房。"

被告双方均应依照合同约定全面履行合同义务。对于民心佳园 13 栋××-××号公租房厨房未安装水阀不能正常用水、厨房内电线裸露、墙面渗水发霉等问题，原告重庆市公租房管理局安排了维修，在 2011 年 7 月检查时，上述问题已得以解决并不影响居住使用，且自愿放弃 2011 年 5 月、6 月的租金，仅要求被告胡某从 2011 年 7 月 1 日起按照合同约定支付租金和违约金，系其自主处分民事权利，法院予以支持。尽管该房屋存在质量瑕疵，且在 2012 年 3 月也进行了维修，但被告胡某未按照合同约定提交"经房屋安全鉴定机构书面确认严重影响居住"的证据材料。因此，被告胡某应当按照合同约定缴纳 2011 年 7 月 1 日至 2012 年 2 月 14 日间的租金 7050.30 元，并承担逾期支付租金的违约金 591.38 元。

（2）关于确认 2012 年 2 月 15 日解除房屋租赁合同。[1]本案中，尽管原告提出解除合同符合双方约定条件，但其没有证据证明其于 2012 年 2 月 14 日作出的重庆市公租房解约通知书已于次日合法送达被告胡某，法院没有支持原告的此项请求。

（3）关于腾退房屋。本案房屋租赁合同约定：房屋租赁期限为一年，即从 2011 年 5 月 1 日起至 2012 年 5 月 1 日止。租赁期满，合同自然终止。乙方即被告胡某应于合同终止之日腾空房屋。法院支持了原告的此项请求。

（4）关于从 2012 年 2 月 15 日起至实际腾退房屋间的房屋占用损失。由于法院未确认房屋租赁合同于 2012 年 2 月 15 日解除，该合同仍在继续履行之中，直至 2012 年 5 月 1 日到期终止。故被告胡某应该支付 2012 年 2 月 15 日至 2012 年 5 月 1 日间的租金。原告误认为双方合同已于 2012 年 2 月 15 日解除，而以房屋占用损失名义要求该时段的租金费用并无不当。法院应予主张。本案租赁合同于 2012 年 5 月 1 日到期终止后，被告胡某仍占用该房屋。原告参照租金标准要求被告支付房屋占用损失，符合相关法律规定。依照《合同法》第 69 条、第 93 条、第 96 条之规定：第一，被告胡某向原告重庆市公租房管理局支付 2011 年 7 月 1 日至 2012 年 2 月 14 日间的租金 7050.30 元及违约金 591.38 元。第二，被告胡某应当将渝北区民心路 555 号民心佳园 13 栋×

---

[1]《合同法》第 93 条第 2 款规定："当事人可以约定一方解除合同的条件。解除合同的条件成就时，解除权人可以解除合同。"第 96 条规定，当事人主张解除合同的，应当通知对方。合同自通知到达对方时解除。

×-××号公租房腾空并退还原告重庆市公租房管理局。第三，被告胡某向原告重庆市公租房管理局支付房屋占用损失（从 2012 年 2 月 15 日起按照月租金891.44 元计算至房屋实际腾退之日）。第四，案件受理费 50 元，由被告胡某承担。

　　该案件虽然最终以撤诉结案，但案件反映的问题超出了案件本身。该案中，租赁合同系重庆市公共住房开发建设投资有限公司与被告胡某签订。在多地的保障房承租文本中，合同签订主体多以保障房的建设开发主体为主，而少以保障房的产权部门。[1]这可以看作是建设和运营管理的市场化原则在保障房制度上的体现。否则，如果合同的签订主体多以保障房产权部门出现，必然出现大量的有关租金或者维修、转让纠纷，这令保障房的产权或者主管部门难以有时间和精力去规划和建设。当然，将系列权利委托给房产开发建设单位，并非是产权部门在推卸责任，在涉及房屋质量或者房屋使用上，承租人更多得要和建设方打交道，作为私主体沟通和交流也更为便捷。不过，法院在审理案件的过程中，考虑更多的是依据上位法的规定，比如在本案中，法院根据合同相对性原则，认为适格原告应该是重庆市公共住房开发建设投资有限公司。原告重庆市公租房管理局非合同当事人，故其不具有诉讼主体资格。此种结案方式有一定代表性，当下，更多的保障房纠纷多以协商和沟通私下解决，[2]但保障房租赁合同的处理应当借鉴公私协力理论和双阶理论来进行构建，即在合同审核阶段，更多涉及行政内容和行政目的，以行政合同来处理；在租赁阶段，乃是行政机关的政策选择自由或行为形成自由，其选择以私主体身份来履行公共任务，这种方式应当予以肯定。"行政法不再简单的是控制行政行为的法，应当是克服法律瑕疵，追求行政活动正当性的法"。[3]司法尚未成为保障房维权的主要管道，这和立法上的顶层设计、保障房制度涉及的多元利益主体法律关系比较复杂不无关系。《城镇住房保障条例（征求意见稿）》和《公共租赁住房管理办法》两规定均是行业和行政主管

----

〔1〕　全国保障房实践中，申请审核与租赁行为主要存在以下三种模式：保障房产权单位或其委托的运营单位与承租人签订合同；住房保障主管机关直接与承租人签订合同；用人单位审核通过后由用人单位与承租人签订合同。

〔2〕　《基本住房保障条例（征求意见稿）》和《公共租赁住房管理办法》均没有规定自审核到配租中的纠纷解决机制，在涉及强行退房或者收取租金时，均规定保障房的所有权人或者其委托的运营单位可以向人民法院提起诉讼，而承租人或者购买人的诉权确没有予以规定。

〔3〕　程明修："双阶理论之虚拟与实际"，载《东吴法律学报》2004 年第 2 期。

部门起草完成的，以管理者角度来制定规则，缺少参与和博弈机制，并且由于立场不同，利益各异，难免对相对方主体的保护不够。在保持稳定、深化改革的基调下，多元利益主体参与保障房制度的建构，是对利益多元化和诉求多元化社会特征的回应，全民参与社会治理将逐渐成为社会秩序的主导方式。[1] 保障房制度架构需要将被保障对象作为制度建构的重要主体，保障其参与、发表意见、过程监督和保护合法诉求的权利。

---

[1] 罗豪才、宋功德："和谐社会的公法建构"，载《中国法学》2004 年第 6 期。

第五章
保障性住房完善研究

基于域内外保障性住房的发展经验和国内外立法与实证的分析，针对当下保障房制度存在的问题，本章提出了保障房制度完善建议，包括立法上的完善、实践上的完善、创新机制上的完善。

第一节　立法的完善

保障性住房立法中应当加强顶层设计，这已是理论界和实务界的共识。未来保障性住房的立法应当明确政府的责任，明确中低收入群体在国家帮扶下有获得基本住房保障的权利，明确中央立法和地方立法的权限，最大限度地发挥地方立法的能动性，使地方在尊重和保护社会权利乃至基本权利上有更大作为。[1]立法思路必须遵循"个人权利——国家保障义务"相结合；立法要遵循发挥多元社会力量的作用，借助公私协力等新型行政行为助推保障性住房的发展；立法辅之以与政策相结合，兼顾原则性、引导性和适用性。

一、顶层设计不可或缺

中央立法不可或缺。不能说我国多年来的住房改革没有思路，只是因经济发展阶段的不同对住房制度尤其是保障房制度实施了不同的策略。这也是我国政治的一大特色。权利的配置是构建法治社会和推进国家治理现代化的核心形式。[2]在住房保障制度的顶层设计中，没有一以贯之的基于人本为中

---

[1]　张翔："基本权利的受益权功能与国家的给付义务——从基本权利分析框架的革新开始"，载《中国法学》2006年第1期。

[2]　参见陈林林："反思中国法治进程中的权利泛化"，载《法学研究》2014年第1期。将权利作为达成整个社会秩序的核心方法，离不开一套权利形成、配置、实践、反馈的具体方法。遗憾的是，中国的各级立法者恰恰缺少那套方法，他们似乎只关心权利的"可欲性"，而缺少"可行性"考量，甚至在不适合法律调整的领域设置权利。不严谨的权利设置带来的"权利泛化"，助长了一般意义上

心的基本人权、住房权等权利观念。只是在服务于经济发展和产业调整，或者因高房价引发的社会问题比较突出时，才意识到住房问题其实是人的基本权利问题，涉及人的尊严和生产力的再造，执政者才会从国家治理层面，制定一些抽象性的原则，下述三个阶段即可印证。

住房福利期阶段。自中华人民共和国伊始到 1978 年改革开放，顶层设计者将住房作为纯粹消费品，不鼓励个人建房，实行"六个统一"。[1]在住房社会化、商品化阶段最显著的特征是停止了实物分配，将住房完全推向市场，即便是经济适用房，也定位为"具有保障性质的政策性商品房"。此表述本身就经历了认识和实践上的反复，即便如此表述仍没有向我们揭示保障房制度理念是什么，保障房制度是纯粹福利制度，抑或是国家功利主义立场下发展房地产经济的一种反射利益？从此等定位可以看出，这一阶段我们仍没有理解发展保障性住房制度是为保障公民的住房权。

在高房价调控、大力建设保障性安居工程阶段。一系列打压高房价的政令和限购措施出台。笔者无意于论述限购和库存量的正相当关系，毕竟库存量的增加和当下失控的地产秩序有关。[2]但库存量的增加和房地产的低迷，导致一个最大的问题是，保障房政策执行不到位，反而因保障房制度的推行影响了商品房建设市场。这就是顶层设计的缺乏让保障房政策和商品房政策之间处于"剪不断、理还乱"的状态之中。比如：在产权设计上，早期设计公共租赁住房时主要定位为租赁房，按照无产权进行设计，住建部等多部门联合出台的指导意见，明确要求公租房只能租赁，不得出卖。但上述规定并没有得到各地的贯彻执行，多地规定，公共租赁住房在居住 5 年后可以出售。在保障房类型上，经济适用房的限制多了以后，地方提出限价房，限价房的政策出台后，地方推出自住型商品房，但无论名称如何均没有逃脱早期经

（接上页）的、规范层面的权利冲突现象，不仅会造成"立法愈多而秩序感愈少"的悖谬，还会在权利设置的目标与实效、权利的分类保障、国家与社会、权利与道德等各个方面造成冲突。

　〔1〕"六统一"制度即统一规划、投资、涉及、施工、管理和分配。

　〔2〕2010 年 4 月 27 日，国务院发布了《关于坚决遏制部分城市房价过快上涨的通知》（简称"国十条"），被称为"史上最严厉的调控政策"。截至 2014 年 7 月 31 日，全国 46 个限购城市已有 6 成以上放开限购，中央提出采取"根据不同城市情况分类调控思路"对已放开限购的采取默许态度，放开限购的城市也没有被叫停。李金磊："多地掀'楼市限购松绑潮'专家称难致房价大涨"，载 http://365jia.cn/news/2014-07-29/62D61EBA9C8EE643.html，访问日期：2014 年 8 月 1 日。

济适用房之制度设计。如此诟病也导致各地在保障房制度设计上进行深刻反思，住建部也已经意识到该问题，目前是将廉租房和公租房并轨，破除廉租房和公租房在产权上的设置乱象。与住建部合并保障房种类不同，地方实践总领先一步，部分地方在尝试统一保障房房源、统一审核机构、统一配租和配售标准。〔1〕

在理性回归阶段。参与住房政策的制定者，在某些场合，也提及"住房是人的基本权利"问题。〔2〕中央开始思考保障房与商品房政策、房地产政策、产业政策之间的关系，后续出台的政策和规章制度多以"住房保障是政府的基本职责""为中低收入者解决住房问题，是国家的一项基本义务"等为主旨，保障性住房制度开始理性回归：

第一，保障房不同于商品房，二者要实行不同的住房政策。二者的关系不是市场多一点还是政府多一点那么简单。第二，我国的保障性住房不同于西方的公共住房或者社会住房，如前论述，即便是亚洲的新加坡、日本，其居屋和公营住宅也和我国保障性住房有差异。第三，保障性住房制度实施不到位，与顶层缺乏设计有关，但更核心的问题不在住房制度本身设计不公，社会分配制度不平衡才是导致中低收入阶层住房困难的根本原因。第四，未来发展首先要固定保障房类型。国外建房主体多元化，国外保障房类型法定化，在产权设计、市场流转等制度上均有立法明确规定。其次要固定保障对象。保障对象是中等偏下收入群体还是中等收入以下群体，是低收入群体还是低收入以上群体，各地在收入上的层次划分，应当通过地方人大立法予以严格界定。要明确保障性住房制度是为不能在市场上靠自力解决住房的困难人群设定，而不是所谓的福利性商品房或者政策性商品房。〔3〕

现行保障性住房立法已经具备了在宪法、理念、实证上的立法契机。"住房保障"和"保障性住房"虽差之毫厘，但内涵外延相距千里。住房保障立

---

〔1〕　一些地方将保障房已经统一并轨，当前的四类保障房分类申请将停止，改为统一申请、并轨运行，统一审核《保障性住房准予通知书》。参见孙静芳："青岛四类保障房将统一申请　公租房占比超八成"，载《青岛早报》2014 年 8 月 1 日。

〔2〕　2007 年，原建设部主要负责人在《把握形势、明确任务、切实做好 2007 年建设工作的报告》中有"住房是人的一种基本权利，是一种基本的社会保障""从十多年的改革与探索实践看，仅靠市场机制无法解决住房领域的社会公平问题"。

〔3〕　没有人统计，也难以统计，我国保障房公职人员和非公职人员的占有比例，但公职人员优先低价购买保障房的事件却屡见报端，保障房分配制度公平已成为该制度的生命。

法停滞不前与二者的理解偏差不无关系。在保障性住房立法已经具备了理论和实证契机之际，界分"居住权"和"住房权"的权利属性，把握"住房保障"和"保障性住房"的外延内涵，推动保障性住房立法，对保障公民基本权利、落实民生关怀而言，恰逢其时。

1. 宪法契机

（1）《宪法》第33条第3款规定："国家尊重和保障人权。"该规定应当放在新的视域中解读。我国2004年修改《宪法》时并没有对社会保障制度做出具体规定，因此社会保障权是否为我国宪法上的公民基本权利尚不明确。为此，应从公民权利与国家义务两方面在宪法中确认公民的社会保障权。在社会权时代，国家和政府已经有了多重内涵，传统意义上的消极主义政府无法满足公众的多样性需求。从经典政治学和法学的理论中我们也不难推断出，国家和政府存在的终极目标就是为民众提供应有的保障和尊严，使人"能够具有人的尊严和价值"。宪法是体现民主法治原则的综合体，这个综合体的核心就是要尊重和保障人权。德国宪法就明确规定，国家有为公民提供福利之义务。[1]事实上，人权在不同的时代有着不同的内涵。自英国自由主义先驱洛克开创自由权人权理论之消极权利（有学者称之为第一代权利）时起，积极意义上的权利——社会权（第二代权利）的思想就随之产生。但人们谈论人权问题时，话语总是倾向于集中在公民权利和自由，有时谈到政治权利，很少谈到社会权问题。[2]社会、经济福利权同样是人权内容的重要组成部分。

（2）我国《宪法》第14条第4款规定："国家建立健全同经济发展水平相适应的社会保障制度。"同劳动权、教育权、医疗救助权等社会权利相比，公民住房保障权利力度似乎还远远不够。国家宏观政策的调控以及立法在不同时期有不同的侧重，如前所述，在房改前，我国走了一条住房完全保障的道路。在市场经济建立并积累了一定经验后才逐步放开使住房市场化，同时也确立了保障房的立法。既然是"建立健全同经济发展水平相适应的"保障制度，在工业化和城市化发展的今天，保障性住房的功用应当是保障"居者

---

〔1〕 德国《宪法》第20条规定："德意志联邦共和国是民主的、社会福利的联邦制国家。"联邦宪法法院一贯的司法解释为，福利国家即国家负有提供社会福利的义务。参见［德］伍尔芬："德国社会法概况"，载杨燕绥等编著：《劳动法新论》，中国劳动社会保障出版社2004年版，第281页。

〔2〕 Regina Kreide：The Range of Social Human Rights，German Law Journal Vol. 2 No. 18-01 December 2001 Legal Culture，p. 66.

有其屋"或"住者有所居"。从国家-公民角度分析,公民基本权利所对应的主要不是公民的基本义务,而是国家的义务。国家不仅仅对自由权负有消极义务,也不只对社会权负有积极义务,即国家对每项基本权利的义务都具有复合性,负有消极尊重与积极保护的双重义务。人权本身就有积极和消极两面性,消极的一面乃是免于干预;积极的一面就是可以提出生存所需的资源请求,以满足最基本的社会生活需要。[1]当前最重要的是国家对基本权利应当以积极作为的方式提供保障,使国家保障的强度(包括广度和深度)同经济发展水平相适应。保障需要支出,一个国家或地区所能提供的经济资源总量的规模,必然从根本上制约着社会保障水平的高低。过低或过高的社会保障水平,对社会保障制度自身的运行和经济社会的发展,都会产生不良的影响。

2. 理念契机

有关社会权的法律出现至今已有一百多年的历史,然而对于什么是社会权并没有一致公认的概念,对社会法中的核心概念"社会权"也没有达成一致意见。这一点并不奇怪,正如人们对人权的内涵认识一样,要结合国别、历史、传统和社会发展现状进行统一分析。虽然各国对社会权内涵及外延的解读不同,但对社会权的基本特性还是有着普遍一致的理解。日本学者菊池认为:"社会法具有的公共性、混合型和限制性使得公权和私权之间既各有界限又相互渗透,公权的管制性特征和私权的自治性特征应在借鉴中共存。"[2]社会权是"为了解决资本主义高度发达下劳资对立与贫富悬殊等各种社会矛盾与弊害,防止传统的自由权保障流于空洞化,谋求全体国民特别是社会经济弱者的实质自由平等,而形成的新型人权"。[3]故社会权不仅应当以国家和政府责任的保障为基础,也需要包括社会及其他组织甚或个人等全社会承担相应的保障义务为前提。同其他权利相比,社会权至少有以下特征:

(1)社会权是个开放的权利体系。人的存在和价值不仅体现在拥有最低限度的生存资料,还意味着必须有尊严地活着。提供生存资料不是国家管控的权力而是其义务所在。即便是福利的施行,也不能带来福利国家的家长主

---

〔1〕 [美]路易斯·亨金:《权利的时代》,信春鹰等译,知识出版社1997年版,第2页。

〔2〕 王为农:"日本的社会法学理论:形成与发展",载《浙江学刊》2004年第1期。

〔3〕 [日]田上攘治:《宪法典》,青林书院1984年版,第105页。

义，家长主义正是自由主义者反对的。[1]要保持个人自主，同时要有商谈和意志形成过程的机制，确保被保障人的参与过程，达到私人自主和公共自主的统一。这就是国家不能仅仅从提供住房的角度对低收入群体予以保障了事，除此之外，还要考虑受保障者的居住环境的可承受能力，住房本身的结构、位置、周边的服务和配套设施，而这些意愿的达成和方案的最终实施，需要社会权的开放和民主来达成。

（2）社会权更强调政府的积极作为。如前所述，与传统自由权不同，社会权的实现需要政府的积极作为，国家保障义务的履行是社会权实现的前提。各缔约国在加入《经济、社会及文化权利国际公约》时，"就意味着已经承认为公民提供基本的生活水准，包括衣着和住房应当是缔约国自身不可克减的重要义务。国际上普遍认可通过各缔约国的努力，在国际法视野下，逐步提高并改变在竞争中难以获得适当水准的公民包括住房在内的基本权益水平"。[2]国家如果不能为公民权利创造条件，有些权利的规定无异于画饼充饥，无法起到保障人权的目的和作用。就像基本权利中的生存权和发展权，只有生存权予以保障了，才能谈发展权，这是权利的递阶性所致。社会权其实还是国家利用公权力进行资源分配、确保公平正义的重要手段。因此，就国家义务而言，社会权的国家义务履行，也是国家积极的权力行使。毕竟"增进公民福祉，为民众谋求在经济、社会和文化上的增益行动并提升民众素质水平乃现代国家之根本职责"。

（3）社会权既具有普适性，又具有针对性。社会权有着明确的指认。就权利的平等性而言，社会公众均平等地享有一国宪法所规定的相关权利，但并不是每个人都能切实享有，毕竟权利的享有要符合一定的条件。就受教育权而言，《义务教育法》仅规定适龄儿童和少年接受义务教育的权利；《残疾人保障法》维护残疾人的合法权益，对规范发展残疾人事业，保障残疾人平

---

〔1〕 国家行动主体和私人行动主体之间不应当是一种零和博弈：一方能力的增长，意味着另一方能力的丧失。根据自由主义的观点，私法主体在其平等分配的自由框架中的活动界限，仅仅是类似自然的社会情境下的不确定状况；而现在，他们碰到的是一个俯察众生的政治意志的家长主义照顾；这个政治意志通过这种照顾而以控制和改造的方式来干预这些社会不确定性，以图确保主观行动自由的平等分配。参见［德］哈贝马斯：《在事实与规范之间：关于法律和民主法治国的商谈理论》，童世骏译，生活·读书·新知三联书店2003年版，第504~505页。
〔2〕 曾哲："论国民的适当住宅权"，载《武汉大学学报（哲学社会科学版）》2013年第5期。

等充分参与社会生活进行法律保护。所以，保障性住房立法也有一个明确的面向，即只为特定群体——中低收入群体提供住房保障，该面向使保障性住房立法在保障对象和范围上要比住宅立法更为清晰。

社会领域的立法在各国的勃兴反映了现代国家对其职责和职能认识的变化，传统政治国家的拘束使得公民社会受到长久的压抑与钳制，在多元主体拥有更多经济社会权利后，随着信息的公开化和公众参与的广泛化，围绕经济社会的一系列革新（包括立法、行政和司法的革新）正前所未有地影响和考验着每一个现代民主国家，社会领域的立法也空前得到重视和强化。[1]就此观点而言，保障性住房立法应当是公法指导并兼具民生性质的社会保障法。

3. 国家—社会—公民的互动性

国家保障总是有限度的，公共资源毕竟具有稀缺性。保障性住房作为公共产品，国家过多的投入不仅使财政不堪重负，而且会扼杀社会前进的动力。社会的事情还是要发挥社会的力量，国家的主导作用不是说国家可以代替社会，事实上国家也代替不了。在保障性住房的探索上，住房公积金就是发动社会力量为保障性住房建设融资的有效办法。公私部门的合作、公共事业民营化（比如 BOT 模式）的探索也是国家与社会互动的有效模式。社会构成的复杂性、利益关系的多元性决定了保障性住房问题是一个公共性、社会性问题。"在 21 世纪，平等交流、沟通协商会越来越深刻地存在于每一个公民的日常生活当中，交流、沟通与协商的方式成为社会的主要潮流。通过交流、沟通与协商，最终会在司法—执法—立法各个领域实现交往正义，从而形成一种和谐的行政法律秩序。"[2]

"信息公开和公众参与的深入，使得多元社会主体参与到社会管理当中，传统的国家—个人的关系模式已经渐趋瓦解，全能政府已然消亡。取而代之的是国家—社会—个人，三者共同构成现代社会的治理主体。"[3]世界各国的实践已经表明，国家与社会零和博弈的思路非常有害，它的具体实践的确在

---

〔1〕 谢增毅："社会法的概念、本质和定位：域外经验与本土资源"，载《学习与探索》2006 年第 5 期。

〔2〕 王学辉："和谐行政法律秩序的建构———基于'5·12 地震'展现的行政法治化路径"，载《行政法学研究》2008 年第 4 期。

〔3〕 Andrew G. Walder, *Communist Neo-traditionalism*: *Work and Authority in Chinese Industry*, The University of California Press, 1986.

不少国家和地区造成社会的混乱和不稳定。

国家、社会、公民应当是相互增权（mutual empowerment）以及公私部门形成伙伴关系（Public Private Partnership，PPP）。国家行政能力强大、社会组织富有活力、公民权利落到实处是一个互动的多赢局面。"在推进强国家与强社会相得益彰的过程中，国家应该运用其特色的优势，发挥能促型作用（enabling role），社会需要国家，国家则依赖社会为公民提供各种各样的服务。"〔1〕三者的互动和协同方能强有力地推动保障性住房制度的发展。〔2〕

二、地方立法及时跟进

我国立法已进入后法律体系时代，〔3〕在以民生建设为基调的社会发展理念中，住房保障制度的未来发展之路应当是法制化保障道路。在中央政令下达后，各地均无一例外地根据中央文件和政策精神制定地方的实施细则，中央管制自身的缺失导致中央政令不可能也不应当一一细化并要求地方逐一实施。政策下沉逐级细化的后果往往是层层加码造成政策异化，地方根据自身利益将立法碎片化或者利益固定化。地方福利固化是造成当下社会保障制度矛盾凸显的重要原因。地方福利保障较好的，形成了地方福利型区域，为防止福利扩散和搭便车行为，至少在住房制度上，实行居民身份主义以此限定福利享有人群。笔者认为，协调好中央立法和地方立法的衔接不是一句空话，中央政令下发后的立法检查和评估工作同样重要。当下是行政机关靠强制性命令在维系着保障房的建设和发展，但住房保障地方和中央立法精神的一体化，应当是时下特别要关注的问题。中央和地方关系的协调，既要体现中央

---

〔1〕 ［美］莱斯特·M.萨拉蒙等：《全球公民社会——非营利部门视界》，贾西津等译，社会科学文献出版社 2002 年版，第 36 页。

〔2〕 关于消除住宅缺乏的问题，恩格斯在《论住宅问题》第一编"蒲鲁东怎样解决住宅问题"中就说要消除住宅缺乏有两个出路：工人自助和国家帮助。参见《马克思恩格斯选集》（第 2 卷），人民出版社 1976 年版，第 511 页。

〔3〕 中国特色社会主义法律体系的形成，标志着立法工作进入了国家法律体系的完善时期。对地方立法而言，这个时期，是一个由构建型立法向完善型立法转变，由数量型立法向质量型立法转变的时期；是一个立法技术更加精细化，法规编纂等立法技术在立法活动中得到更多采用的技术型立法时期；是一个立法体现以人为本，更加注重保障人权和民生的时期；是一个渐进式改革进入到更加高难度领域的攻坚克难型立法时期。地方立法在完善法律体系的新时期，仍然担负着重要的历史使命。参见宋荣茂："中国特色社会主义法律体系形成后的地方立法"，载《重庆市 2011 年制度研究会论文汇编》，第 56 页。

的监督与制约，又要发挥地方的自主性。[1]

"伟大的法律制度总能考虑僵硬和灵活的有效结合，原则和基本制度的调和可以把变化发展着的利益通过适时灵活的技术更好地黏合起来。"[2]当下保障性住房的立法抑或是基本住房保障的立法，应当考虑在不违背宪法的情形下，由中央统筹，更多地发挥围绕经济、社会和文化内容的地方社会立法的权力，赋予地方更多的自主和自治性权力。[3]

地方立法应兼顾以下几个方向：第一，结合地方经济发展实践，注重地方特色和前瞻引领，确保适用性。第二，地方立法要和中央立法相协调，不违反上位法的规定，确保统一性。第三，注重地方立法的程序性规范，减少二次立法，确保可实施性。第四，完善立法公开和征求意见机制，减少管制色彩，提高公众参与性。第五，地方人大负责牵头立法，多部门协调配合，提高立法科学性和民主性。

第二节　实践的完善

本节的探讨不是想给出解决问题的灵丹妙药，而是因循"问题—思路—问题"的模式进行探索。在实践完善上，总体而言，应当遵循以下思路：在保障建设上，要区分产权型和租赁型，产权型可以借鉴欧洲社会住房的模式，实行"投资者所有、权益共享"；租赁型要借鉴重庆模式，发挥政府主导作用，但同时在资金募集和供给运行上借鉴苏南模式。在运营上，设有保障性住房管理主体的单位，要侧重在制度和政策上的供给，审核轮候、准入退出、物业管理等环节要注重公众的监督和广泛参与，除前述要完善信息监管平台

---

[1]　就中央与地方关系法而言，需要规定以下内容：一是立法的目的和适用范围，该法的目的是建构科学合理的中央与地方关系，以适应经济社会的发展需要，适用于中央与地方关系中的基本问题。如基本原则、权力配置、权力运行程序等。二是处理中央与地方关系的基本原则：如法治原则、民主原则、平等原则等，在制度设计方面也要落实这些原则。三是中央与地方关系中的基本问题：包括权限划分和调整的内容和程序、中央对地方的监控机制、中央与地方权限冲突的法律解决机制等。参见薛刚凌："中央与地方关系研究"，载姜明安主编：《行政法论丛》（第11卷），法律出版社2009年版，第137页。

[2]　［美］埃德加·博登海默：《法理学——法哲学及其方法》，邓正来、姬敬武译，华夏出版社1987年版，第36页。

[3]　王学辉："公租房制度，从地方试水到全国统一"，载《法制日报》2012年1月15日。

和申报制度外，还要从技术上参照苏南优租房管理模式。在社区治理上，要借鉴珠三角模式和美国的包容性计划，即便是保障房小区，不能存在社会排斥和社区制度文化的异化。

一、建设上的完善

保障性住房在当下不是权宜之计，未来城镇化的扩张和农村村民市民化的进程，要求中国在这一制度上的供给是长远的，也就是说城乡一体化必然伴随社会保障制度的一体化。要改变廉租房实施是国家的救助和恩惠的思维，在保障房制度的构建上也要实现国家与公民的双向建构，以积累国家财富，并同时提高公民的住房消费可支付能力。双向受益、双向得利的制度才是我们应当努力追寻的方向。

资金是"老大难"问题，为此需要强化中央和地方政府在住房保障上的投入责任。社会保障制度与经济发展程度紧密相关。地方产业结构的调整和优化能够促进社会保障制度的发展已是不争的事实。保障房制度发展的不平衡性归根结底在于地方经济发展的不平衡。经济的发展可以为人力资本的创造提供良好的制度保障环境，同时良好的制度保障环境加上人口红利的优势可以为地方发展提供源源不断的人力资本。在一定意义上，保障房建设资金的投入是在优化和再造优质生产力。在资金方面，借鉴德国的住房储蓄制度和新加坡的中央公积金制度。改革我国现行公积金制度，发挥公积金融资的功能，同时要考虑地方实践模式中发挥国家、社会和个人多重主体融资筹资的先进经验，既要结合地方财力，还要细分需求对象，这是一个复杂而烦琐的工作，也是一个亟须要做的工作。个别地方不是保障房建设不够，而是分配不公；不是保障房建设供给充足，而是不少房屋闲置，部分人群不能得到有效供给。以治理理念而非管制理念来赋予保障房制度持续的创新和生命力，需要宏观的顶层设计，更需要基层部门和工作人员的耐心细致，要有从制度供给者转向制度需求者的角色转换，体现"责任性"。公众和管理机构在保障房制度的运行中都要体现责任性，制度在供给上也要发挥道德和法律的双重手段，提高责任性，责任性越大，治理的成效才能越高，制度的效用才越明显。[1]

如前所述，保障性住房推行的成败并不在于是否设定了产权，也不在于

[1] 俞可平主编：《治理与善治》，社会科学文献出版社2000年版，第10页。

各个主体占有了多大比例的产权，而应当遵循在市场基本产权制度的基础上，发挥政府土地和政策优势，发挥社会融资和筹建优势，发挥个人公共参与的优势，在保障房制度的建构上，努力实现三方的共治乃至善治。共有产权制度的探索在世界上各个国家具有相当的普遍性，但共有产权的设置又和各国的法律制度密切相关，我国民法制度中的共有产权制度难以解释个人与政府共同拥有产权的理论。因此，应当突破民法对共有产权的现行规定，现有诉争如果援引民法中关于共有产权的规定解决纷争，必然面临司法诉讼的类型选择及诉讼存在的主体资格，应当在现有探索的机制上，丰富发展保障房上的共有产权机制。如果要搞产权，就要做到产权清晰，权利关系明确。现阶段笔者提倡共有产权模式的构建，不只是有利于当下人力资本的构建，因为保障房制度涉及了产业、土地、财税、保障等多项宏观政策，它是国民经济、社会、民生中的重要一环。当然，更重要的是其还有利于保障性住房建设的可持续发展，加大住房保障覆盖面。

二、运营上的完善

（一）制度设计方面

1. 政府和市场

住房完全市场化的弊端已被实践所证实。基于市场在社会化和伦理上的界限，导致市场有短期行为的局限性，它对长期的经济发展不感兴趣，事关公共利益和社会保障的项目只能由有组织的机构来承担；利益分配的最大化导致资源流向强势资产和市场中的上流竞争者；分配上的界限导致市场过度投机和垄断，劣势竞争者逐渐被边缘化。统观域内外，凡是保障房建设、管理和运行良好的，均是高度重视政府和市场的力量，发挥各自所长并清晰地界分二者的效力范围。[1]上述弊端导致房价上涨，让大量的中低收入阶层根本无力购买生存所需的最基本住房；另一方面，投资性和投机性购房导致大量资金进行炒作，楼房空置率高，造成资源闲置浪费。[2]为克服市场缺陷，政府应注重政策供应，发挥多元主体及社会中间组织的作用，并发挥市场融

---

〔1〕　［法］罗奈·勒努阿："没有国家的市场"，载《国外理论动态》1992年第41期。

〔2〕　根据有关机构对北京、上海和深圳等大城市的调查，大城市的房屋空置率已经超过10%的国际警戒线。尽管空置率的调查方法是否科学仍值得商榷，但高空置率在个别地方已是不争的事实。参见李凤桃："空置率跟高房价没直接关系"，载《中国经济周刊》2010年8月18日。

资机制之杠杆作用，合力推动保障性住房制度向前发展。

2. 申请者和监管者

对申请者提交的材料，各地均是在进行书面形式审查，在三级审核模式中，乡镇（街道办）承担着初始信息的把关和审核职责，基层社区对申请者的收入、财产和居住状况比较了解，增加申请者信息在社区的公示可以提高申请者申请信息的准确性和客观性。申请者如果提供虚假信息申请保障房，各地立法均有惩戒的规定，但在提交审核的过程中如果发现，是否要纳入个人征信体系还值得讨论，前期的申请如果存在故意提供虚假信息或故意隐瞒事实行为的话，也应当对该行为进行惩戒。保障房是有限的公共资源，不是针对所有社会成员的普遍福利，要让申请者意识到这是对社会弱势群体的限度帮扶，而非利益的全民均沾。

对监管者而言，基层保障房申请监管人员直接面对需求公众，其行政服务能力和服务意识事关制度运行的成败。从各地的运行来看，当前保障房管理服务还存在行政效能弱化的问题，主要表现在信息的不公开，违反法定程序，公众参与度降低的问题，主要表现在：

（1）信息畅通的载体单一。当前基层政府的信息公开渠道还不够，一些基层政府没有自己的网站，基层民众对信息的渴求缺乏公开的载体平台，即便是政务公开比较发达的东南个别省份，其公开也是范围较小，核心内容和信息不多。比如在保障房申请人员的信息公开上，做不到信息的公开查询、质疑和意见的充分表达。《政府信息公开条例》第 5 条规定，行政机关公开政府信息，应当遵循公正、公平、便民的原则。社会利益渐趋多元化，多元化的利益对应着多元化的主体，利益主体之间通过对话达成的妥协和共识是现代立法顺利通过的前提，也使得利益主体之间的交往接近程序和实质上的正义。[1]

（2）基层管理人员过分依赖书面材料。对书面材料的过分依赖容易产生唯材料是从的心态，减少了调查和核实环节。《经济适用住房管理办法》第 26 条规定了调查方式应当是入户调查、邻里访问以及信函索证。现实情况是，基层管理人员过分注重村委会或者居委会提供的材料，只要居委会或者村委会审核通过，乡镇一级或者县级行政管理部门只做书面审查或者形式审查。居委会或者村委会的审查可能存在以下问题：第一，居委会的负责人对本居

---

〔1〕 王学辉、邓华平：《行政立法成本分析与实证研究》，法律出版社 2008 年版，第 29 页。

委会的申请人即便熟悉，但审核鉴于邻里关系和熟人社会的影响，可能存在把关不严的情况；第二，现代社会，流动性越来越大，居委会审核的符合条件的人，往往只是居住满了一定期限的人，申请对象的财产状况往往并不了解，只能根据居住现状和自述材料进行评判，难免失之公允。如果公示不畅通，再加上没有相应的问题反映渠道，很难事前发现问题，当前发生的多起骗购、骗保案件表明，很多案件都是在事后才发现，在申请过程中就已经存在材料虚假问题但并没有被发现。[1]

（3）过分注重乡镇或者街道办基层审核机构的建议。[2]实践中发现，骗租和骗购的案例多是经过了县级人民政府按照规定逐级审核过的。问题就出现在，乡镇和街道办在拿到申请材料后，并没有进行事实审核，偏信了乡镇和街道办报送的材料，即便是书面审理，也只是草草了事。

3. 保障房与商品房角色的转变

各地均在保障房数量上下功夫，然对公众的吸引力如何，限价房和自住型商品房需求群体的边际效应和变化指数，没有实务部门对其进行统计，也难以统计。[3]但保障房和商品的流动性不只是体现在配建和配售上。商品房

---

〔1〕　比如，郑州市实施新的《郑州市经济适用住房管理办法》，对审核经济适用房资格作出了严格规定。所有申请经济适用房的，要"三级审核两级公示"，要经过办事处、乡镇，区房管局，市经适房建设管理机构三级审核，分别在社区和房地产新闻网上公示。然而，层层审核之下，骗购经适房者却为何屡屡得手？事前缺乏监管和详查，工作人员如果工作不认真，很容易就将一些弄虚作假的材料放过去。其次，公安、民政、银行、车管所等没有一个信息平台，缺乏监督，一些弄虚作假的证件极易蒙混过关，何况有时还有"内应"。

〔2〕　比如《城市居民最低生活保障条例》第4条第2款规定，县级人民政府民政部门以及街道办事处和镇人民政府（以下统称管理审批机关）负责城市居民最低生活保障的具体管理审批工作。第7条第1款规定，申请享受城市居民最低生活保障待遇，由户主向户籍所在地的街道办事处或者镇人民政府提出书面申请，并出具有关证明材料，填写《城市居民最低生活保障待遇审批表》。城市居民最低生活保障待遇，由其所在地的街道办事处或者镇人民政府初审，并将有关材料和初审意见报送县级人民政府民政部门审批。

〔3〕　住房市场中项目影响直接相关的利益和社会愿意支付额外住房的愿意相关的利益。住房质量和需求的改善或许能够产生一些外围利益，这些利益并不影响租金和住房需求。例如，棚户区升级计划能够提供适当的环境卫生，并且住宿不拥挤对于住户的健康有显著的作用。因此，我们要增加他们的福利，生产率和收入水平。项目分析在面临这样的影响时遇到了相当大的困难，很难定义项目中直接利益和外围利益的分界。See Karen Seccombe, "Families in Poverty in the 1990s: Trends, Causes, Consequences, and Lessons Learned", 62 *Journal of Marriage and the Family* 1094, 1103-4 (Nov. 2000); Matthew R. Lee, "Concentrated Poverty, Race, and Homicide", 41 (2) *The Sociological Quarterly* 189, 190-94 (Spring 2000).

闲置较多，比如有些地方出现"空城"（如鄂尔多斯），可以由政府进行结构性调整，可以停建保障房，将商品房转化和吸收为保障房。当然，要突破政策的限制，比如商品房如果存在面积较大的情形，地方可以限价房或者自住型商品房为主，提供共有产权的住房；如果地方空置房以中小户型为主，可提供以公共租赁住房为主的保障房。探索限制产权，这样流动的时间较短，5年左右时间，可变为完全性产权。此种做法因时因地制宜，发挥地方立法的灵活性，因为保障房也具有政策性和商品性，商品房也具有社会保障性质。

（二）技术层次方面

不少学者在研究国外的保障房时，感叹东南亚模式中公职人员的服务能力和质量，艳羡欧美模式中租金补贴中的精细化算式和社会中间机构、志愿服务团体的自治化水平。保障房制度的生命在于分配的公正和公平，而这一理念依赖在制度建设上，其中最重要的就是技术层面的突破。就统一的监管平台建设而言，各地的实践仍停留在形式上，在公示制度上，运用各地政府统一的政务网进行网络公示的仍是少数一部分，有些地方以张贴方式、宣读方式来进行材料的公示。缺少公众的意见反馈渠道和发现争议后的处理流程。导致的结果是公众参与程度因缺少监督激励机制而比较低。在个人征信和财产申报上，各地仍在探索，没有实际上的操作流程和手段。当下我国正在进行的不动产登记统一和城乡户籍制度的统一可以为保障性住房制度在审核和准入方面提供技术上的支持。保障性住房的立法需要理念和技术统筹兼顾，如仅有理念而无器物，或仅有器物脱离实践，都难以实现制度之初衷。

在收入等级上，也要根据各地经济状况，借鉴地方人均收入和支出的计算方法，细化分类，[1]居民收入状况与可支付能力，中低收入群体在整个供需中所占的比例，这些数据均需要技术上的统计和支持。比如较多国家采用"4倍至6倍"的房价收入比作为判断居民住房消费负担能力和房价高低

---

[1] 比如在收入等级上，我国统计部门在实践上通常按照"七分法"划分收入等级，即按照一定时期城市收入的递减曲线，划分为最低收入（困难）、低收入、中下收入、中等收入、中上收入、高收入以及最高收入户，再假设各部分人群占总人口的百分比分别是10%、10%、20%、20%、20%、10%、10%。此外还有多个标准及其综合，如职业标准、消费及生活方式标准、主观认同标准等。

的一个标准，这个标准关系着住房保障对象的识别和确定。[1]数据和指标的精准需要从统计和技术上加以量化。借鉴国外的租金和税收计算方法，做精做细保障房制度，还需要从技术层面着手。[2]

三、治理上的完善

治理模式可分为政府主导模式、社区自治模式和混合模式等。新加坡的社区治理重视组织协调，设有咨询委员会、居民联络所和居民委员会。日本的保障房社区注重社区管理上的"自治和自律"，社区的事情由社区居民自己决定，社区的行政官员也由社区选举产生，对上不存在领导关系，高度的社区自治让保障房小区运转高效有序。美国的社区管理和服务体现在官民协作上，社区委员会具有半官方性质，社区委员会主席由社区选举产生，社区顾问服务团由各专业代表和社区代表组成，社区有权决定诸如绿化、建设、维修和服务等选择。

在保障房交付以后，不论是配建还是集中建设的保障房社区，均可引进现代物业管理制度，政府退出监管和运营。借鉴域外经验，社区治理要更多体现在社区自治上。实证调研发现，保障房的纠纷更多地体现在物业费的收取，保障房的维修维护，物业的服务质量和水平，这是准入前和退出后的中间阶段。不同阶段出现的矛盾可运用不同的纠纷解决机制。比如在准入前，可用行政纠纷的解决机制，包括复议、调解等手段，退出后可用司法解决手段，基于各地的认识不同，进入司法的管道也各有不同。正因为如此，才需要以制度的革新和理念的进步做支撑。比如在社区治理上，相关学者提出建立和尝试保障房房屋"银行"，通过将存量住房置换的方式有效增加房源供给。合理统筹住房布局，美国的包容性计划多是利用配建的方式，在商品房

---

〔1〕　世界上许多国家都在使用房价收入比，因为它是一个比较好的综合指标，而且现在还找不出比它更好的指标来代替它。特别是这个计算方法的依据，是住房消费占居民收入的比重应低于30%，这也是世所公认的合理界限。

〔2〕　在美国的低收入住户税收补贴中，除了土地，税收补贴不包括以下支出：住房收购款及与此相关的支出、为获得长期贷款支付的费用，项目开发后的运营费用；资金筹集相关费用；项目预留费用；建设完成后的相关开支，由其他联邦资助提供的花费；历史性建筑税收补贴项目中所有居住建筑部分相关的开支；项目开发中的非居住建筑部分。计算项目繁多，分类细化。参见［美］阿列克斯·施瓦兹：《美国住房政策》，黄瑛译，中信出版社2008年版，第84页。

中建造一定比例的保障房，实现社区服务和社会治理上的融合。[1]在美国，越来越多的地方政府通过使用"包容性计划"来提高廉价住房的供给，包容性计划要求或鼓励开发商把他们开发的住房单元按照比例留给中等收入或者低收入家庭。在增加廉价住房供给的同时，也促进社区的经济多样性。[2]

比保障房建设更重要的是保障房的公平分配和社区治理。保障性住房问题的解决远非法学一己之力就能解决好，需要政治经济学、社会学、理论经济学、制度经济学、管理学等学科的力量。认为凭法学研究就能解决的思维，只能是只见树木，不见森林。经济适用房一直很有生命力，只是因为分配的不公而导致社会的诟病，以"经济人"的角度出发，要给予中低收入群体共有产权的期待和制度预期，即入住一定期限即可享有限度产权。政府不是资产的有效管理者和经营者，尽管现有的状况是政府在管理着大量社会资产，房产的有效经营者是所有人而非政府，让中低收入者享有保障房的产权也是社会财富通过住房制度的再分配。当前更多的地方实践着共有产权保障房，毕竟居有定所乃至住有所居是传统文化和社会习俗选择的结果，每个人都希望通过自身的努力拥有自己的住房，从这一点上来看，产权性保障房将是未来保障房的发展方向。[3]

---

〔1〕 如英国强制要求新的住宅建设项目一般必须配套建设占建设总量15%~50%（平均达25%）的低收入居民住房；德国要求房地产商新建住宅区必须用20%建造福利用房；法国于2000年专门颁布法律，规定开发商在住宅建造规划中必须拿出20%的面积卖给社会福利房管理公司，由其出租或出售给低收入者，并提供房屋的日常管理和维护，其余80%则按照市场价格销售；美国发展公共住房已有近80年的历史，从早期创造就业岗位解决"屋荒"问题，到城市更新运动中大规模贫民窟改造，直至20世纪90年代以来实施"HOPE"计划，实行住房混合建设，统筹发展。参见宋伟轩："大城市保障性住房空间布局的社会问题与治理途径"，载《城市发展研究》2011年第8期。

〔2〕 杨浚："部分国家及香港地区经验对北京保障性住房建设的启示"，载《北京规划建设》2007年第4期。

〔3〕 参见陈淑云："共有产权住房：我国住房保障制度的创新"，载《华中师范大学学报（人文社会科学版）》2012年第1期。在我国，拥有一套住房不仅能够解决居住问题，更是社会地位的体现。首先，我国绝大多数居民在思想上对"家"的理解基于对固定住所之上，仍然认为住房是财富与地位的象征，"居无定所"对家庭而言，在心理上难以带来融入当地社会心理归宿感；其次，居住环境的优劣差异会在一定程度上引发居住隔离，进而导致阶级与地位分化；再者，天生的趋利性驱使人们去追求更好的环境、更高的阶层以及更高的地位。因此，人们普遍更倾向于拥有自有产权住房，并不断追求更高的条件以彰显个人地位，这点同样体现在保障性住房上。

第三节 制度创新机制的完善

保障性住房制度到目前为止，其发展还存在政策性强、法治水平不高、稳定性不强、法令容易变化等问题。但值得肯定的是，政府的强力推动已让部分中低收入群体在改善居住质量和实现住有所居上取得了较大进步。未来保障性住房制度的设计要围绕三个方面进行努力，即政府职责的履行、制度本身的创新和现代市场制度的运用。[1]保障性住房制度的实践中尚存在诸多难题，仍需理论上的进一步探讨与积极回应。

一、理念的嬗变：从"管制"到"善治"

（一）理念的完善

"管制"的理念和实践随着社会民主和法治的演进，正在成为历史，取而代之的是一种新的社会治理方式。有效的社会治理取决于有效的治理机制而非威慑和集权。社会发展的规律和生活认知的理念需要不断地更新并使之成为指导我们行动的指南。保障房制度还是要以人为原点，放弃恩惠和偏见，对在住房制度中需要帮助的人给予人性的关怀和激励性资助，或许这是我们在住房保障制度上应当秉承的基本理念。分工与合作正如个人与集体一样，在任何社会形态下都不可消弭。住房不是个人所能解决的问题，人类社会的文明包括了居住文明，居住文明的要义就是住房不仅是生存所需，而且住房的有无和质量关乎着人的生存质量和文明程度。让每一个公民拥有体面的住房，是每一个政府应当努力达成的目标。在住房制度发展比较先进的国家，无不是国家、社会、个人三方以某种责任权利的机制相互影响和制约，个中既有积极合作，也有相互妥协，良好的制度设计使得住房制度和社会保障在经济、社会和民生领域三个维度中松弛有度。在社会化条件下，只有住房保障制度的优化和顺利实践，才不辜负民众对于一个良好政府的信赖与期待。[2]

---

〔1〕 当前，基层社会的民主治理问题日益迫切，需要中央不断放权，壮大民间组织，形成"官民共治"的社会治理格局。社会问题的解决不能靠政府单打一，特别是随着国家与社会的分权，更多的社会问题需要社会自身来解决。这样一来，会有越来越多的人不再依赖政府、抱怨政府。

〔2〕 王学辉："公租房制度，从地方试水到全国统一"，载《法制日报》2012年1月14日。

（二）理论界和实务界的认识转型

未来的保障房主体，应当是商品房和公租房。不论是市场经济的国家还是半市场经济的国家，住房问题都是政府面对的一个非常棘手的问题。但现在的困境是，在保障性住房制度认知上中央政府和地方政府存在差异，政府和市场对保障性住房的政策存在差异。商品房和保障房的制度设计初衷也存在着矛盾。问题的认识不清导致中央政府让地方政府在实践中摸索前行，地方政府也在既无立法又无实证经验的边际探索。也就是说，在对保障性住房的认识方面我们因缺乏清晰的理论总结而一直存在于游摆不定的理论怪圈中。比如保障性住房，从一开始的大力提倡，陷入后来包括地产界和主流经济学者的全面打压。对于到底该不该建、到底建设多少、到底怎么分配等一系列问题，至今我们没有一套清晰的理论可供借鉴。不论是公共租赁住房还是廉租房，不论是限价房还是经济适用房，保障性住房的核心概念或许就在说文解字当中所言的"保障"二字。既然有保障性，就有提供者和需求者，不论是否以国家为主体，但动员社会多元力量提供保障的模式应当予以常态化和制度化。

当前房价上涨与热钱过分投资有关系，住房需求紧张、高房价反映的并非是居民住房消费能力的增长。部分金融或者信贷机构违规投资房产，部分地产商哄抬房价，地方政府对中央的限价政策执行不力等，这些都是造成投资者投机房产、抬高房价的原因。[1]

对于公民住房权缺乏足够清晰的认识，缺乏相应的公共政策。[2]其实，任何国家的执政当局并非没有意识到住房权利的重要性，对政客而言，与其以立法明确公民的基本住房权利而得不到保障，不如采取消极怠工的方式，宁愿以尚无立法推辞或者承担立法滞后的指责。满足公民的住宅需要是政府

---

〔1〕 不少学者认为，中国经济正面临着高通胀、房地产泡沫破灭的风险。弱势群体所享受的福利和救济十分有限，地方政府因大规模投入基础设施建设而债台高筑。经济先发地区环境质量下降、生态恶化，环境资源承载力脆弱。

〔2〕 现有研究保障性住房的相关博士学位论文，与本书选题较近的有马建平博士的"中国保障性住房制度建设研究"；徐东辉博士的"中国公租房制度创新研究"；王笑严博士的"住房权保障法律问题研究"；程益群博士的"住房保障法律制度研究"；廖希飞博士的"我国公共住房保障法律制度研究"；杜芳博士的"我国公民住房权的司法保障研究"；崔竹博士的"城镇住房分类供应与保障制度研究"；龙雯博士的"公共住房保障中的政府责任研究"。上述研究均指出了住房快速市场化过程中存在的问题，并在法权和公共政策上进行了合理分析。

的职责，相信在现代法治社会没有哪个政府不明白。[1]但对于建房资金，在建房时机和政府财政可支撑能力还没有充分定论的情况下，地方政府只能按照行政命令的阶段性要求，进行敷衍的建设以应对来自上层或者民间，可能更多的是上层政治性或者基层维稳方面的压力和需求。解决住房问题需要多个学科的研究和联合，需要理论界和实务部门的合力。解决保障性住房在立法和实践中存在的问题，完善保障性住房制度，立法只是其中的一个环节，还包括住房权利的认识，以住房权为根基建立相关立法和司法解决方案等。

（三）从"住房保障"到"保障性住房"的厘清

"住房保障"和"保障性住房"是否为同义语的不同表述，理论界和学术界对此没有细分，[2]二者界分不清在一定程度上造成了当下保障性住房实践的勃兴，但住房保障立法停滞不前。

1. 我国学者对保障性住房的认识

住房本身既具有商品性，又具有社会性，我国在住房问题上走了一个"否定之否定"路径（福利房—商品房—福利与市场并轨）。[3]学者将以上变化称之为"保障轨"到"市场轨"的转化，商品性住房同样具有社会保障的功能，[4]但商品性住房不能称之为保障性住房，二者的适用群体、适用政策均有较大差别，比如商品房作为普通商品可以面向社会各阶层进行销售，只要遵循市场交易规则和国家关于购房的政策性规定即可购买到住房。然而保障房不同，其有着严格的主体资格、经济收入、居住面积等限制。因住房的

---

〔1〕　1959 年《哥德斯堡纲领》中，在党纲的"社会责任"篇中清楚地宣称"在住房领域，人人都有权得到一个合乎人尊严的居所，住宅必须得到社会的保护，而不仅仅是私人谋求利润的对象，鼓励建设公共住房，土地投机必须制止，必须通过税收抑制土地攫取非正当利润"。如此看来，无论是政党还是整个社会，对建设公共住房是政党和国家的义务、是个人的正当权利而言，均有比较清楚的认识。

〔2〕　全国政协十一届五次全会举行的主题为"政协委员谈保障性住房建设和管理"的记者会上，全国政协委员刘克崮提出要正确区分"房地产住房""基本住房""基本住房保障房"的经济属性与民生保障属性，建议制定《中华人民共和国居民基本住房保障法》。

〔3〕　1998 年国务院《关于进一步深化城镇住房制度改革加快住房建设的通知》（国发〔1998〕23 号），确定自 1998 年下半年开始停止住房实物分配，逐步实行住房分配货币化，停止住房实物分配后，新建经济适用住房原则上只售不租。以经济适用住房为主的多层次城镇住房供应体系得以建立和完善，不同收入家庭实行不同的住房供应政策。

〔4〕　必须强调的是，强调保障性住房社会性和保障性的同时，我们也没有否定商品房的二重性。商品房同样具有保障性，是商品性和社会性（保障性）的结合体，这也是国家在大力发展保障性住房的同时，三番五次下发多个文件花大力气降低房价、遏制房价过快增长的原因。

性质不同，国家制定政策的导向更是差别巨大，商品房的用地必须严格按照土地交易规则，而保障性住房则可以通过划拨等方式直接获得；二者的差异还表现在如融资、贷款和税收等诸多方面。在住房保障立法的讨论过程中，诸如是"大保障"还是"小保障"，是"保城市"还是"保农村"等存在较大分歧。在工业化、城市化和户籍制度改革日渐深入的进程中，应当是"应保尽保"，保障最需要得到保障的群体。《基本住房保障法（征求意见稿）》规定了城镇基本住房、保障性住房以及农村住房等建设、规划、管理。此分类与其说是一部社会"保障法"，不如说是一部分类"管理法"，在很大程度上消弭了国家的保障义务，克减了政府的给付责任，弱化了对低收入阶层的生存照顾。

2.《保障性住房法》较之于《住房法》更有针对性

城镇住房的主要困难是部分中低收入群体的住房困难，以保障性住房立法明确限定该困难群体，有利于保障对象的明确性。住房法的立法尽管范围广泛，可以将保障性住房纳入其中，然而纳入范围如何、保障强度如何，均难以直接做出明确界定。前者主要是一部社会保障法，后者类似于权利保护法，前者突出政府的积极作为，后者似乎强调静态权利的保护。从司法运行机制上看，前者对保障性住房的骗购或者影响保障性住房权益的行为予以规制，后者则是保障行为个体的权利救济。《住房法》缺失保障对象的特定性、国家责任的作为性、社会权属的积极性，注定了《住房法》（也有学者称《住宅法》）草案虽早已怀胎，却迟迟难产。

"法律应当与国家的自然状态相联系，与气候的冷、热、温和有关，与土地质量等各种人的生活相关，法律应该与政体能承受的自由度有关系，与居民的宗教信仰、思想倾向、富有程度、人口数量、商业贸易以及风俗习惯相适应。"[1]保障性住房立法，必须综合考虑政府的可承受能力、社会经济的发展状况。我国因城市化、工业化高速发展产生的住房问题，实质上仍是发展过程中存在的问题。即实质是发展问题，与其单纯制定一部法律"确权"，不如根据社会发展的实际进行"保权"。事实上，民生口号的提出，也是国家对社会问题尤其是住房问题的高度重视。在统筹解决住房的问题上，应当尝试

〔1〕 ［法］孟德斯鸠：《论法的精神》，于应机、余新丽编译，陕西人民出版社 2006 年版，第 29 页。

转变的思路是：立法不仅要确认住房权是基本人权、是公民基本权利，更为重要的是要明确国家有责任为该权利的实现积极创造条件。应当在立法中明确这种责任，[1]同时还要明确履行这种责任的思路、措施和办法。

3. 保障性住房基于"实践——理念——制度"的呼应

构建服务型政府，改善民生，为中低收入群体提供生存保障是当下的时代强音。需要明确的是，住房保障立法与保障性住房立法虽均为住房立法，但二者在立法旨趣、保障理念、保障目标、保障方式、国家义务和权利救济等方面不仅均有所不同，某些方面甚或差异较大。《基本住房保障法》虽千呼万唤，但因难以在立法理念、立法权力根基、宏观政策和利益群体层面作出正确的判断和抉择，致使该法迟迟不能出台。[2]此等困境下，可否蹊径另辟，在保障性住房上寻求立法突破，既可回应当下保障性住房推进中的难题，又可为地方正在大规模进行的保障性安居工程建设提供制度支持和方向引领。最终实现改善民生、保障公民基本权利、确保公民更加有尊严的生活之目的。我国在有关住房上颁行的法规、规章和规范性文件，绝大多数是为房地产经济的发展来服务的，涉及土地、金融和城市房屋管理等内容。与保障房相关的立法只有部分行政规章和行政规范性文件在对保障房进行规约，且较多为限制房价，规范经适房、两限房、廉租房、公租房、棚户区改造等保障性住房而颁行。

（1）顶层设计缺乏产生诸多问题。从初步建立经济适用房、廉租房的住房保障体系开始，我国的保障性住房，就一直处于质疑诘难和广大中低收入群众的期盼中。尤其是 2008 年以来，国务院和有关部门就保障性住房建设、调控房地产市场秩序先后下发了近 30 个规范性文件。虽然文件对如何保证保

---

〔1〕　例如，在公共租赁住房的建设过程中，《关于加快发展公共租赁住房的指导意见》指出，发展公共租赁住房实行省级人民政府负总责、市县人民政府抓落实的责任制。实际操作中，省级政府与地市政府再签订责任状，以分解任务，确保目标落到实处。

〔2〕　我国在 20 个世纪 80 年代末就已提出制订《住宅法》，但由于当时房改工作尚未尘埃落定，立法条件暂不具备。三十年后今非昔比，中国社会科学院社会学研究所 2012 年发布的社会蓝皮书——《2012 年中国社会形势分析与预测》，称城镇人口占总人口的比重超过了 50%。城市住房问题实质上是城市中低收入群体和农村、新就业群体流入城市的住房问题。我国应尽快出台保障性住房法，为住房保障政策实施提供法律支持。建议将保障性住房、商品房和其他住房分类立法，优先出台《保障性住房法》，从立法上规定住房保障的对象、保障标准、保障水平、保障资金的来源、专门管理机构的建立，以及对违法违规行为的惩处措施等，待时机进一步成熟后再开展《住宅法》（或《住房法》）的立法工作。

障性住房的公平分配有一定关注，但因立法缺位、缺少顶层制度设计，通常是遇到一个问题就解决一个问题，整体思路不明确。从保障顺序上看，应当是两个基本的原则，先保最低收入，再保低收入，以此类推"保障公民最低限度的生活是政府对公民的基本职责"。[1]这种职责"不只是反映在消极的秩序行政——对个体权利的尊重上，同时还包括提供物质资源的给付性行政上"。[2]经适房、限价房已经备受非议，甚至有学者主张停止经适房和限价房的分配，在廉租房的发展上，受土地财政的导引，各地政府均不是很积极，发展过程缓慢。在廉租房和公租房合并运行后，产权设计的乱象又使得公租房制度的发展带来了产权界定上的困难。

（2）现实需求呼唤良法之治。各国在面对住房问题上虽然均没有绝对成功的经验，但为住房制定相关立法、实施积极的住房政策却是各国的不二选择。美国政府制定大量的法律和政策来保障公民的住房权。自20世纪30年代起，美国相继制定了《国家住房法》《公共住房法案》（1937年）、《住房与城市发展法》（1968年）、《住房与社会发展法案》（1974年）、《公民可承受住房法案》（1990年）、《多元家庭资助性住房改革及承受能力法案》《公平住宅法》等一系列的法律来明确政府的责任及相应的住房政策。

除我国《宪法》第14条、第33条规定外，我国有关住房的单行法律及法规还有很多，2008年施行的《城乡规划法》第29条第2款规定：镇的建设和发展，应当结合农村经济社会发展和产业结构调整，优先安排供水、排水、供电、供气、道路、通信、广播电视等基础设施和学校、卫生院、文化站、幼儿园、福利院等公共设施的建设，为周边农村提供服务。同法第34条规定：建设规划应当以中低收入居民住宅建设以及生态环境保护为重点内容，明确近期建设的时序、发展方向和空间布局。除此之外，《城市房地产管理法》和《土地管理法》等法律也对住房的使用或者租赁进行了规定。

保障性住房相关法规和规章有：《经济适用住房管理办法》《廉租住房保

---

〔1〕 Phillip Alston. "Out of the Abyss: The Challenges Confronting the New U. N. Committee on Economic, Social and CulturalRights", Human Rights Quarterly, Vol. 9, 1987. 转引自黄金荣：《司法保障人权的限度——经济和社会权利可诉性问题研究》，社会科学文献出版社2009年版，第215页。

〔2〕 ［德］汉斯·J. 沃尔夫等：《行政法》（第1卷），高家伟译，商务印书馆2002年版，第30~31页。

障办法》《住房公积金管理条例》《关于加快发展公共租赁住房的指导意见》《公共租赁住房管理办法》等。上述立法为保障性住房的建设、融资、运营等提供了政策支持，为保障性住房立法积累了诸多有益的经验，尤其是对于经适房、廉租房、公租房、两限房等保障性住房在房改后的迅猛发展，上述法规和规章起到了很重要的指导作用。要想建立一个有效的住房保障体系，还必须克服一系列制度上的发展障碍，研究保障性住房制度存在的深层次问题。现实存在的问题和发展障碍要在政治、经济、法律等基本制度改革和完善的基础上方能得到根本消除。尤其是当下，为公民提供福利已经是现代国家的根本任务，执政党必须面临着这样的选择，"在革新社会管理的同时注重防范风险，为民众提供经济、社会和文化生活上的便利"。[1]应当看到保障性住房在立法、政策、制度上还存在执行乏力的缺陷，保障性住房建设、融资、分配和运营还存在诸多难题，解决的办法就是立法及时跟进，政策有效疏导。

二、纠纷的化解：资鉴重庆模式

2010年，重庆市启动公租房建设，规划建设4000万平方米公租房，保障200万城市住房困难群体。2010年至2013年来，重庆市公租房已进入建设、分配、管理全面展开的阶段，公租房管理总体平稳有序。

（一）重庆市公租房建设管理现状

目前，公租房小区在建设和管理方面呈现出与商品房小区不一样的特点，边建设边入住边配套、建管分离、住商分离，在管理体系上形成了多元化的管理格局。[2]政府主导，辖区人民政府、其他按照属地原则负责入住后公租房片区的市政管理、交通治安及其他社会事务与公共服务管理。市级各部门按照职能职责，牵头协调解决与公租房有关的共性问题，各区相应部门负责具体实施。主城区面向社会配套的公租房由市政府指定的重庆市公共住房开发建设投资有限公司和重庆市城投公租房建设有限公司建设并拥有产权。商

---

〔1〕［德］哈贝马斯：《在事实与规范之间：关于法律和民主法治国的商谈理论》，童世骏译，生活·读书·新知三联书店2003年版，第535~538页。

〔2〕根据《重庆市公共租赁住房租赁管理暂行办法》（渝府发〔2010〕61号）相关规定及市政府多次协调会议的决定，现行管理体制为：市国土资源和房屋管理部门是全市公共租赁住房的行政管理部门，牵头协调规划、计划、建设、管理和政策研究工作。市公租房管理局具体负责公共租赁住房的统筹管理，组织主城区公共租赁住房申请对象的审核、建库、配租、租金收取和交易审核以及住房出售、回购管理工作。

业设施由建设业主自行招租并签订合同，住宅部分的分配管理由市公租房管理局统一负责，但签订合同仍以建设业主名义。

（二）存在的问题

（1）合同主体方面。公共租赁住房租赁合同签约主体和实际管理主体不一致。租赁合同签约甲方为重庆市公共住房开发建设投资有限公司和重庆市城投公租房建设有限公司，而实际管理者为重庆市公租房管理局，在以诉讼方式追讨承租人租金和解除合同的程序中，公租房管理局的诉讼主体资格有待更多法律依据和事实依据作为支撑。

（2）违反物业管理方面。在公租房物业管理方面，存在一系列管理服务上的难题。比如：如果承租人违反《公共租赁住房小区承租人管理规约》，市公租房管理局通过选聘或公开招投标的物业服务公司可以自己的名义提起对于承租人违约之诉。同样，如果承租人认为物业公司违反规约约定，也可以自己直接起诉物业服务公司。另外，承租人、购买了专有部分产权（有限产权）的产权人、分次购买专有部分产权（有限产权）的产权人在物业管理中权利义务，业主委员会的职责和议事规则也有待明确。

（3）执行方面。在申请强制执行上，〔1〕事前催告和提供行政决定书及作出决定的事实、理由和依据，具体包括哪些内容和必须按照哪些必要程序，在实践操作上还比较模糊。

（三）司法创新

为切实维护保障房承租人和所有人的权益，在司法层面上，以下几个方面可以在制度上予以创新：

（1）在租赁合同法律定位方面。在公租房建管分离、住商分离的建设管理特色模式下，租赁合同应当定位为民事合同比较合适，理由是：第一，从合同主体来看，公租房制度的行政审核和配租阶段主要在入住之前，自入住后，产权单位基本以市场主体进行服务，双方应当受民事合同和《物业管理条例》的规制。第二，从合同内容来看，租赁合同更多是明确租赁双方的权利义务，产生纷争更多的部分集中在物业管理和服务上，物业管理和服务的

---

〔1〕《重庆市公共租赁住房租赁管理暂行办法》（渝府发〔2010〕61号）中第39条规定："承租人在合同期满或终止租赁合同的应当退出。确有特殊困难的，给予一定的过渡期限；拒不腾退的，按合同约定处理，并在适当范围内公告，必要时市住房保障机构申请人民法院强制执行。"

内容是民事权利义务内容。第三，从域内外的运行经验看，将租赁合同定位于民事合同能够更好地保护被保障人的权益。

（2）在拖欠租金的解决机制上。针对承租户欠租行为，市公租房管理局作为重庆市公共住房开发建设投资有限公司和重庆市城投公租房建设有限公司委托的管理方，享有向承租人起诉的权利，即具有在拖欠租金的民事诉讼中的诉讼主体资格。[1]

（3）禁止行为的法律认定上。《公共租赁住房管理办法》中针对此五类禁止行为，[2] 与"累计拖欠租金 6 个月以上的行为"区分对待，强化住房保障主管部门的行政职能，即公租房管理部门可以直接针对上述五类行为人作出行政处罚决定责令其限期退回和依法申请人民法院强制执行。但是五类禁止行为的证据固定、法律程序以及作出行政处罚决定的事实、理由、依据如何把握，尚需司法机关给予具体指导，以形成有效范例。

三、机制的创新：革新行政手段

（一）公共服务民营化的探索

民营化的服务方式相对于传统行政方式而言，以参与、竞争、效率及合作精神在公共行政上应用广泛，在一个公共行政主体与另一个公共行政主体或者私主体具有共同或者互补的利益时，完全可以委托给市场其他主体去履行。即便在民营化中政府仍然承担最终供给者的角色。[3]

民营化尽管也会带来市场垄断、腐败和公共责任缺失问题，但能优化服

---

〔1〕 住建部《公共租赁住房管理办法》第 29 条规定："承租人累计 6 个月以上拖欠租金的，应当腾退所承租的公共租赁住房；拒不腾退的，公共租赁住房的所有权人或者其委托的运营单位可以向人民法院提起诉讼，要求承租人腾退公共租赁住房。"

〔2〕 根据住建部《公共租赁住房管理办法》第 27 条规定："承租人有下列行为之一的，应当退回公共租赁住房：（一）转借、转租或者擅自调换所承租公共租赁住房的；（二）改变所承租公共租赁住房用途的；（三）破坏或者擅自装修所承租公共租赁住房，拒不恢复原状的；（四）在公共租赁住房内从事违法活动的；（五）无正当理由连续 6 个月以上闲置公共租赁住房的。承租人拒不退回公共租赁住房的，市、县级人民政府住房保障主管部门应当责令其限期退回；逾期不退回的，市、县级人民政府住房保障主管部门可以依法申请人民法院强制执行。"

〔3〕 我国自 1982 年政府机构改革以来，虽然没有正式提出公共服务民营化的概念，但实际上已经逐渐实施公共服务民营化。1988 年大力推进政府职能转变，政府的经济管理部门从直接管理为主转移到强化宏观管理职能，淡化微观管理职能。特别是 1998 年以来，将大部分应该由市场运作的有关职能部门从政府机构序列中脱离开来。现在通过创新投入机制，广泛吸纳民间的资金、民间的力量投入到公共服务行业，公共服务民营化已成为我国行政改革不可缺少的一个策略。

务、明确责任、推进民主化运作，亦能很好地实现公私之间的合作。[1]民营化的理念在保障房制度设计、资金筹措、建设主体和运营管理上有多重体现。比如在保障房制度设计中，住建部门委托各地住房研究中心和市场上的住房信息调研中心，集中对保障房制度的设计、运行委托中间机构进行设计，从市场或者社会调查机构中获取更多有价值的信息以便立法的民主化和公众化。在保障房资金筹措方面，更多运用公私协力的方式，综合运用市场中的金融机构，采用发行债券、募集基金等方式由金融服务机构进行融资。在运营管理方面，保障房小区完全运用市场化的管理模式，让物业管理机构和部门运用专业知识，同时也实现对保障房的动态监控。上述民营化利用在保障房制度中有以下借鉴意义：第一，激发私人的创造性、避免干预，减少了行政成本，避免了争端；第二，增加了保障房管理部门行政的灵活性，降低了日常行政活动的复杂性；第三，主管部门和参与人通过有目的的对话和相互影响，有利于相互间的信任和合作，减少纷争。即便是西方，民营化的最新发展也是在"强调以协商程序解决不同利益间的冲突"。[2]尤其是在实行"谁投资、谁所有、谁受益"的经营理念下，民营化的方式解决了政府在融资和运用管理上的困难。随着公共服务市场化、民营化的推进，利用该机制促进保障房制度建设将是非常有益的探索。[3]

（二）行政契约的运用

在现代社会中，利用合同的规制使契约所蕴含的公共利益与行政目的能够达成，就应当赋予行政机关适度的权力。同时为督促行政机关履行其契约责任，在契约的权利、义务配置上，也要允许相对人在行政机关不履行义务时可以要求赔偿。政府今天所出现的一个相当明显的现象是，许多社会关系都由那些并非出自于某种单方意志，而是出自于订约目的的规则来进行规范。[4]地方政府面临资源紧张时，可以与非政府形成合作力量。[5]我国是通过社会

〔1〕[法]尼古拉斯·亨利：《公共行政与公共事务》（第7版），项龙译，华夏出版社2002年版，第318页。
〔2〕Warner, M. E. &Hefetz, "A. Managing Markets for Public Service: The Role ofMixed Public-Private Delivery ofCity Serv-ices", *PublicAdministration Review*, (January/February, 2008), pp. 155~166.
〔3〕参见黄小虎："构建住房'第三轨'"，载《中国改革》2010年第12期。
〔4〕[法]狄骥：《公法的变迁》，郑戈译，中国法制出版社2010年版，第101页。
〔5〕政府与非政府主体的合作互补方式更多：资源吸纳——政府吸纳社会和市场资源为政府所用，以此弥补政府资源的短缺；并存互补——在政府资源不足的情况下，允许社会和市场主体供给纯

承诺和与特定相对人签订承诺契约实现的，在保障房方面，当下进行的以减免土地出让金和相关税费的形式，允许开发商将保障房和商品房配建，建好后由开发商将保障房移交给政府。这其实就是以行政契约的方式，既兼顾了市场主体，又有效地实现了政府的公共服务职能。[1]

（三）公私协力的运用

我国城镇化进程的加快使得社会对公共产品、公共服务的要求越来越具体化和高标准化，传统的由公共部门垄断公用事业运营的制度安排政府难以承受之重。自20世纪80年代西方开启新一轮民营化运动以来，民营化成为一股无法抵挡的世界潮流，到20世纪90年代初期，民营化的议题从经济学层面延伸至法学领域，随之成为德国宪法学和行政法学讨论的热点。在给付行政、服务行政的背景下，由于行政任务的性质、法律的限制抑或政策考量的因素，国家往往不得不采用公私协力的模式。集中表现在政府在行政行为的形式选择上，开始用民营化、非型式化行政行为来解决国家财政困窘与人民对于行政效率和施政品质不满意的难题。通过公私协力的模式保障公共产品的公共性质，同时又能实现公私的良好结合。这一转变反映在保障房领域即是以公私协力模式鼓励并引导私部门参与保障房的建设、融资和运营。

德国学者厄斯特·福斯多夫从提出"国家生存照顾义务"到修正为"国家辅助性义务"的变化说明，随着现代社会的发展，国家已经不是社会的唯一主体。个人通过努力不能达到的，国家应当给予辅助，社会力量也可以参与其中。伴随自由化、欧洲化的浪潮，公私协力在行政领域内大量出现，不但量方面持续激增，质方面更是转向类型多元化、复杂化。[2]关于公私协力（Public Private Partnership，PPP），布代斯·葛瑞宁（Budäus Grüning）认为，

（接上页）公共物品，以此补充政府供给的不足；合作供给——在允许非政府主体供给纯公共物品的同时，与非政府主体进行合作，包括合资供给、委托生产、委托管理等等，以此扩大政府的提供能力；购买服务——政府向非政府供给主体购买纯公共物品或部分服务，以此来节省政府的供给成本；政府扶持——政府为非政府主体提供倾斜性政策和（或）直接的公共财政资助；公共激励——政府建立公共激励机制，鼓励社会组织供给纯公共物品，也鼓励公民个人为纯公共物品的供给捐赠财物或提供志愿服务。参见吕普生："政府主导型复合供给：纯公共物品供给模式的可行性选择"，载《南京社会科学》2013年第3期。

〔1〕　［英］丹宁勋爵：《法律的训诫》，杨百揆等译，法律出版社2000年版，第56页。

〔2〕　刘淑范："公司伙伴关系于欧盟法制下发展之初探"，载《台湾大学法学论卷》2011年第59期。

公私协力就是一种公私伙伴关系，主张平等与协作。[1]作为一种新的合作治理模式，郑锡锴认为公私协力的特性主要有以下几点：具有强烈互赖性（interdependence）[2]；双赢或多赢；制度化的合作关系；[3]企业化的投入（input）、风险及收益分配；高度实用主义和信任关系。[4]较有影响力的是欧盟执委会于2004年发布的《2004年欧盟绿皮书》之观点，该书将公私协力分为契约型公私协力和组织型公私协力，德国学者彼得·J. 埃廷格（Peter J. ettinger）教授又将契约型公私协力分为八种基本模式，分别为：经营管理模式、经营者模式、经营委托模式、短期经营者模式、管理模式、咨询模式、发展模式、合作模式。此种划分方式深受民营化概念的影响，随着实务的推进与发展，经营者模式（Bettermodell）、经营管理模式（Betriebsfuhrungsmodell）与合作模式（Kooperationsmodell）得以大量出现和应用。相对于契约型，组织型公私协力更多是以组建经营者公司的形式，公私部门之间通过公司内部组织机构直接界分相关权利义务。[5]我国的保障房建设和运行可以说是综合运用了合作模式和经营管理模式，这种方式符合保障房发展"谁投资、谁受益"的所有者权益原则，且与保障房的保本微利经营理念并行不悖。

1. 公私部门的互动合作基于公私协力的助推

在域外，日本于1984年起修订相关奖励民间参与公共建设相关法案，包括一般立法及专案立法，最有名的是1986年通过《运用民营企业活力加速兴建特定公共设施临时措施法》，主要规划事业费补助规则、租税优惠及减免地方税负担。我国对市政公用事业改革的经验就是借助了公私协力的形式，核心就是推动市政公用行业市场化改革，允许并鼓励私主体积极参与公共事业。此后山东、河北等省相继加快城市市政公用事业改革并出台相关意见，改变

---

〔1〕 Vgl. Budäus/Grüning, Formenvielfalt und Probleme der Kooperation privater und öffentlicherAkteure aus Sicht der Public Choice-Theorie, in：*Jahrbuch yur Staats-und Verwaltungswissenschaft* 9（1996），S. 109（129）.

〔2〕 王名扬：《法国行政法》，中国政法大学出版社1988年版，179页。

〔3〕 Icf. L. Neville Brown · Johns. Bell, French Administrative Law, Oxford University Press Inc, 1993, 193. 对PPP的分类系参考王灏："PPP的定义和分类探讨"，载周林军、曹远征、张智主编：《中国公用事业改革：从理论到实践》，知识产权出版社2009年版，第25~27页。

〔4〕 参见黄小虎："构建住房'第三轨'"，载《中国改革》2010年第12期。

〔5〕 公私协力共同成立经营者公司，在德国实务上多采用有限责任公司或股份公司的形式，Vgl. Kommission der Europaishen Gemeinschaften,（fn. 27），Nr. 3, Rn. 53, S. 19.

政府管理模式，由政府直接管理变更为行业管理，合同隶属关系也由行政隶属关系改为合同契约关系。[1]在现行立法中诸如《政府采购法》也注重公私部门之间的合作，鼓励以签订合同的方式购买社会服务。除采购实物外，在工程和服务的采购上，即采用行政契约的方式推进公私合作，这与早期法国行政法院在公私合营和建筑企业签订的相关合同并无二致。[2]

《公共租赁住房管理办法》在建设、融资和运行领域均有公私协力适用之空间，由此推知动员社会力量，积极让有关私主体参与公共服务的供给，也逐渐被政府相关部门所重视，[3]《公共租赁住房管理办法》在加快发展公共租赁住房上的基本原则是"政府组织，社会参与"。《关于加快发展公共租赁住房的指导意见》出台后，各地竞相立法，结合地方实际颁布地方法规或规章，对公租房制度的运行流程给予细致规范，[4]于是，政府投资模式单一现状得以改变，允许社会资金投资入股政府项目，鼓励社会经济组织和个人参与公共福利等项目。

包括我国特许经营管理规定在内的诸多立法和政策均鼓励通过市场机制选择经营者和投资人。不仅是立法提倡，温家宝在论及发展社会事业和改善民生的几个问题时，提出"在社会事业所有领域，都要进一步放宽准入，调动全社会参与的积极性"。[5]近年来，在服务提供上，政府已更多地利用社会资源提供服务，提供不了的，采用市场的方式由私主体予以提供。这是政府在市场机制下行政给付理念的重大革新，是行政行为形式选择自由度的增加，是行政权力运行模式的重要转变。

地方政府在公共服务供给多元化的改革潮流中，越来越注重私部门的作

---

〔1〕　山东省《关于加快城市市政公用事业改革的意见》（鲁政发［2003］74号）第二条第三项。

〔2〕　王名扬：《法国行政法》，中国政法大学出版社1988年版，第180页。

〔3〕　即国家对从事涉及人民生存照顾的私经济活动，通过引导、管制以及监督等各种措施，以确保人民生存所需的相关物资与服务得以同由自己提供一般，亦能够由私企业普及、无差别待遇、价格合理且质与量兼顾地提供。参见詹镇荣：《民营化法与管制革新》，元照出版公司2005年版，第277~278页。

〔4〕　公共部门与私人部门发挥各自的优势来提供公共服务，共担风险、共享收益。蕴含的形式灵活广泛，包括特许经营、设立单独管理机构、合同承包、政府收购、行政契约、对私人开发项目提供政府补贴等，不同形式下私人部门的参与程度与承担的风险程度各不相同。参见余晖、秦虹主编：《公私合作制的中国试验》，上海人民出版社2005年版，第5页。

〔5〕　温家宝："关于发展社会事业和改善民生的几个问题"，载《求是》2010年第7期。

用，培育和发展社会组织、充分发挥社会组织的作用、强化公共服务。[1]《天津市公共租赁住房管理办法（试行）》在融资中规定金融机构通过多种方式支持公共租赁住房的筹集、运营工作。公共租赁住房投资者可采用银行贷款、住房公积金贷款、中长期债券、保险资金、信托资金、房地产投资信托基金（REITs）等方式。[2]以上探索有利于形成国家行政机关、私主体、中低收入群体及其他公民之间的良性互动关系。更为重要的是，私主体参与建设、融资和运营的管理原本属于纯行政的过程，能够最大限度地培育双方交往中的公平正义理念和商谈、沟通、尊重的理性精神。市场机制得到重视与其说是改变了福利国方向，不如说是改变了实现福利国的途径和手段，社会福利的目标并没有动摇。正如有的学者所言："法律不仅是规制秩序，更为重要的是它还要实现个体的真正权益。"[3]当前私营企业所占非公有制经济比重已经超过了固定投资额的一半以上。私营企业的活力和能量空前提升，已成为社会主义现代化建设的一支不可或缺的重要力量。[4]私部门有能力采取独资、合资、合作、股份制、BOT（建设—运营—转让）、TOT（转让—运营—转让）等多种形式，投资城市市政公用事业，实现投资主体多元化。这也是公私协力之私主体参与公共建设与服务的客观基础。

2. 保障性住房运行中的公私协力模式

从行政权在公私协力运行的逻辑过程看，主要可分为委托型、指导型、协商型，这三个模式相互影响，综合运用，受公权力张力的影响在不同契约关系中呈现出不同的模式，主体间的权利义务关系也不尽相同。

---

[1] 可以说公共服务的概念正在取代主权的概念。政府不再是发号施令者，而是由一群个人组成的机构，这些个人必须使用它们所拥有的力量来服务于公众需要。公共服务的概念是现代国家的基础，没有什么概念比这一概念更加深入植根于社会生活的事实。参见［法］狄骥：《公法的变迁》，郑戈译，中国法制出版社 2010 年版，第 7 页。

[2]《宁波市公共租赁住房管理暂行办法》第 13 条规定："按照'保本微利'原则，县（市）区政府可以通过资本金注入、投资补助、贷款贴息、房租补贴、BT、BOT 等形式指定国有企业投资公共租赁住房建设管理，也可以在明确政策、合同约定的前提下通过公开招标形式由社会企业参与建设管理。"

[3]［美］本杰明·卡多佐：《司法过程的性质》，苏力译，商务印书馆 1998 年版，第 39 页。

[4] 参见贾庆林："'积极鼓励非公有制企业稳步开展跨国并购与合作'暨'非公有制经济领域先进典型事迹'报告会"，载《人民日报》2011 年 12 月 3 日。

（1）委托型模式。

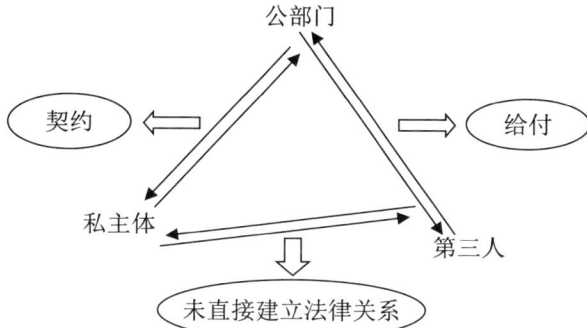

图 5-1　委托型模式

此种模式公部门与私主体间基于契约（这种契约多以行政契约的形式出现）形成公私协力关系使任务私部门化，公部门与第三人形成给付关系，而私主体与第三人间未直接建立法律关系，但私主体契约的履行会影响公部门对第三人的给付，该模式更多运用于建设过程中。

（2）指导型模式。

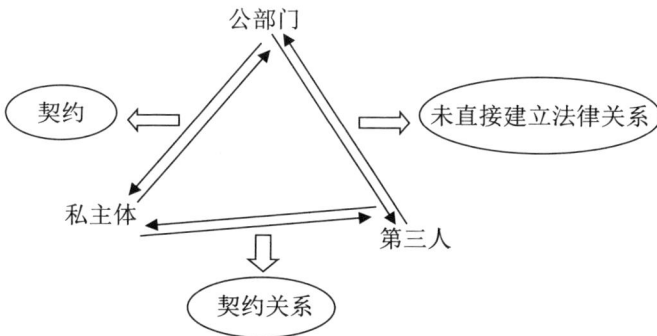

图 5-2　指导型模式

在指导型模式中，公部门与私主体因契约形成公私协力上的指导关系，公部门与第三人未建立直接关系，但因私主体参与市场活动需要发行债券、融资等发生契约关系。该模式更多运用于融资过程中。

（3）协商型模式。

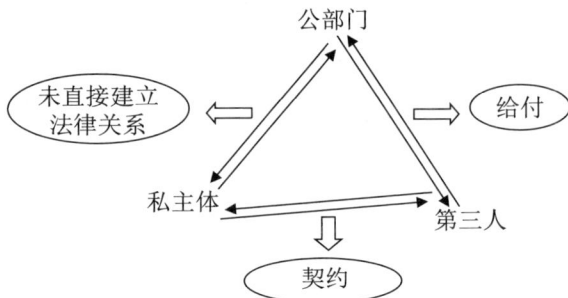

图 5-3 协商型模式

协商型模式下，公部门与私主体未直接建立关系，但对第三人仍要履行给付义务，私主体与第三人之间构成契约关系，第三人缴纳租金，私主体提供保管或修缮等义务，该模式更多体现在运营过程中。

3. 公私协力模式在建设、融资、运营三个面向上的体现

公私两个部门之权利主体参与分工方式共同参与任务的执行，于计划、营造、财务取得、营运与管理等多个阶段，公私协力行为在公共建设、给付领域相当广泛，[1]此部分论述仅以建设、融资和运营三个考察面向分析。

（1）建设面向。公共租赁住房建设实行"谁投资、谁所有"，投资者权益可依法转让。[2]在对地方性法规及规章之规定予以梳理比较不难发现，在自建尤其是配建等模式中公私协力得到了规章的许可，实践中也在大量运用。自建即政府自行建设，比如重庆市。除自建外，还有配建、收购等其他方式。比如青岛市，两家民营企业——瑞源房地产开发有限公司和兴华房地产开发有限公司作为投资主体建设了全国最大的公租房项目。这种吸引社会资本参与公租房建设的运作模式，是博弈中的双赢甚或多赢。[3]

（2）融资面向。当前融资的主体仍然是地方各级政府，[4]但仅靠财政资

---

〔1〕 参见程明修："公私协力之行政行为"，载《行政法之行为与法律关系理论》2006年第9期。

〔2〕《关于加快发展公共租赁住房的指导意见》第4条、第5条。

〔3〕 韩光亮："民营资本'试水'公租房"，载《青岛日报》2011年4月27日。

〔4〕《关于加快发展公共租赁住房的指导意见》第5条第4项规定：探索运用保险资金、信托资金和房地产信托投资基金拓展公共租赁住房融资渠道。政府投资建设的公共租赁住房，纳入住房公积金贷款支持保障性住房建设试点范围。

金远远不够，行政机关已意识到仅靠公部门力量远远不能解决诸如资金和运营等难题，角色应由投资者和直接管理者逐步转变为保障性住房融资的引导者。当然，发挥财政金融政策，融资意味着风险，让私部门充分实现与公部门的合作，发挥资本市场融通资金的作用。[1]充分利用公积金融资、银行贷款及债券融资。[2]除财政支持外，各地也在拓宽贷款或债券融资的渠道，并进行了卓有成效的探索，上述比较分析可看出各地的共性思路是"谁投资，谁收益、谁融资"。以重庆市为例，融资体系构成包括：政府出钱；银行贷款；信托投资；各种保险基金。形成了一个较为完善的保障房融资体系，各种商业保险基金以非银行融资资金进入公租房融资体系，具有很大的先导、示范作用。除此之外，各地开始探索房地产信托投资基金，作为一新生事物，其效果还有待于实践进一步考察和验证。[3]

（3）运营面向。市场机制进行运作可以避免公租房因管理、维修不善引起的低效率运行问题，同时可减少公租房管理机构的开支，节省财政费用。图 5-3 中反映的契约管理、经租管理等模式既是政府和市场的结合，更是公私协力之伙伴关系的运用。诚然，作为公租房监管机构的房管或住保部门亦不得放松运行上的监督。

上述比照说明，公私间的契约可在程序上提供给民众一种参与决定的机会，不至于因未经协议，而严重损及当事人之权益。[4]同时，公民参与行政过程因角色不同，导致行政法律关系的不同。保障房的提供虽为保障性的供给，但第三人不是被动地接受恩惠，国家也不是高权规制下的命令式给付。唯其如此，才能确保国家的给付任务能够在公私协力下进行，人民依法享有

---

〔1〕　Singh, J. V., J. H. Robert. Organizationallegitimacyandthelia-bilityof newness, Administrative Science Quarterly, 1986, pp. 93~171.

〔2〕　参见《住房公积金管理条例》第 5 条的规定。

〔3〕　房地产信托投资基金（REITs）是一种以发行收益凭证的方式汇集特定多数投资者的资金，由专门投资机构进行房地产投资经营管理，并将投资综合收益按比例分配给投资者的一种信托基金。房地产金融衍生品 REITs 的推出，正是让地产商继续持有项目所有权前提下，获得资金继续滚动开发，拓宽房地产融资渠道，以解决房地产开发商贷款难的问题。按目前的市场供需，5 年内，全国 REITs 规模可能达到 1 万亿元。参见凝水："北京、上海、天津 3 地试点房地产信托投资基金"，载《解放日报》2009 年 6 月 11 日。

〔4〕　翁岳生编：《行政法》，中国法制出版社 2009 年版，第 745 页。

的权利亦不因此减损或降低。[1]

其实，自奥托·迈耶建构行政法总论体系以来，以行政行为理论为主线，围绕行政行为型式理论而适用行政程序法和行政诉讼法的路径一直处于统治地位。该思维范式的问题是，随着行政任务的多元化、复杂化，许多新型的政府活动方式都游离于型式化的边缘地带。当前公私协力行为在我国行政实践中广泛存在，国外在民营化及给付行政的背景下结合立法在不同的领域着手对公私协力进行类型化、精细化研究，然而我们的关注却很不够，仍在传统型式化行政行为上迟迟不前，理论研究已滞后于社会现实。公私协力在我国有待进一步深入研究，包括立法的完善，公私协力模式的概念、分类等亟须用制度化予以规制。鼓励私主体参与公共给付领域，并非对私主体予取予求，政府不能过度倚赖特定私主体，宜加强导入竞争机制，以获取真正具备竞争力的民间伙伴。通过对公租房制度供给、建设、融资三个面向的考察，试图寻求与勾勒公私协力的运行模式及在该制度语境下的运行机理与内涵，但正如尼采所说："所有的概念作为整个过程在符号上的浓缩都规避定义，只有那些没有历史的东西才是可定义的。"

（四）共有产权机制的设计

共有产权住房，即可按个人与政府的出资比例，在一定时期内实行政府和购房者共同拥有产权。如前所述，中国的住房私有化进程是将住房推向市场的过程，也是改变人们的生活观念、生活方式的进程。没有产权的住房还只是人们的栖身之所，更多的人还是期待拥有自己的住房，毕竟私人财产权的变革和扩张奠定了人彻底解放的物质基础。拥有私人财产权的住房改变的不只是居住条件、生活方式和生活关系，还有解放了的人性尊严和身份自由。可喜的是政府意识到了住房制度改革的方向，需要关注的不只是人群范围和建造面积及方式，还要赋予被供给人以产权激励。2014 年的政府工作报告中，"完善住房保障机制"部分首次写入了"增加中小套型商品房和共有产权住房

---

[1] 向来行政活动中的人民参与，往往由行政外部的个人或团体，以向行政部门反映自身或其所代表之团体的利害为目的，而参与行政活动。公共问题的解决着重在行政与社会部门之间分配各自的公共责任。从以上"公民参与行政"发展路径的梳理中我们可以发现，公民参与行政过程伴随着一个"协商——合作"的过程，从权利角度来看，是从义务本位到权利本位，权利由少到多直至与行政机关对等的过程。这一过程既是历史的，也是符合逻辑的。

供应"。〔1〕各地均在积极探索共有产权机制，以此机制解决诸如融资、分配和运营上的困难。共有产权机制如果没有立法作比较明确的限定，在实践中必然出现保障性住房类型无法与目标群体相对应、共有产权人之间出资比例和受益返还不清等诸多问题和纷争。〔2〕

四、结论

当前对保障房制度应当有一个清晰的定位，保障房制度有着清晰的制度原则、权利基础和国家保障义务等理论基础。远非我们曾经和现在对产业经济政策在住房领域之定位，也非对低收入群体的恩惠和施舍，在权利保障勃兴和国家治理现代化的洪流中来定位保障房制度——该制度是国家在为中低收入者提供基本住房的过程中制定的，有关公民基本住房权利行使和国家保障义务履行的制度集合。保障性住房制度的推进依赖于地方之立法与实践已是不争的事实，地方立法因顶层设计的缺失存在高度重合或者异化使得本已羸弱不堪的保障房制度难以擎起住房保障之大厦。因早期住房均是国家发展经济或者实现劳动力再生产的需要而提供公共住房，建立在此背景上的基础理论不外乎是政治经济学上的市场失灵或国家干预理论，社会学上的住房过滤、梯度消费、社会排斥理论，法学上的"住房权"或曰"住宅权"理论。在一个权利观念高涨、权利主张高扬的时代，住房权需要研究不容置疑，但当前学界对社会权是否应为独立权利、社会权是否可诉，住房权或者住宅权是否为社会权的子权利等尚未定论。退一步而言，即便住房权在社会权的权属体系内，实现住房权的申请和可诉仍是一个遥遥无期的话题。不过，权利的实现有赖于现有社会资源和国家的调控和认识也是不争的事实，否则难免

---

〔1〕　2014年3月10日，全国政协委员、住建部副部长仇保兴在政协小组会后表示，共有产权住房目前还是纳入到保障房体系管理，但未来应该会单独归类进行管理。随后，全国政协委员、国土资源部副部长胡存智在接受记者采访时也称，今年会在一线城市和部分供需关系紧张的二线城市，加大共有产权住房的土地供应量。

〔2〕　地方立法和实证应当在以下三个方面做出努力：一是购房人之间约定的合法化。二是由立法做出普适性的规定。一并对共有产权住房的使用和管理中作特殊性规定，以排除物权法一般共有规则的适用。三是约定和法定两者相结合。约定是一种意思自治，但约定的效力只限于签署约定的当事人之间，无法对第三人发生效力，也就是只靠约定不能排除共有权人对外责任上的连带性。法定有效力等级之分，法律以下层面的立法不能直接对抗物权法的规则适用。共有产权住房已经进入供应和入住阶段，亟须明确共有产权住房管理和使用的特殊规则。

会陷入"立法愈多而秩序感愈少"的权利乌龙效应。但是中低收入群体的住房之需却是刚性的，实践的发展从不会等待理论上的条明缕析，相反在保障房制度的构建中，正是实证在丰富和发展着以往捉襟见肘的理论。所以以住房权来构建保障房制度基础理论推动地方立法和实证研究在可预见的时间内几乎不可能。基于此，在保障性住房基础理论的挖掘上，笔者另辟蹊径，从宪行分析，用"公"字勾连。纵观公共住房的定位，都涵盖了保障房制度的以下特质：保障房是公共产品；体现了公众参与和公共治理；需要公权力的介入和运行；目的是促进公共利益的实现。然而上述特质遵循着这样的原则——有限性、流动性、市场性、公共性原则，毕竟制度的基本原则攸关制度的设计和生命。

公权力介入保障房制度的设计，以公权力运作保障房制度，不再是国家干预和管制带来的反射性利益，更重要的是国家以履行保障义务为起点，在住房制度上寻求国家、社会和公民，市场体制和责任政府两个维度上的平衡和互动。为了满足权利的需要，国家必定运用国家权力来保证国家义务的实现，这也是保障性住房国家保障义务的原始基础。国家义务当然要从广义上来理解，包括接受公民监督和控制的义务，运用国家权力为公民提供福利。在住房制度上，保证公民住房权利决定国家住房权力的范围，住房的国家义务决定国家在住房权力上的行使；国家权力只有以履行国家保障义务为基础，为公民提供最大限度的住房满足，方能确保住房制度的公平和正义，国家住房制度才有了正当性基础。论证包含了保障性住房制度的正当性理论和普遍福利理论，两个理论结合了当下立法和实证的实际，从劳动力的再生产和社会资产的构建角度夯实国家保障义务的根基。在论述国家保障义务时，指出了保障义务的规范依据、逻辑基础和根本目的。

本书作为由博士论文整理而形成的著作，不可能没有国外的借鉴，此处借鉴国外的立法和实践，并不是崇洋媚外，更不是博士论文的"八股式样"的写作。理由有二：其一，博士论文要有世界眼光，要放眼看天下，要有比较研究的视野；其二，本书既有立法文本的研究，也有实证的研究，在保障性住房的建设、融资等环节，技术性的考量要求学习和借鉴发达地域的先进经验和操作流程。对地方立法和实践的研究立足于国内，放眼保障房制度比较发达的国家，本书总结了美国模式、欧洲模式和亚洲模式，域外借鉴和比较不是面面俱到。比如欧洲国家德国为例重点介绍其住房储蓄制度，英国为例重点介绍住房协会制度；在亚洲模式上，重点介绍新加坡的居者有其屋计划等。在保障房的立法上，无论是中央立法还是地方立法，均存在层次较低、缺乏顶层规划、缺乏权利保障、管理色彩浓厚的特点。本书对中央立法和地方立法进行了评价，先中央后地方的立法模式具有一定的现实合理性，但针对合法性而言，必须从法治国的要求上入手，最终实现中央统一立法，从制度性质、国家义务的履行、公民权利的保障、产权制度的归属等顶层予以规范和约束。地方立法要兼顾原则性和灵活性，既发挥地方自治和自主权利，同时又保障立法统一。[1]与立法相比，保障性住房的实践一直在为立法积累着经验，比较成型并相对固定的模式包括：政府主导型的重庆模式；市场主导型的珠三角模式；机制创新型的苏南模式。三种模式无所谓优劣，均是结合地方经济发展、市民社会的发育程度、市场和政府在宏观和微观经济运行中的关系来推动保障房制度的实践。当前实践并非一路欢歌，也存在主体与客体、审核与轮候、准入与退出、纠纷与惩戒方面的困惑，亟须理论上的指导和实践上的突破。

在保障性住房制度的完善上，从立法、实践和创新机制方面进行完善。在立法上，顶层设计要兼顾国家义务和住房权利，地方立法要及时跟进。保障性住房与商品房应当分类立法，认真对待产权型租赁住房，防止地方立法利益固化。在实践上，注重建设、运营和社区治理上的创新，以域外三个模式为镜鉴，在制度上予以传承和超越。在机制创新上，要实现理念、纠纷解决机制、运营机制三种创新。具体而言，在理念上要从"管制"到"善治"；在纠纷化解机制上，要以司法最终解决为主到发挥多元主体在协商、调解、复议等多种替代性纠纷解决机制中的作用；在运营机制上，要用公共服务民营化、行政契约私法化、公私协力理论和共有产权机制来丰富保障房制度理论。

房地产业发展的根本目的是什么？城市住房制度改革的目的是什么？笔者认为，除了改善居民居住条件，应当别无目的。从满足外来务工人员和新

---

〔1〕 产权经济学创始人阿尔奇安曾举例说，当孩子们分得了玩具并明确这些玩具归属于他们个人时，他们会爱护玩具，并在受到鼓励时慷慨地将自己的财产借给其他小朋友；而当所有玩具属于全体儿童而不是特定个人时，他们就倾向于忽略他们的"资产"，并为得到一件玩具而争抢打斗。See Alchian, A. and H. Demsetz, The Property Rights Paradigm, Journal of Economic History, vol. 33, 1973, pp. 16~27.

就业群体的短时举措,到提高城镇化建设水平的长远谋略,从廉租房的无产权模式到限价房的共有产权模式,30余年的历程,更多的是靠地方立法与实践的推动,让保障性住房从理念到实践均有了比较大的跨越,但保障房制度的实践及基于实践总结的理论仍在路上。在保障性住房的研究思路上,学者们乐观而又审慎的观点值得倡导。[1]

"进步来自在既定的参照系中耐心地积攒知识,还来自参照系的变更,用新的实践和观点去检视原有的知识和观点,通过反思提升以开辟新的、通向知识和洞见的路径。"[2]因此,住房权理论的发展已经为保障性住房制度提供了多样化的研究视角,而以宪行视角论证保障性住房之国家保障义务的基础理论更是为多样化的视角提供厚重奠基。国外已就保障房制度之中央和地方的关系、国家保障的层次和限度、司法和行政介入的权限等进行细化研究即是明证。[3]中国的保障房供应体制是一个政府占主导地位,虽然引入了市场机制,但仍然带有强烈的计划色彩;[4]构建以市场为主导的保障房供应体制,同时加强政府的保障作用,构建混合型的保障体制对当下保障房的供给和分配而言非常重要。以权利构建中国的制度固然重要,但不能轻视权利之外诸如更为宏观的经济和资源分配的影响,住房问题的最终解决还取决于政府的决策执行力和国家义务的切实履行。

---

〔1〕 张清、吴作君:"住房权保障如何可能研究纲要",载《北方法学》2010年第4期。

〔2〕 [美]理查德·A.波斯纳:《超越法律》,苏力译,中国政法大学出版社2001年版,第8页。

〔3〕 无法回避的是住房权的实现问题,最终也必将围绕并落实到住房权的实现问题。就法律层面而言,则需要以宪法为中心的法律体系为支撑,以一系列细致而全面的配套法律法规为依托,依靠行政机关强有力的执行,司法的最终保障,形成一个系统的法律保障体系,从而使住宅法成为一个相对独立的综合法律部门。而所有这些都将成为未来住房权法律保障研究的重点。国外这些研究不同于当下我们笼统与概念化的叙述,而是选取某一角度或兼及几个角度进行精细化的研究,为住房权的最终实现提供不间断的理论给养。

〔4〕 Ya Ping Wang & Alan Murie, 2011, "The New Affordable and Social Housing Provision System in China: Implications for Comparative Housing Studies", in *International Journal of Housing Policy* Vol. 11, No. 3, pp. 237~254.

参考文献

一、中文著作

1. 陈新民：《德国公法学基础理论》，山东人民出版社 2001 年版。

2. 韩大元等：《宪法学专题研究》，中国人民大学出版社 2004 年版。

3. 张跃庆等编著：《城市住宅管理概论》，北京经济学院出版社 1989 年版。

4. 杜建人编著：《日本城市研究》，上海交通大学出版社 1996 年版。

5. 张元端：《中国人居环境——从理论到实践的思考》，中国建筑工业出版社 2008 年版。

6. 杨冠宇主编：《联合国人权公约机构与经典要义》，中国人民公安大学出版社 2005 年版。

7. 夏勇：《人权概念的起源——权利的历史哲学》，中国政法大学出版社 2001 年版。

8. 金俭：《中国住宅法研究》，法律出版社 2004 年版。

9. 苏景文：《住宅法概念》，华中师范大学出版社 1994 年版。

10. 徐显明主编：《人权研究》（第 7 卷），山东人民出版社 2008 年版。

11. 欧爱民：《宪法实践的技术路径研究——以违宪审查为中心》，法律出版社 2007 年版。

12. 李秀群：《宪法基本权利水平效力研究》，中国政法大学出版社 2009 年版。

13. 张千帆：《宪法学导论》，法律出版社 2003 年版。

14. 王利明：《物权法论》，中国政法大学出版社 2003 年版。

15. 周枏：《罗马法原论》，商务印书馆 1994 年版。

16. 林发新：《人权法论》，厦门大学出版社 2010 年版。

17. 徐显明主编：《人权研究》（第 3 卷），山东人民出版社 2003 年版。

18. 韩德强：《论人的尊严——法学视角下人的尊严理论的诠释》，法律出版社 2009 年版。

19. 胡肖华：《宪法诉讼原论》，法律出版社 2002 年版。

20. 王学辉主编：《行政诉讼制度比较研究》，中国检察出版社 2004 年版。

21. 汪太贤：《西方法治主义的源与流》，法律出版社 2001 年版。

22. 汪太贤、艾明：《法治的理念与方略》，中国检察出版社 2001 年版。

23. 喻少如：《行政给付制度研究》，人民出版社 2011 年版。

24. 王学辉、谭宗泽：《新编行政法学》，重庆出版社 2001 年版。

25. 景天魁主编：《基础整合的社会保障体系》，华夏出版社 2001 年版。

26. 陈伯庚等:《城镇住房制度改革的理论与实践》,上海人民出版社 2003 年版。

27. 夏勇主编:《公法》(第 2 卷),法律出版社 2008 年版。

28. 杨建顺主编:《比较行政法——给付行政的法原理及实证性研究》,中国人民大学出版社 2008 年版。

29. 包宗华:《住宅与房地产》,中国建筑工业出版社 2002 年版。

30. 薛长礼:《劳动权论》,科学出版社 2010 年版。

31. 翁岳生编:《行政法》,中国法制出版社 2009 年版。

32. 余凌云:《行政权力的规范与救济》,中国人民公安大学出版社 2002 年版。

33. 吴东镐、徐炳煊:《日本行政法》,中国政法大学出版社 2011 年版。

34. 林来梵主编:《宪法审查的原理与技术》,法律出版社 2009 年版。

35. 胡敏洁:《福利权研究》,法律出版社 2008 年版。

36. 汪利娜:《美国住宅金融体制研究》,中国金融出版社 1999 年版。

37. 陈劲松:《公共住房浪潮:国际模式与中国安居工程的对比研究》,机械工业出版社 2006 年版。

38. 陈淮等编著:《国际大都市建设与住房管理》,中国发展出版社 2007 年版。

39. 陈默编著:《世界住宅概况》,励志出版社 1993 年版。

40. 周坷主编:《住宅立法研究》,法律出版社 2008 年版。

41. 国务院住房制度改革领导小组办公室编著:《城镇住房制度改革》,改革出版社 1994 年版。

42. 孟晓苏:《中国房地产业发展的理论与政策研究》,经济管理出版社 2002 年版。

43. 建设部课题组:《多层次住房保障体系研究》,中国建筑工业出版社 2007 年版。

44. 建设部课题组:《住房、住房制度改革和房地产市场专题研究》,中国建筑工业出版社 2007 年版。

45. 郝益东:《中国住房观察与国际比较》,中国建设工业出版社 2009 年版。

46. 季雪:《北京中低收入阶层住房问题研究》,清华大学出版社 2010 年版。

47. 冯俊:《住房与住房政策》,中国建筑工业出版社 2009 年版。

48. 应红:《中国住房金融制度研究》,中国财政经济出版社 2007 年版。

49. 陈玉京:《中美住房金融理论与政策:房地产资本运动的视角》,人民出版社 2009 年版。

50. 王松涛:《中国住房政府干预的原理与效果评价》,清华大学出版社 2009 年版。

51. 吴立范、罗党论编著:《中国的住房政策》,经济科学出版社 2009 年版。

52. 李剑阁主编:《中国房改现状与前景》,中国发展出版社 2007 年版。

53. 陈杰:《城市居民住房解决方案——理论与国际经验》,上海财经大学出版社 2009 年版。

54. 吴立范编著：《美英住房政策比较》，经济科学出版社 2009 年版。

55. 凌维慈：《公法视野下的住房保障——以日本为研究对象》，上海三联书店 2010 年版。

56. 毕天云：《社会福利场域的惯习——福利文化民族性的实证研究》，中国社会科学出版社 2004 年版。

57. 北京大学法学院司法研究中心编：《宪法的精神》，中国方正出版社 2003 年版。

58. 林来梵主编：《宪法审查的原理与技术》，法律出版社 2009 年版。

59. 韩大元主编：《共和国六十年法学论争实录·宪法卷》，厦门大学出版社 2009 年版。

60. 周伟：《宪法基本权利司法救济研究》，中国人民公安大学出版社 2003 年版。

61. 陈信勇等：《社会保障法原理》，浙江大学出版社 2003 年版。

62. 成思危主编：《中国城镇住房制度改革——目标模式与实施难点》，民生与建设出版社 1999 年版。

63. 胡彬：《制度变迁的中国房地产业——理论分析与政策评价》，上海财经大学出版社 2002 年版。

64. 李勇辉：《城镇居民住宅消费保障制度》，中国经济出版社 2005 年版。

65. 郑功成：《社会保障学——理念、制度、实践与思辨》，商务印书馆 2000 年版。

二、中文译著

1. ［美］威廉·邓宁：《政治学说史》，谢义伟译，吉林出版集团有限公司 2009 年版。

2. ［德］伊曼努尔·康德：《道德形而上学原理》，苗力田译，上海人民出版社 1986 年版。

3. ［德］威廉·冯·洪堡：《论国家的作用》，林荣远、冯兴元译，中国社会科学出版社 2009 年版。

4. ［德］汉斯·J. 沃尔夫等：《行政法》（第 1 卷），高家伟译，商务印书馆 2002 年版。

5. ［美］杰克·唐纳德：《普遍人权的理论与实践》，王浦劬等译，中国社会科学出版社 2001 年版。

6. ［美］罗纳德·德沃金：《认真对待权利》，信春鹰、吴玉章译，上海三联书店 2008 年版。

7. ［德］齐佩利乌斯：《德国国家学》，赵宏译，法律出版社 2011 年版。

8. ［德］格奥格·耶利内克：《主观公法权利体系》，曾韬、赵天书译，中国政法大学出版社 2012 年版。

9. ［美］约翰·维特：《权利的变革——早期加尔文教中的法律、宗教和人权》，苗文龙等译，中国法制出版社 2010 年版。

10. ［美］汉密尔顿等：《联邦党人文集》，程逢如等译，商务印书馆 1980 年版。

11. ［法］狄骥：《法律与国家》，冷静译，中国法制出版社 2010 年版。

12. ［苏］维雪洛夫斯基、惠拉托夫：《住宅问题　住宅事业》，牛春发译，财政经济出版社 1955 年版。

13. ［英］霍布斯：《利维坦》，黎思复、黎廷弼译，商务印书馆 2010 年版。

14. ［德］埃贝哈德·施密特-阿斯曼等：《德国行政法读本》，于安译，高等教育出版社 2006 年版。

15. ［德］克劳斯·奥菲：《福利国家的矛盾》，郭忠华等译，吉林人民出版社 2006 年版。

16. ［德］罗尔夫·施托贝尔：《经济宪法与经济行政法》，谢立斌译，商务印书馆 2008 年版。

17. ［德］康拉德·黑塞：《联邦德国宪法纲要》，李辉译，商务印书馆 2007 年版。

18. ［德］乌茨·施利斯基：《经济公法》，喻文光译，法律出版社 2006 年版。

19. ［日］桑原洋子：《日本社会福利法制概论》，韩君玲、邹文星译，商务印书馆 2010 年版。

20. ［德］施密特·阿斯曼：《秩序理念下的行政法体系建构》，林明锵等译，北京大学出版社 2012 年版。

21. ［美］约翰·罗尔斯：《作为公平的正义——正义新论》，姚大志译，中国社会科学出版社 2011 年版。

22. ［美］阿瑟·奥肯：《平等与效率——重大的抉择》，王奔洲译，华夏出版社 1987 年版。

23. ［美］登哈特夫妇：《新公共服务：服务，而不是掌舵》，丁煌译，中国人民大学出版社 2004 年版。

24. ［美］凯斯·R. 孙斯坦：《设计民主：论宪法的作用》，金朝武、刘会春译，法律出版社 2006 年版。

25. ［英］亚当·库珀、杰西卡·库珀主编：《社会科学百科全书》，上海译文出版社 1989 年版。

26. ［美］杰里·L. 马萧：《官僚的正义——以社会保障中对残疾人权利主张的处理为例》，何伟文、毕竞悦译，北京大学出版社 2005 年版。

27. ［瑞典］格得门德尔·阿尔弗雷德松等：《世界人权宣言：努力实现的共同标准》，中国人权研究会组织译，四川人民出版社 1999 年版。

28. ［美］盖多·卡拉布雷西、菲利普·伯比特：《悲剧性选择：对稀缺资源进行悲剧性分配时社会所遭遇到的冲突》，徐品飞等译，北京大学出版社 2005 年版。

29. ［英］洛克：《政府论》，叶启芳、瞿菊农译，商务印书馆 2010 年版。

30. ［英］亚当·斯密：《国富论》，谢祖钧译，新世界出版社 2007 年版。

31. ［法］让-雅克·迪贝卢、爱克扎维尔·普列多：《社会保障法》，蒋将元译，法律出版社 2002 年版。

32. ［日］大贺须明：《生存权论》，林浩译，元照出版社 2001 年版。

33. ［英］约翰·梅纳德·凯恩斯：《就业、利息和货币通论》，李欣全译，商务印书馆 1993 年版。

34. ［法］卡特琳·米尔丝：《社会保障经济学》，郑秉文译，法律出版社 2003 年版。

35. ［美］詹姆斯·安修：《美国宪法判例与解释》，黎建飞译，中国政法大学出版社 1999 年版。

36. ［英］尼古拉斯·巴尔：《福利国家经济学》，郑秉文等译，中国劳动社会保障出版社 2003 年版。

37. ［英］马歇尔：《经济学原理》（下卷），陈良璧译，商务印书馆 1965 年版。

38. ［英］亚当·斯密：《国民财富的性质和原因的研究》，郭大力、王亚南译，商务印书馆年 1994 年版。

39. ［日］植草益：《微观规制经济学》，朱绍文等译，中国发展出版社 1992 年版。

40. ［英］霍布斯：《论公民》，应星、冯克利译，贵州人民出版社 2003 年版。

41. ［印度］阿玛蒂亚·森等：《生活水准》，徐大建译，上海财经大学出版社 2007 年版。

42. ［美］詹姆斯·M. 布坎南、理查德·A. 马斯格雷夫：《公共财政与公共选择：两种截然不同的国家观》，类承理等译，中国财政经济出版社 1991 年版。

43. ［美］E. S. 萨瓦斯：《民营化与公私部门的伙伴关系》，周志忍等译，中国人民大学出版社 2002 年版。

44. ［英］安东尼·阿巴拉斯特：《西方自由主义的兴衰》，曹海军等译，吉林人民出版社 2010 年版。

45. ［美］保罗·克雷·罗伯茨：《供应学派革命——华盛顿决策内幕》，杨鲁军等译，上海译文出版社 1987 年版。

46. ［日］早川和男：《居住福利理论——居住环境在社会福利和人类幸福中的意义》，李桓译，中国建筑工业出版社 2005 年版。

47. ［英］沃尔特·白芝浩：《英国宪法》，夏彦才译，商务印书馆 2005 年版。

48. ［美］罗纳德·德沃金：《至上的美德：平等的理论与实践》，冯克利译，江苏人民出版社 2003 年版。

49. ［荷］亨克·范·马尔塞文、格尔·范·德·唐：《成文宪法——通过计算机进行的比较研究》，陈云生译，北京大学出版社 2007 年版。

50. ［奥］凯尔森：《法与国家的一般理论》，沈宗灵译，中国大百科全书出版社 1995 年版。

51. ［德］彼德·巴拉拉：《国家保障人权之义务与法治国家宪法之发展》，三民书局 1992 年版。

52. ［日］田上攘治：《宪法典》，青林书院新社 1984 年版。

53. ［法］亨利·勒帕日:《美国新自由主义经济学》,李燕生译,北京大学出版社 1985 年版。

54. ［日］蒲岛郁夫:《政治参与》,解莉莉译,经济日报出版社 1989 年版。

55. ［美］阿瑟·奥沙利文:《城市经济学》（第 4 版）,苏晓燕等译,中信出版社 2003 年版。

56. ［美］奥利维尔·布兰查德、斯坦利·费希尔:《宏观经济学》,经济科学出版社 1998 年版。

57. ［美］查尔斯·H. 温茨巴奇、迈克·E. 迈尔斯、苏珊娜·埃思里奇·坎农:《现代不动产》（第 5 版）,任淮秀等译,中国人民大学出版社 2001 年版。

58. ［美］丹尼斯·C. 缪勒:《公共选择理论》,杨春学等译,中国社会科学出版社 1999 年版。

59. ［美］丹尼斯·迪帕斯奎尔、威廉·C. 惠顿:《城市经济学与房地产市场》,龙奋杰等译,经济科学出版社 2002 年版。

60. ［美］理查德·M. 贝兹、赛拉斯·J. 埃利:《不动产评估基础》（第 5 版）,董俊英译,经济科学出版社 2002 年版。

61. ［美］尹恩·罗伯逊:《现代西方社会学》,河南人民出版社 1988 年版。

62. ［挪］艾德等:《经济、社会和文化的权利》,黄列译,中国社会科学出版社 2003 年版。

63. ［英］尼古拉斯·巴尔、大卫·怀恩斯主编:《福利经济学前沿问题》,贺晓波、王艺译,中国税务出版社、北京腾图电子出版社 2000 年版。

64. ［日］田口守一:《刑事诉讼法》,刘迪等译,法律出版社 2000 年版。

65. ［美］伟恩·R. 拉费弗等:《刑事诉讼法》,卞建林等译,中国政法大学出版社 2003 年版。

66. ［美］阿列克斯·施瓦兹:《美国住房政策》,黄瑛译,中信出版社 2008 年版。

三、中文期刊

1. 余南平:"俄罗斯住房政策与住房市场的现状和未来",载《俄罗斯研究》2006 年第 1 期。

2. 余南平、凌维慈:"试论住宅权保障——从我国当前的住宅问题出发",载《社会科学战线》2008 年第 3 期。

3. 马怀德:"法治政府建设要警惕形式主义",载《中国司法》2014 年第 6 期。

4. 薛刚凌:"行政诉讼法修订基本问题之思考",载《中国法学》2014 年第 3 期。

5. 应松年:"完善行政组织法制探索",载《中国法学》2013 年第 2 期。

6. 杨福忠："从南非格鲁特姆案看积极权利对立法者的义务"，载《山东社会科学》2008年第1期。

7. 王富博："居住权制度适用范围初探——兼评《中华人民共和国物权法（草案）》的相关规定"，载《法律适用》2006年第Z1期。

8. 钱明星："关于在我国物权法中设置居住权的几个问题"，载《中国法学》2001年第5期。

9. 刘阅春："居住权的源流及立法借鉴意义"，载《现代法学》2004年第6期。

10. 张群："住宅权及其立法文献"，载《法律文献信息与研究》2008年第1期。

11. 黄莹、王厚伟："生存权优于债权——评《最高人民法院关于人民法院执行设定抵押的房屋的规定》"，载《法学评论》2006年第4期。

12. 王厚伟："论生存权的保障不应以牺牲债权为代价——对《关于人民法院民事执行中查封、扣押、冻结财产的规定》第6条的质疑"，载《广西政法管理干部学院学报》2005年第5期。

13. 林聪富："美国法上之惩罚性赔偿制度"，载《台大法学论丛》2002年第5期。

14. 黄金荣："司法保障经济和社会权利的可能性与限度——南非宪法法院格鲁特布姆案评析"，载《环球法律评论》2006年第1期。

15. 刘淑媛："人权视角下的适足住房权"，载《湖北财经高等专科学校学报》2006年第6期。

16. 吴必康："英国住房问题及其化解之道"，载《中国与世界观察》2007年第6期。

17. 张庭伟："美国住房政策的演变及借鉴"，载《海外房地产导报》2001年第7期。

18. 张庭伟："实现小康后的住宅发展问题——从美国60年来住房政策的演变看中国的住房发展"，载《城市规划》2001年第4期。

19. 欧爱民："立宪主义语境下对我国宪法权利属性的考问"，载《法学评论》2006年第2期。

20. 林来梵："卧室里的宪法权利"，载《法学家》2003年第3期。

21. 肖泽晟："论我国住宅权国家赔偿制度的构建"，载《国家行政学院学报》2007年第2期。

22. 刘海鸥："论美国联邦最高法院对美国警察搜查权的调控——以非法证据排除规则的演变为视角"，载《北京人民警察学院学报》2007年第4期。

23. 张琪："美国、德国、新加坡住房保障制度建设经验与启示"，载《社会科学战线》2009年第12期。

24. 符启林、程益群："国外住房保障法律制度之比较研究"，载《南方论刊》2010年第9期。

25. 李文斌："美国不同时期的住房补贴政策：实施效果的评价及启发"，载《城市发展研

究》2007 年第 3 期。

26. 李莉、王旭："美国公共住房政策的演变与启示"，载《东南学术》2007 年第 5 期。

27. 王为农："日本的社会法学理论：形成与发展"，《浙江学刊》2004 年第 1 期。

28. 黄奇帆："政府如何平衡公租房的建设资金"，《求是》2011 年第 24 期。

29. 江必新、邵长茂："共享权、给付行政程序与行政法的变革"，载《行政法学研究》2009 年第 4 期。

30. 莫纪宏："论对社会权的宪法保护"，载《社会法评论》2008 年第 1 期。

31. 詹镇荣："论民营化类型中之公私协力"，载《民营化法与管制革新》2005 年第 9 期。

32. 王学辉："反思中国行政法学存在的政治背景——通往中国行政法学自我意识之路"，载《行政法学研究》2010 年第 3 期。

33. 王学辉："双向建构：国家法与民间法的对话与思考"，载《现代法学》1999 年第 1 期。

34. 奚洁人："看待西方民主制度要把握两个理论要点"，载《领导科学》2009 年第 18 期。

35. 上官丕亮："论宪法上的社会权"，载《江苏社会科学》2010 年第 2 期。

36. 尹志超、甘犁："中国住房改革对家庭耐用品消费的影响"，载《经济学（季刊）》2009 年第 1 期。

37. 马光红、李宪立："建立健全保障性住房规划建设管理体制研究——基于廉租房的视角"，载《城市发展研究》2010 年第 4 期。

38. 华佳："公租房'重庆模式'的制度设计与思考"，载《上海房地》2011 年第 5 期。

39. 郑尚元："《住房保障法》起草过程中的诸多疑难问题"，载《理论参考》2010 年第 6 期。

40. 刘金源："财富与贫困的悖论——论英国工业化的失误及其原因"，载《史学月刊》2009 年第 1 期。

41. 李运华："社会保障权原论"，载《江西社会科学》2006 年第 5 期。

42. 李忠夏："人性尊严的宪法保护——德国的路径"，载《学习与探索》2011 年第 4 期。

43. 屠振宇："'群租'整治令与宪法隐私权"，载《山东社会科学》2008 年第 4 期。

44. 汪雄文、李进涛："英国的住房政策实践及启示"，载《城市问题》2010 年第 3 期。

45. 王清："建立和完善住房保障体系"，载《上海房地》2010 年第 3 期。

46. 刘茂林、范电勤："论我国城镇住房保障制度的发展与完善——以基本权利为视角"，载《宁波大学学报（人文科学版）》2011 年第 6 期。

47. ［英］斯蒂芬·帕德尼："中国、匈牙利和英国的住房和住房改革"，高新军译，载《经济社会体制比较》1991 年第 5 期。

48. 谷义仁、兰效："英国公共住房政策和立法的发展及其对中国的启示——以利物浦为中心的案例分析"，载《政治与法律》2008 年第 2 期。

49. 曹国安、曹明："西方国家的住房保障体制及其启示"，载《中国房地产》2003 年第 6 期。

50. 凌维慈："比较法视野中的八二宪法社会权条款"，载《华东政法大学学报》2012 年第 6 期。

51. 郑贤君："非国家行为体与社会权——兼议社会基本权的国家保护义务"，载《浙江学刊》2009 年第 1 期。

52. 李磊："社会保障权的宪法保护问题研究"，载《河北法学》2009 年第 10 期。

53. 童之伟：" '宪法司法化' 引出的是是非非——宪法司法适用研究中的几个问题"，载《法学》2001 年第 11 期。

54. 李阎岩："城市房屋拆迁中公共利益的界定"，载《辽宁行政学院学报》2008 年第 2 期。

55. 陈宜中："国家应维护社会权吗？——评当代反社会权论者的几项看法"，载《人文及社会科学集刊》1992 年第 6 期。

56. 唐忠民："宪法保障公民自由的规定法院应可以适用"，载《法学》2009 年第 4 期。

57. 林来梵："国体概念史：跨国移植与演变"，载《中国社会科学》2013 年第 3 期。

58. 肖泽晟："宪法意义上的国家所有权"，载《法学》2014 年第 5 期。

59. 周叶中："我国社会主义法治建设的路向展望——1982 年宪法实施 30 周年的思考"，载《法学评论》2012 年第 6 期。

60. 郭曰君、吕铁贞："社会保障权宪法确认之比较研究"，载《比较法研究》2007 年第 1 期。

61. 谭宗泽："政府信息公开的理论基础——多学科视角的探讨"，载《江海学刊》2010 年第 4 期。

62. 谭宗泽："限权政府的破产与中国行政法的未来"，载《行政法学研究》2009 年第 1 期。

四、硕博士学位论文

1. 马建平："中国保障性住房制度建设研究"，吉林大学 2011 年博士学位论文。

2. 徐东辉："中国公租房制度创新研究"，吉林大学 2012 年博士学位论文。

3. 程益群："住房保障法律制度研究"，中国政法大学 2009 年博士学位论文。

4. 杜芳："我国公民住房权的司法保障研究"，湘潭大学 2009 年博士学位论文。

5. 郭玉坤："中国城镇住房保障制度研究"，西南财经大学 2006 年博士学位论文。

6. 朱婷："住房公积金问题研究——基于境外住房资金积累和住房融资经验"，福建师范大学 2011 年博士学位论文。

7. 龙雯："公共住房保障中的政府责任研究"，湖南大学 2012 年博士学位论文。

8. 崔竹："城镇住房分类供应与保障制度研究"，中共中央党校 2008 年博士学位论文。

9. 廖希飞："我国公共住房保障法律制度研究——以准入、退出制度为中心"，中国政法大学 2011 年博士学位论文。

10. 王笑严："住房权保障法律问题研究"，吉林大学 2013 年博士学位论文。

11. 张群："居有其屋——中国住房权问题的历史考察"，中国社会科学院 2008 年博士学位论文。

12. 夏刚："住房支付能力研究"，重庆大学 2008 年博士学位论文。

13. 郭玉坤："中国城镇住房保障制度研究"，西南财经大学 2006 年博士学位论文。

五、外文资料

1. Learner, Edward（2002）, Bubble Trouble-Your Home Has a PE Ratio Too, Working Paper, UCLA Anderson School of Business.

2. Chiu, R. L. H.（2007）, *Planning, Land and Affordable Housing in Hong Kong*, In: Housing Studies.

3. Harriott, S. &Matthews, L.（1998）, *Social housing: an introduction*, Addison Wesley Longman.

4. Hong Kong Housing Authority（2006）, *Report on the Review of Domestic Rent olicy*, Hong kong.

5. Hong Kong Housing Authority（2008）, *Allocation Standards for Public Rental Housing: Available from.*

6. Lee, V.（2005）, *Benchmarks for Granting Subsidies or Financial Assistance to People in Need in Hong Kong*, Research and Library Services Division, Legislative Council Secretariat, Hong Kong.

7. Paris, C.（2007）, *International Perspectives on Planning and Affordable Housing*, In: Housing Studies, 22, pp. 1~9.

8. Wang, Y. P.（2003）, Urban reform and low-income communities in Chinesecities, In: Forrest,

9. R. and Lee, J.（2003）（eds）, *Housing and Social Change: East-West Perspectives*, London; New York: Routledge.

10. Yip, N. M. and Lau, K. Y.（2002）, "Setting rent with reference to tenant's affordability: Public-housing rent policy in Hong Kong", *Journal of Housing and the Built Environment*, Vol. 17. No. 4.

11. Zhu, X. D. et al（2009）, Three models of public housing in the 20th century: cases in

theU. S. , China and Singapore, in: Hammond, E. P. Noyes, A. D. (eds).

12. Annual Report (2007), Statistics and Charts, HousingDevelopment Board of Singapore.

13. Yearbook of Statistics Singapore (2007), Singapore, Department of Statistics.

14. Beck, Die Erfindung des Politischen. Zu einer Theorie reflexiver Modernisierung, Ffm.

15. United Nations Housing Rights Programm Report No 1, Housing Rights egislation, Nairobi.

16. CESER (1998), concluding observations on Nigeria, UN DOC. E \ C. 12 \ 1 \ Add. 23at para. 4213 May.

17. Belinda Yuen, "Squatters no more: Singapore Social Housing", *Global Urban Development*, Volume 3 Issue 1, and May 2007.

18. Wong, Aline K. and Yeh, Stephen H. K. , *Housing a Nation - 25Years of Public Housing in Singapore*, Housing and Development Board.

19. James A. Henderson, Richard N. pearson and John A. Siliciano, *TheTorts Process*, New York: Aspen Law and Businss.

20. Frank1Mihlman (1969), The Suprem Court, 1968 Term-Foreword: on P protecting the poor Through the Fourth Amendment, 83Harv L. Rev. 7 .

21. Howard P. Chudacoff (1993) ed. , Major Problem in American Urban History, Lexington: D. C. Heath.

22. J. R Abney (1912) (ed), *The Vestry Minutes of the Churchwardens of the church of the Marys*, p. 65.

23. Acosta Rodrigo (1993), *Urban land and property markets in Franc*, London: UCL Press.

24. David Vernon Donnison, *The government ofhousing*, Penguin: Harmondsworth, 1967.

25. Nicolas P. Retsinas and Eric S. Belsky (2002) eds. *Low-Income Homeownership: Examining the Unexamined Goal*, Washington, DC: Brookings Institution Press.

26. Elsinga, Marja (2004), Affordable and Low-Risk Homeownership: A Marginal but Interest-ingPhenomenon on the Housing Market, A paper presented at the European Network for Housing Research (ENHR) Conference, University of Cambridge.

27. Fannie Mae (2001), Fannie Mae National Housing Survey 2001: Examining theCredit-Im-paired Borrower.

28. OConnor, F, and Liverpool (1990), oir city, our Heritage, Liverpool: Printfine .

29. Fannie Mae. Fannie Mae National Housing Survey 2002: The Growing Demand forHousing.

30. Joint Center for Housing Studies, Harvard University . Credit, Capital and Communities, A re-port prepared for the Ford Foundation, 2004, March.

31. Wong, Aline K. and Yeh, Stephen H. K. (1985) (Eds.), *Housing a Nation-25Years of Public Housing in Singapore*, Housing and Development Board.

32. Joint Center for Housing Studies （2004）, *Middle Market Rental: Hiding in Plain Sight*, Massachusetts: Harvard University, Cambridge.

33. Joint Center for Housing Studies （2003）, *Improving America's Housing* 2003: *Measuring the Benefits of Remodeling*, Harvard University, Cambridge.

34. Changing Priorities The Federal Budget and Housing Assistance 1976– 2005, The National Low Income Housing Coalition October 2004.

35. James A · Henderson, Richard N. pearson and John A. Siliciano （1999）, *TheTorts Process New York: Aspen Law and Businss*, 804.

36. Matthew J. Scire. Public Housing: HUD's Oversight of Housing Agencies Should Focus More on Inappropriate Use of Program Funds, DIANE Publishing, 2009.

37. A. F. Young & E. T. Ashton, BritishSocial Work in the Nineteenth Century.

38. Alan Murie, C. J. Watson （2007）, *Housing and the new welfare state: perspectives from East Asia and Europe*, Ashgate Publishing, Ltd.

39. Galster, George （2002）, "Trans–Atlantic Perspectives on Opportunity, Deprivation, and the Housing Nexus", *Housing Studies*.

40. Fannie Mae. Fannie Mae National Housing Survey 2002: The Growing Demand for Housing.

41. DiPasquale （1999）, "Denise and Edward L. Glaeser. Incentives and Social Capital: Are Homeowners Better Citizens?", *Journal of Urban Economics*.